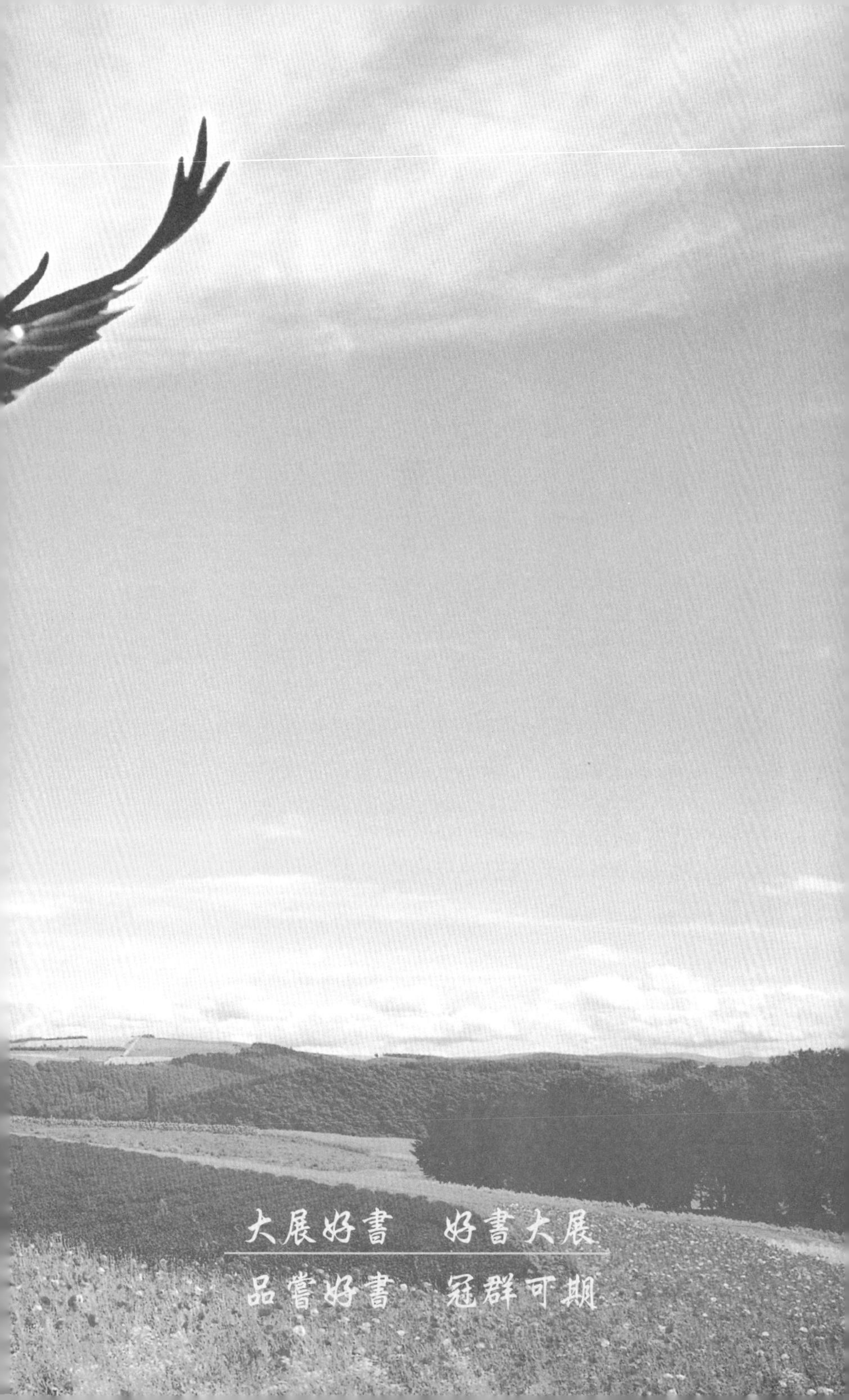
大展好書　好書大展
品嘗好書　冠群可期

大展好書　好書大展
品嘗好書　冠群可期

老拳譜新編 8

陳氏太極拳圖說

陳鑫 著
陳東山 點校

大展出版社有限公司

改版說明

《陳氏太極拳圖說》是在先曾祖陳鑫字品三所著《太極拳圖畫講義》的基礎上，由先叔祖陳雪元、陳椿元、先姑母陳淑貞、先伯父陳金鼇和先大人陳紹棟等重新整理、修訂、補寫而成。在曾祖品三公辭世四年之後的一九三三年發表時定名為《陳氏太極拳圖說》，由開封開明書局首次出版發行。首版和二〇〇五年的再版發行均受到廣大讀者熱烈歡迎。

但由於原著作者處清末、民初年代，所用文體為無標點的繁體文言文，且有方言俚語，使當今太極拳研習者和愛好者不便閱讀和理解。為便於更多的讀者閱讀和研習，現對該書進行斷句點校，同時將原線裝四冊改為合訂本。

為了尊重作者、忠於原著，對原版本編排不當之處和錯別字作了更正（詳見本書注解），同時刪除了與原著無關的內容。國家體育總局武術運動管理中心科研部部長、中國武術研究院研究員康戈武教授於二〇〇四年為《陳氏太極拳圖說》再版所寫的序文——《三讀陳氏太極拳圖說》，對讀者研習拳史、拳理、拳法具有很好的指導作用，這次改版也一併收入。希望該書的改版發行能對太極拳的普及和發展發揮更好的推動作用。由於本人學疏識淺，斷句、點校難免有誤，不當之處，敬請批評指正。

另外，為了使讀者瞭解《陳氏太極拳圖說》與《太極拳圖畫講義》文字表述方面存在一些差異的原因，在此將形成這些差異的有關情況作如下簡單介紹。

先曾祖品三公，積數十年之心得，歷十二年之艱辛，數易其稿，先後撰寫成《太極拳眞銓》四卷、《太極拳圖譜》四卷、《太極拳圖畫講義》四卷等不同名稱的手抄本。最後定名為《太極拳圖畫講義》，於一九二七年交他人聯繫出版，然兩年未果，稱遺失。品三公時年八十有一，為此極度傷心，一病不起，「欲及身刊發傳世，志未遂」。臨終前將其平生所作，包括平時寫作存留下的草稿及零散資料一併交給吾祖陳椿元。品三公去世後，吾祖立即率家人（即「編輯者」和「參訂者」）對遺稿進行整理，修訂補遺，歷時三年，編成《太極拳圖說》四卷，一九三三年發表時正式定名為《陳氏太極拳圖說》。

由於上述原因，形成《陳氏太極拳圖說》與《太極拳圖畫講義》的內容有一些不盡相同之處。如：品三公生前交給他人的《太極拳圖畫講義》自序與《陳氏太極拳圖說》的自序，雖內容大致相同，但語句和落款時間，寫作地點存在著明顯的差別，前者為「前清光緒三十四年初創太極拳草稿，書於孟邑養蒙書館，陳鑫謹志」。光緒三十四年為一九〇八年，孟邑位於溫縣城西五十里，即今孟州市。後者為「民國八年歲次己未九月九日，書於木欒店訓蒙學舍陳鑫序」。民國八年即一九一九年，木欒店位於溫縣城東五十里。又如：該書卷首的「凡例」、卷一的「學拳須知」與《太極拳圖畫講義》中的「凡例」三者相互對照，雖意思相近，但也有一定的差異。《陳氏太極拳圖說》卷首的「凡例」為吾叔祖陳雪元等人依據品三公的「凡例」草稿修改而成。卷一的「學拳須知」是吾祖陳椿元等人依據品三公「凡例」草稿修訂而成。所以三者既有相同之處，也有不同之處。再如：品三公在《太極拳圖畫講義》的「太極拳規矩」中論述「身、心、理、氣、意、志、情、景、神」，特別注明「自身至神九則皆品三作」，而陳椿元等人在《陳氏太極拳圖說》中稱「太極拳著解」，除修訂、補充上述九則內容之外，還增加了對恒、著、附中氣辨和化的論述，兩相對照，雖意思大同小異，但論述的角度和語言風格也有較大的區別。

品三公對「理」的論述：「夫理者，人所得於天以為性者也，自古聖賢帝王，其淑身淑世皆本此一個理，豈至於拳藝而另有一理乎。何世之運動家不研究其理，但練習其氣無惑乎，手之多失於硬也，氣固不可無，要必以理為主，而氣則借之，以運其理者也，無論帝王之御世，五霸之爭雄，莫非理直氣壯，況拳藝乎！運動者，苟能順其性之自然，行其勢之當然，合乎人心之同然，而深究理之所以然則得矣，故善學者以理為尚，不言氣而氣自在其中矣（理順則氣亦順）。」吾祖陳椿元在品三公原草稿的基礎上，取其精要，在《陳氏太極拳圖說》中對「理」是這樣論述的，「理者，天地之節，文人事之儀則也，順其性之自然，行其事之當然，合乎人心之同然，而究乎天理之所以然，一開一合絕無勉然，一動一靜恰合天然，此即吾道之粹然。」由於篇幅有限，在此不一一列舉，僅舉上述幾例供讀者參考。

陳東山

二〇〇六年三月於西安

再版序

星移斗轉，光陰飛逝。太極拳名著《陳氏太極拳圖說》自一九三三年首版至今已有七十多年了。值此該書再版發行之際，作為陳氏後人，回想其創作、出版的艱辛而坎坷的歷程，不禁心潮難平，思緒萬千。

《陳氏太極拳圖說》是在先曾祖陳鑫所著《太極拳圖畫講義》的基礎上，經後人整理、修訂，重新補寫而成。曾祖名鑫字品三（一八四九—一九二九），前清歲貢生，陳氏太極拳第八代傳人。自幼聰慧過人，好學不倦，從父研文習武，盡得家傳，備明理法，深諳精妙，終成兼資文武之才。晚年總結祖傳太極拳之精髓，結合自身實踐之經驗，多有心得，訴諸筆墨，寫成《太極拳圖畫講義》四卷、《陳氏家乘》五卷、《太極拳引蒙入路》、《三三六拳譜》和《安愚軒詩文集》等著作。《太極拳圖畫講義》寫於一九〇八年至一九一九年，歷時十二載，寒暑不懈，數易其稿，洋洋三十萬言，是以易理說拳理的經典之作。

書稿寫成後，曾祖年逾古稀，加之社會動盪，災荒連年，以致近十年未能付梓。其間，有人聲稱願助其出版，遂將《太極拳圖畫講義》書稿攜至南京，然數年未果，後又稱書稿遺失。為此，曾祖一病不起，臨終前召回在湘授拳的堂兄森之三子椿元，將《陳氏家乘》五卷、《太極拳引蒙入路》、《三三六拳譜》、《安愚軒詩文集》和撰寫《太極拳圖畫講義》時留存下來的有關零散資料泣而授之，並囑：「此吾畢生心血也，汝能印行甚善，否則焚之可也。」

曾祖去世後，吾祖椿元不負重托，率其家人，即該書版權記錄中的「編輯者」和「參訂者」，盡其所能，晝夜不捨，耗時三年，對被稱遺失的《太極拳圖畫講義》的內容進行整理、修訂，重新補寫成《陳氏太極拳圖說》一書。後經陳氏太極拳名家陳子明推介，時任中央國術館總編的拳界名宿、被譽為武林史拓荒者的唐豪（範生）對此極為關切，並邀集有關方面兩次開會協商，盡力幫助出版。原河南省國術館館長陳泮嶺，原河南省通志館館長韓自步，原河南省博物館館長關百益，及張鏡銘、張嘉謀、王可亭、白雨生等名流亦竭力推介並多方籌措資金，終於在一九三三年由開封開明書局首次將《陳氏太極拳圖說》出版，每套線裝四冊，印行一千套。至此，這一巨著才得以面世。

該書一經出版，即在國內引起轟動，武林同道給予極高評價，稱其「本易義之奧旨，循生理之穴脈，解每勢之妙用，指入門之訣竅，舉六百年來陳氏歷代名哲苦心研究之結果，慨然筆之於書而無所隱，一洗家拳守秘不傳之故習」，實為「拳壇理論之豐碑，武林修學之經典」；又稱該書出版為「國術界至今又開一引人入勝之大道矣」。

隨著太極拳的不斷普及與發展，作為一本極具指導意義的經典拳理著作，《陳氏太極拳圖說》對於廣大太極拳愛好者而言，可謂一卷在手，終生受益。但由於種種原因，該書自首次公開出版後，曾有多家出版社未經著作權人許可，擅自印製發行這部著作。為保護知識產權，我們曾多方奔走努力，其中不乏訴訟之爭，最終司法機關依據《著作權法》，判定該書為合作作品，並明確「原著者」、「編輯者」和「參訂者」共同享有其著作權。為滿足廣大太極拳習練者的渴求，現將該書由山西科學技術出版社再版發行，並將原線裝四冊改為合訂本，以便閱讀。

據我先大人諱紹棟（參訂者）生前所述，該書於一九三三年首版時，附錄「杜育萬述蔣發受山西師傳歌訣」，非原稿之內容。書中「任脈督脈論」內容之後所注「杜補」二字，純係杜元化個人所為，原書稿根本未有「訂補者」之說。這次再版予以刪除。

我們相信，《陳氏太極拳圖說》的再版發行，必將對太極拳的普及和發展起到巨大的推動作用，為人類健康事業作出更大的貢獻，這也是對太極拳先哲們的最好的紀念。

陳東山

二〇〇四年歲次甲申初夏於陳家溝

序——三讀《陳氏太極拳圖說》

陳鑫著《陳氏太極拳圖說》自一九三三年由開封開明書局出版發行後，引起了武壇廣泛、持續的關注。七十年後的今天，山西科學技術出版社為了適應當代讀者的需求，擬於近期內重印此書合訂本，並邀我寫點導讀的話敘於書首。思之再三，謹將我讀《陳氏太極拳圖說》的心得概要為泛讀、精讀、研讀，名之為《三讀〈陳氏太極拳圖說〉》，與讀者諸君進行交流。

一、以泛讀明其概要

「泛讀」，可以理解為泛泛地讀，或者說是快速地翻閱一遍，憑此瞭解全書的概貌和特色，獲取是否值得精讀和研讀的信息。

原版本《陳氏太極拳圖說》分為卷首、卷一、卷二、卷三共四冊，在其後出現的翻版和重印本中，有的將四卷合訂為一冊。該書內容可概要為四部分：

其一是**陳氏太極拳架六十四勢的練法**。這部分所占篇幅最多，是該書卷一、二、三的主要內容。

其二是**太極拳的基本理論**。這部分內容，不僅有集中於卷首的闡述太極拳與《易》相融的圖文四則和《太極拳經譜》等十一篇太極拳論文，還有分散於六十四勢各勢練法圖說中的拳理和拳訣。

其三是**太極拳的文化基礎**。這部分內容主要集中於卷首，包括有四十則介紹周易知識的圖文和十二則介紹人身經絡穴道的圖譜和歌訣。

其四是**闡述陳氏太極拳發展脈絡和時人評述陳氏太極拳的文章**。包括輯錄於卷首的河南西平（華）陳泮嶺《太極拳譜題詞》、與溫縣鄰里相望的衛輝汲人李時燦（敏修）序、鄰人杜嚴序和作者陳鑫的自序；附錄於卷三的《陳氏家乘》（節錄陳王廷以後部分）、《陳英義公傳》、《陳仲甡傳》、《溫縣陳君墓銘》、李春熙《跋》、劉煥東《後敘》，另有沁陽杜元化（育萬）以訂補者名義加入的《杜育萬述蔣發受山西師傳歌訣》一則。

透過泛讀，我們發現陳鑫著《陳氏太極拳圖說》是一部全面介紹陳氏太極拳歷史、理論、技術以及相關知識的專著。全書有著圖說詳明、技理交融、以訣示要、適用面廣等特色。

圖說詳明是《陳氏太極拳圖說》的第一個特點。此書以「圖說」的形式，展示全書的內容。著墨於《易》時，易圖與易理相連。介紹到經絡穴位時，經絡圖與歌訣兼收。圖說拳式動作時，不僅有整體姿勢圖，還有上肢運行圖、下肢運行圖、步點陣圖、運動氣機圖、內氣運行圖、纏絲勁圖、內勁圖等；而且，不僅每一圖皆附有相應的文字解說，還用線條將文字解說和身體某部相連的方式，針對性極強地圖說身體各部的運動要領。對拳勢圖清晰細微地闡釋，對拳理深入淺出地剖析，從中，我們可以看到作者渴望讀者能看懂、學會的心願。

技理交融是《陳氏太極拳圖說》的第二個特點。此書在卷首中集中輯錄了作者的太極拳論文，介紹了作為太極拳文化基礎的易理和中醫經絡知識。然而，更多帶有指導意義的拳術理論和相關傳統文化知識，則出現在與拳勢相應的解說中。

例如，在解說「第一勢金剛搗碓」時，作者在描述了外形運動方法、內勁運行方法、動作的攻防作用、身體各部的姿勢要領後，以《總論》為標題，論述了太極拳運動的陰陽總則，指明「惟有五陰併五陽，陰陽無偏稱妙手。」進而以《取象》為標題，取象乾坤，以「乾健坤順」、「陰陽合德」，說明運動的陰陽法則。其文云：「當其靜也，陰陽所在，無跡可尋。及其動也，看似至柔，其實至剛；看似至剛，其實至柔。陰陽皆具，是謂陰陽合德。」隨後，又以五首「七言俚語」進一步描述練習「金剛搗碓」的要求。最後，注明了練習此拳時需要注意「百會」等穴位的位置。

此外，解說文中還包含有一些習武常識。如在道德教育方面，強調「打拳，亦所以修身正、衛性命之學也。」要「中禮」、「能敬能和，然後能學打太極拳」。在練習場地和方位的選擇方面，指出「平素打拳，因地就勢，不必拘定方向而守一定之位置。」在練習要持之以恆方面，提出了「拳打萬遍，神理自現」的練習要求。其他各勢的解說也都是循著這個大致的格式展開的。

從這種技理交融的寫法中，我們可以看到作者力圖引導讀者在理論指導下學好太極拳，在中華傳統文化啓迪下練好太極拳，拓寬太極拳鍛鍊價值的一腔摯情。

以訣示要是《陳氏太極拳圖說》的第三個特點。作者在闡明太極拳理論和揭示太極拳技術要領時，普遍採用歌訣、韻語、俚語的形式進行表述。例如，列於太極拳理論之首的《太極拳經譜》、《太極拳拳譜》，是以四言句寫成的論文。太極拳總論，是一首七言韻文。推手的要締，被總結為兩首七言歌訣。在各勢練法解說中，也都是以四言、或五言、或七言、或長短句俚語作為結語。這些朗朗上口的歌訣便於讀者誦讀、記憶；同時，也有助於讀者借助這些歌詞去領悟太極拳的技法、練法和功用。

適用面廣是《陳氏太極拳圖說》的第四個特點。《陳氏太極拳圖說》富含的知識量很大，好武者皆可「開券有益」。

此書作為陳式太極拳的專著、名著，專門習練陳式太極拳者讀之，可以較快地瞭解本拳系的始末和概貌，掌握本拳系的技法訣竅。習練他式或兼練多式太極拳者讀之，可以深化對太極拳共性特徵和基本法則的認識，還可借此找出陳式太極拳與其他式太極拳架、理法的異同點，從而在保持太極拳基本要素的基礎上去發展其他架勢的個性特點。即使是其他武術拳種的傳習者，乃至廣大武術研究者和愛好者，也都可以「開券有益」。

首先，可以借助此書瞭解陳氏太極拳，吸取其中精華以豐富個人所學；其次，可以借鑒和仿效《陳氏太極拳圖說》的編撰體例和表述方法，以完善自家之學；再次，還可以從武術整體的角度或某一拳種的角度對《陳氏太極拳圖說》進行比較閱讀，以獲取更多的體悟，拓展更廣的視野。

二、以精讀取其精髓

精讀，可以理解為反覆仔細地閱讀。透過精讀，讀懂、讀通、讀會，乃至得其精髓，舉一反三。換句話說，要想讀懂這部四卷本的名著，必須花時間、下工夫進行精讀。要獲取全書的精髓，必須精讀全書。要想獲取其中某一部分的精髓，必須對該部分進行精讀。總之，要根據不同的讀書目的，採取不同的精讀方法。

最通常的精讀方法，就是依原書的順序一點點讀。讀懂一則，再讀下一則；學會一勢，再學下一勢，逐步讀完全書，悟通全書。

在泛讀的基礎上進行分類讀，是精讀的又一種方法。依筆者在前文對此書內容的分類來說，我們可以先集中學練拳架，按照書中對陳氏太極拳架六十四勢的圖說，逐步學會整套動作。隨後，重讀每勢圖說的技法理論，嚴明每勢的技術標準，掌握同類動作的運動要領。然後，再集中閱讀太極拳論文，從總體上運用太極拳理論去指導學習，深入實踐。最後，閱讀太極拳的相關文化知識及歷史脈絡，加深對太極拳理論和技術的理解。

在分類精讀《陳氏太極拳圖說》技理內容方面，顧留馨先生下了很多功夫，成績卓著，堪稱楷模。在沈家楨、顧留馨合著的《陳式太極拳・第五章 陳式太極拳拳論》首段中寫道：「作者（顧留馨）素愛太極拳並窮究其理，故由他從幾本書中分類摘錄陳鑫的拳論，以便練拳時參考和揣摩。」

顧留馨把陳鑫論述太極拳運動對身體各部姿勢要求的語錄歸類為十九目。此十九目即：頭、眼、耳、鼻與口、項、手、拳、腹、腰、脊與背、襠與臀、足、骨節十三目，加上頂、肩、肘、胸、胯、膝六目。

顧留馨把陳鑫論述太極拳運動原理的拳論歸類為十三類別。此十三類名為：心靜身正，以意運動；開合虛實，呼吸自然；輕靈圓轉，中氣貫足；纏繞運動，舒暢經絡；上下相隨，內外相合；著著貫串，勢勢相承；虛領頂勁，氣沉丹田；含胸拔背，沉肩墜肘；運柔成剛，剛柔相濟；先慢後快，快而復慢；竄奔跳躍，忽上忽下；剛柔俱混，一片神行；培養本元，勤學苦練。

顧留馨還把陳鑫論述太極拳搗手（推手）的拳論歸類彙編為：搗手論、集錄、搗手十六目、搗手三十六病、掤攦歌訣兩首。

顧留馨先生這種分類集錄，分類揣摩的精讀方法，很值得我們學習。

在泛讀的基礎上，結合自己的習拳進度和在練拳實踐中遇到的問題，選取相應的內容進行細讀，也是精讀過程中的重要方法。這樣讀，有的放矢，常能從書中獲得解決問題的方法和啓示，收到立竿見影的效果。

三、以研讀拓展學問

研讀，可以理解為以研究的態度進行閱讀。如果說泛讀和精讀是立足於「信書」，著眼於「接納書」。那麼，研讀則是在「信書」和「接納書」的基礎上，立足於「疑書」，著眼於「發展書」。所謂「疑書」和「發展書」，可以分兩方面來說：

一是對已被我們「接納」的知識存「疑」，疑其是否正確。於是，帶著這個「疑」去接受實踐檢驗，比較同類知識，若所獲知識經得住驗證，而且出類拔萃，我們就應宣傳、推廣，從而「發展書」。

二是對書中不明確的問題、有待深入的問題、有異議的問題存「疑」，帶著這些「疑」去研究答案，找出答案來「發展書」。這一疑、一答，有如一問、一學。問得多了，學到的也就多了，學問也就拓展了。可以說，研讀是一種開放式的閱讀方法。

筆者對《陳氏太極拳圖說》的研讀，還剛剛起步。謹從問學所得中摘出幾點與宏觀把握此書價值有關的粗知，與同仁們交流；也提出一些有待研究的問題，與有志於斯的同仁們一道關注，攜手攻關。

研讀問題一：為什麼在陳鑫著《陳氏太極拳圖說》書末，附錄有《杜育萬述蔣發受山西師傳歌訣》？

據查詢，獲得有助釋疑的資訊有四：

其一，杜育萬（一八六九—一九三八），名元化，河南沁陽人。一九〇五年（清光緒三十一年）至一九一〇年間聘溫縣西新莊任長春為師，學練太極拳。一九一一年後，杜育萬在河南開封以教太極拳為業。一九三五年五月，署名杜元化編述的《太極拳正宗》成稿。杜在《太極拳正宗・太極拳溯始》中說：「先師蔣老夫子……學拳於山西太原省太谷縣王老夫子諱林楨。」這麼說，《杜育萬述蔣發受山西師傳歌訣》中的「山西師」即「王林楨」了。

其二，據一九一五年出版的《中州文獻輯志》和《中州先哲傳·義行·陳仲甡》記載，在陳家溝陳氏拳道傳習者中，「陳仲甡技稱最」，「……傳其學者曰陳花梅、曰陳耕耘、曰陳復元、曰陳峰聚、曰陳同、曰李景延、曰任長春，然皆不及陳仲甡。」陳仲甡是《陳氏太極拳圖說》作者陳鑫的父親。依此，杜元化（育萬）從任長春學的拳，應是陳氏太極拳。

其三，一九三三年開封開明書局出版《陳氏太極拳圖說》時，作者陳鑫（一八四九—一九二九）已逝世四年。據參訂者陳紹棟述（陳東山整理）：在陳椿元等參與《陳氏太極拳圖說》的編輯者和參訂者離開封回溫縣陳家溝之際，當時在開封教拳的杜育萬，私自以訂補者的名義將《杜育萬述蔣發受山西師傳歌訣》一文附於陳鑫著作之末。這說明《杜育萬述蔣發受山西師傳歌訣》一文，既與原著無關，也與原著的作者和編輯者及參訂者無關。

其四，一九三七年四月正中書局同時出版了徐震（字哲東，一八九八—一九六七）的專著《太極拳譜理董辨偽合編》和《太極拳考信錄》兩部書。

這位任職南京中央大學國學教授、在太極拳史考證方面成績顯著的研究者，在《太極拳譜辨偽・辨杜育萬述蔣發受山西師傳歌訣》中寫道：「辯曰：此文見陳鑫品三所著陳氏太極拳圖說附錄之末。除首四句四言韻語，及後四句七言韻語外，餘皆取武禹襄文。其為楊氏拳譜流傳後所偽造成者的然無疑。」

徐震還在《太極拳考信錄・卷中・正杜武之誤第十八》寫道：「陳鑫所著太極拳圖說，末附杜育萬補入歌訣一篇。謂述蔣發受山西師傳者，即武（禹襄）氏所撰『一舉動周身俱要輕靈』一篇。惟將此篇分為四節，每節攝以七言一句。其前總以四言韻語云：『筋骨要鬆，皮毛要攻，節節貫串，虛靈在中。』吾嘗問陳子明，子明曰：『此楊氏之學大行，學者轉襲彼說，又附益之，非陳氏所本有。杜育萬乃今人，未嘗深究其源也。』陳君此言甚是。此文明明為武禹襄所撰，吾前既備列證據矣，謂蔣發受山西師傳，顯然誣妄。」

至此，「研讀問題一」似乎搞清楚了。筆者以為，還有需要深入研究的問題。例如，杜育萬說此歌訣傳自山西王林楨，可是在杜育萬（元化）於一九三五年編述《太極拳正宗》之前，從未聽說山西「王林楨」一名。近年，有人說山西王林楨，就是山右王宗岳。也曾有人說，山右王宗岳就是明代內家拳傳人西安王宗。究竟王林楨是不是王宗岳？王宗岳是不是王宗？是否確有王宗岳其人？都是有待研究的問題。

研讀問題二：依徐震考，杜育萬所謂受山西師傳歌訣的基本內容，抄自武禹襄。那麼，武禹襄的太極拳與陳氏太極拳是什麼關係？陳氏太極拳與其他各式太極拳又是什麼關係呢？

在筆者查閱的有關文獻中，積極支援出版《陳氏太極拳圖說》的首席助刊者陳泮嶺先生（一八九一——一九六七）於一九六三年著刊的《太極拳教材》一書頗值一讀。

陳泮嶺先生，河南西平（華）人。自幼好武，早在一九二〇年就在河南開封發起創辦「青年改進俱樂部」，提倡武術。隨後，擔任首任河南省國術館館長；繼而，受聘為南京中央國術館副館長；並於一九四〇年至一九四四年出任民國政府「教育部及軍訓部國術編審委員會」主任，組織編輯國術教材。這位自析一生精力為「二分水利，一分黨務，二分教育，五分國術」的陳泮嶺先生，在其晚年著刊的《太極拳教材自序》中寫道：

「余自幼從先父習少林。民初，從李存義及劉彩臣兩先生習形意；從佟聯吉、程海亭兩先生習八卦；從吳鑒泉、楊少侯、紀子修、許禹生諸先生習太極。民國十六七年間，復至河南溫縣陳家溝，研究陳家太極拳。

太極拳之盛行於國內者，有楊家、吳家、武家、郝家。而吳家之太極，出於楊家；郝家之太極，出於武家；而楊家與武家之太極，皆由河南溫縣陳家溝所傳授，故陳家溝實為近代太極拳之策源地。」

他在該書《太極拳教材·總論》部分再一次強調：「現在之太極拳，皆出於楊家、吳家、武家、郝家。郝家出於武家，吳家出於楊家；而楊家與武家，又出於陳家。可以說現在所研練的太極拳，皆係由河南溫縣陳家溝所傳授；但陳家溝太極拳又是傳自何人？尚難找出確實證據。

……

太極拳之源流，在今日難以稽考，唯其傳自陳家溝，則為今日練太極拳人士之所共知公認者也。」

筆者從陳泮嶺先生關於太極拳源流考察的結語中，既看到了「研讀問題二」的簡明答案，也看到了作者尊重「共知公認」、注重「確實證據」的治學態度，還看到了作者「引而不發」留給讀者去思考、去研究的問題。

順陳先生的文義去思考，「陳家溝太極拳又是傳自何人？尚難找出確實證據。」似乎可以理解為：「尚難找出確實證據」證明太極拳不傳自陳家溝。那麼，就應該以「唯其（太極拳）傳自陳家溝，則為今日練太極拳人士之所共知公認者也」為共識，加強太極拳界的團結，在齊心推動太極拳整體發展的同時，共同提高，一道前進。

將陳先生的考察結果放到太極拳研究的大環境中去思考，唐豪先生（一八九七—一九五九）關於太極拳起源的考證結果比陳先生進了一步。唐豪在沒有「確實證據」證明太極拳不傳自陳家溝的前提下，綜合實地考察、文獻考辨和拳技研究獲得的考據，把「傳自」定位到了「源自」的高度。這位將一生獻給中國武術史學研究的拓荒者，在一九三〇年時提出了太極拳源自陳家溝的考證結論，並明確指出「太極拳創始於陳王廷。」至一九六四年，人民體育出版社出版發行了顧留馨完稿的《太極拳研究》一書（正體字版：大展出版社）。此書於一九九二年經中國武術協會審定，納入

《中華武術文庫》「理論部」。書中《第一章太極拳的起源和發展簡史》再次論證了唐豪一九三〇年時的考證結論。

學術研究是沒有止境的。後學者應該借助前人的研究成果，在前人研究成果的基礎上深入研究，才可能有所發現，有所建樹，推動武術的科學化進程。質疑前人的研究成果，同樣是在前人研究成果的基礎上深入研究的一種方法。

陳泮嶺先生所謂「找出確實證據」，是質疑的基礎。能找得前人未能掌握或未予以重視的「確實證據」本身，就是發現。不論以之質疑原有成果的總體結論，還是枝節問題，都有助於學術發展和學科完善，關鍵是「找出確實證據」。

研讀問題三：一本書的優劣與作者的素養和寫作目的有關。《陳氏太極拳圖說》的作者陳鑫，在太極拳方面的造詣和寫作目的如何呢？

《陳氏太極拳圖說》原著者陳鑫，字品三，出生於以家傳太極拳著名的河南溫縣陳家溝陳氏族中。其祖父陳有恆，叔祖陳有本，皆善拳技。其父陳仲甡（後經眾議，易名「英義」），兼得有恆和有本傳，在當時「技稱最」，咸豐、同治年間，曾多次在冷兵爭鋒中顯技。有記載述陳鑫在同治六年時亦曾隨父參戰，勝歸。上述詳情，在《中州文獻輯志》、《中州先哲傳》和李棠階《李文清公日記》中均有記載。

陳鑫在《自序》中說：生長在這樣的環境中，「少小侍側，耳聞目見，薰蒸日久。竊於是藝管窺一斑。雖未通法華三昧，而於是藝僅得枝葉。其中妙理循環，亦時覺有趣。」在陳鑫的這幾句謙語中，我們可以看到陳鑫從小就隨父親練太極拳，不僅掌握了技藝，而且悟到了「其中妙理」。

陳鑫在撰寫《陳氏太極拳圖說》時，並未局限於個人所學所悟。他還充分利用「耳聞目見」的陳氏族人練拳經驗和多種拳譜，作為寫作的素材。

陳氏族人陳績甫在《陳氏太極拳匯宗．自序》中說：「余從祖品三公，係清貢生，得英義先生親傳，造詣精邃。彙集先世歷傳拳學眞詮，詳加稽考，益以己意，編眞詮四卷，並武術雜技附本。」

南陽張嘉謀《溫縣陳君墓銘》刻石云：「君，英義季子也。諱鑫，字品三，廩貢生。承其先志，服膺拳經，綜繪群譜，根極於易。」

杜嚴《陳氏太極拳圖說序》說：「品三陳先生，英義先生之哲嗣，夙精拳術，又深學理，積數十年之心得，著《太極拳圖說》一書。己巳初夏，策杖過余，鬚鬢飄然，年已八十有一矣。以弁言屬余，其於拳術之屈伸開合，即陰陽闔閉之理，反覆申明，不厭求詳。可謂發前人所未發。」

陳鑫著《陳氏太極拳圖說》時「反覆申明，不厭求詳」，與他的寫作目的有關。從該書的序言中，我們看到其目的有二。

其一，恐失家學，為族人而寫。

陳鑫在《自序》中說：「說中所言，吾不知於前人立法之意，有合萬一與否，而要於先大人六十年之攻苦，庶不至湮沒不彰也，亦不至以祖宗十六世之家傳，至我身而斷絕也。……是書傳之於家則可，傳之於世恐貽方家之一笑。」

鄭濟川《太極拳法序》云：「我友陳兄品三，英義先生之哲嗣也，承英義先生之家學，謂先大人六十年汗血辛劬獨闢精詣，而鑫以二十年繼述，心摹手繪，訂為四卷，載在陳氏家乘。今特拔出，另成一部，誠恐久而湮沒。」（見《陳氏太極拳匯宗》）

《家乘》原本是寫給本族人看的。將拳譜「載在陳氏家乘」，其寫作初衷已很明確。

其二，恐亂了技術標準，為保持「眞傳」而寫。

陳鑫在《自序》中說：「余今者既恐時序遷流，迫不及待；又恐分門別戶，失我眞傳。」

出於上述兩點，陳鑫「課讀餘暇，急力顯微闡幽，纖悉畢陳。自光緒戊申（一九〇八）以至民國己未（一九一九），十有二年，其書始成。又急繕寫簡冊，雖六月盛暑不敢懈也。」（見《陳氏太極拳圖說．自序》）。陳鑫在書成後，抄寫了多冊。從不同時期、不同作者為陳鑫題寫的序言中，已見到不同書名的稿本有《太極拳眞銓》四卷、《太極拳圖譜》四卷、《太極拳圖畫講義》四卷、《太極拳圖說》四卷（參閱陳績甫《陳氏太極拳匯宗》和陳鑫《陳氏太極拳圖說》）。《陳氏太極拳圖說》一名，是陳鑫原著於一九三三年正式出版時才由後人議定的。

就這些書名而言，也有一個值得研究的問題：為什麼二十世紀初年，陳鑫原著各稿書名前均無「陳氏」二字。進入二十世紀三〇年代的一九三三年，後人才在其書名前加上「陳氏」二字付印出版。

鑒於篇幅和時間，這一問題和其他相關問題就不再一一剖析了。

謹從上述引證材料，已足以讓我們明白，《陳氏太極拳圖說》全面總結了陳氏數代積累的太極拳傳承實錄和實踐心得，是陳鑫一生心血的結晶。不論從陳氏太極拳在整個太極拳發展中的作用，陳鑫的武術閱歷、寫作目的與功苦，還是從該書展示出的拳理、拳技和揭示出的陳氏不傳之秘去推敲，這部書都稱得上是一部值得泛讀、精讀、研讀，乃至值得必讀和收藏的拳經。

康戈武

二〇〇四年中秋日於北京

訂補陳氏太極拳圖說① 目錄

卷首

①「訂補」二字明確指出《陳氏太極拳圖說》是在不完整的書稿基礎上，進行整理、修訂、補充而產生的作品。

太極拳勢　卷一……一八一

附　錄……四六〇

太極拳譜題詞

陳泮嶺

天地元始，無極太極；太極賦物，各一太極。
人而體天，原本返始；精氣與神，合為一理。
至大至剛，可塞天地；其玄莫測，其勇無比。
吾宗溫人，天縱英義；實闢拳宗，悉本太極。
其嗣昌之，推闡以易；盡人可學，內外一致。
愚耽國術，所見多矣；功用之神，莫若此極。
潛玩力追，默識厥旨；知其不誣，可標一幟。
喜其書成，用識數語；以志欽仰，以勖同志。

陳氏太極拳圖說序

拳法者，古兵家之支流，《漢書・藝文志》所謂技巧者是也；志列手博六篇、蹴鞠二十五篇、劍道三十八篇，其書不傳，未知所言視今拳法何如。然其習手足，便器械，積機關，以立攻守之勝，安見今必異於古所云耶？

溫縣陳溝陳氏世以拳名河南，咸豐三年粵寇李開方以十萬眾自鞏渡河，屯溫南河灘柳林中時，李文清公方家居，用民團擊之，團眾率烏合，嘗敵即敗走。陳英義先生仲甡與弟季甡直入陣，誘其酋楊輔清陷溝中，以單手出槍斃之。楊輔清者，寇中號大頭王，以善攻城名。由是奪氣，遂移眾西去。至今父老談英義柳林殺敵事，猶眉飛色舞，口角流沫，津津不置，大河南北言拳法者，必曰陳溝陳氏云。

歲乙卯吾徵中州文獻，得《陳氏家乘》，即採其事列《義行傳》。越辛酉，英義哲嗣品三，介吾友王子偉臣以所述家傳《太極拳圖說》四卷。索序讀其書，以易為經，以禮為緯，出入於黃老而一以貫之，以敬內外交養，深有合於儒家身心性命之學，不徒以進退擊刺、陽開陰闔，示變化無窮之妙。如古兵家所言，蓋技也，近乎道矣。自火器日出，殺人之具益工，匹夫手持寸鐵，狙擊人於數里之外，當者輒糜，拳法與遇，頓失功能，淺識者遂以為無用，棄而去之，其術至今遽不振。拳法用以禦侮制敵，特廿粗跡耳。而乃因其粗之稍絀，遂廢其精者，於以歎吾國民輕棄所長，日失其故步，為可傷也。向使我中華人人演習，衛身衛國無在不有益也。

中華民國十年小陽月衛輝汲人敏修李時燦識

陳氏太極拳圖說序

天地之道，陰陽而已，人身亦然。顧人身之陰陽，往往不得其平，則血氣滯而疾病生，故鍊氣之術尚焉。中國拳術流傳已久，然皆習為武技，其中精義瞢然不講，即有略知一二者，或珍秘不以示人，殊為憾事。品三陳先生，英義先生之哲嗣，夙精拳術，又深學理，積數十年之心得，著《太極拳圖說》一書。己巳初夏，策杖過余，鬚鬢飄然，年已八十有一矣。以弁言屬余，受而讀之。

其於拳術之屈伸開合，即陰陽闔闢之理，反覆申明，不厭求詳，可謂發前人所未發。方今提倡國術，設館教士若得此書，以資講授，將見事半功倍，一日千里，其裨益豈淺鮮哉！先生此書，拳術骨肉停勻，蓋即動靜交相，養陰陽得其平之精義也。余學植淺薄，未能窺測奥妙，謹杼管見，待質諸高明。

中華民國十八年五月杜嚴敬識

自序

古人云：莫為之前，雖美而弗彰；莫為之後，雖盛而弗傳。此傳與受之兩相資者也。我陳氏自陳國支流山左，派衍河南，始於河內而卜居，繼於蘇封而定宅。明洪武七年，始祖諱卜耕讀之餘，而以陰陽開合、運轉周身者，教子孫以消化飲食之法，理根太極，故名曰太極拳。傳十三世至我曾祖諱公兆，文兼武備；再傳至我祖諱有恆與我叔祖諱有本。我叔祖學業湛深，屢薦未中，終成廩貢；技藝精美，出類拔萃，天下智勇未有尚之者也。於是以拳術傳之我先大人諱仲甡與我先叔大人諱季甡。我先大人與我先叔大人同乳而生，兄弟齊名，終身無怠，詣臻神化。

倘非有先達傳之於前，雖有後生，安能述之於後也。我先大人命我先兄諱垚習武，命愚習文。習武者，武有可觀；習文者，文無所就，是誠予之罪也。夫所可幸者，少小侍側，耳聞目見，薰蒸日久，竊於是藝管窺一斑。雖未通法華三昧，而於是藝僅得枝葉，其中妙理循環，亦時覺有趣。迄今老大，已七十有餘矣，苟不即吾之一知半解傳述於後，不且又加一辜哉。愚今者既恐時序遷流，迫不及待；又恐分門別戶，失我真傳，所以課讀餘暇，急力顯微闡幽，纖悉畢陳，自光緒戊申以至民國己未，十有二年，其書始成。又急繕寫簡冊，雖六月盛暑，不敢懈也。

說中所言，吾不知於前人立法之意，有合萬一與否。而要於先大人六十年之攻苦，庶不至湮沒不彰也；亦不至以祖宗十六世之家傳，至我身而斷絕也。愚無學問，語言之間不能道以風雅，而第以淺言俗語，聊寫大意。人苟不以齊東野語唾而棄之，則由升堂以至入室，上可為國家禦賊寇，下可為筋骨強精神。庶寶塔圓光，世世相傳於弗替，豈不善哉。是書傳之於家則可，傳之於世恐貽方家之一笑。

民國八年歲次己未九月九日書於　木欒店訓蒙學舍陳鑫序

陳氏太極拳圖說凡例①

一、學太極拳不可不敬。不敬則外慢師友，內慢身體，心不斂束，如何能學藝？

二、學太極拳不可狂，狂則生事。不但手不可狂，即言亦不可狂；外面形跡必帶儒雅風氣。不然，狂於外必失於中。

三、學太極拳不可滿，滿則招損。俗語云：天外還有天。能謙則虛心受教，人豈不樂告之以善哉。積眾以為善，善斯大矣。

四、學太極拳，著著當細心揣摩。一著不揣摩，則此勢機致情理終於茫昧。即承上啟下處，尤當留心。此處不留心，則來脈不真，轉關亦不靈動。一著自成一著，不能自始至終，一氣貫通矣。不能一氣貫通，則與太和元氣終難問津。

五、學太極拳，先學讀書。書理明白，學拳自然容易。

六、學太極拳，學陰陽開合而已。吾身中自有本然之陰陽開合，非教者所能加損也。復其本然，教者即止（教者教以規矩，即大中至正之理）。

七、是書尚未付梓，或有差字，或有漏字，或有錯字，未經查明，閱者當改正勿吝。

八、太極拳雖無大用處，然當今之世，列國爭雄，若無武藝，何以保存?惟取是書演而習之，於陸軍步伐止齊之法，不無小補。我國苟人人演習，或遇交手仗，敵雖強盛，其奈我何?是亦保存國體之一道也。有心者，勿以芻蕘之言棄之。

九、學太極拳不可藉以為盜竊搶奪之資，奸情採花之用。如借以搶奪採花，是天奪之魄，鬼神弗佑，而況人乎!天下孰能容之?

十、學太極拳不可凌厲欺壓人。一凌厲欺壓，即犯眾惡，罪之魁也。

---

①此「凡例」由該書「編輯者」陳雪元等人，依據「原著者」陳鑫存留下的草稿修訂而成。

太極拳圖說卷首

溫縣陳鑫品三述

無極圖①

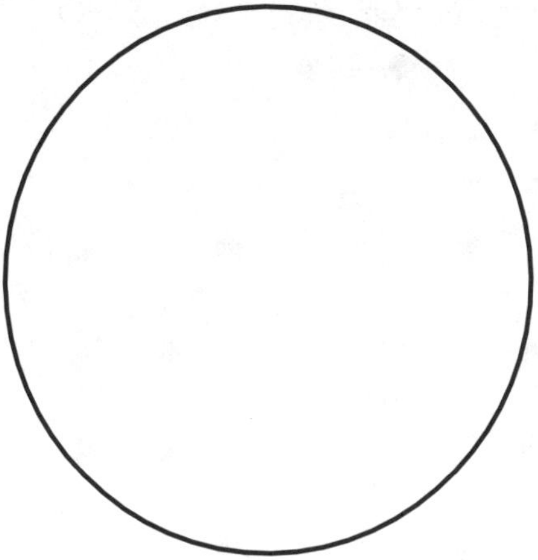

太極圖

以上二圖說列後卷一之起首。

①原版本為「無圖」，疑為編排時將極字漏印。

河圖

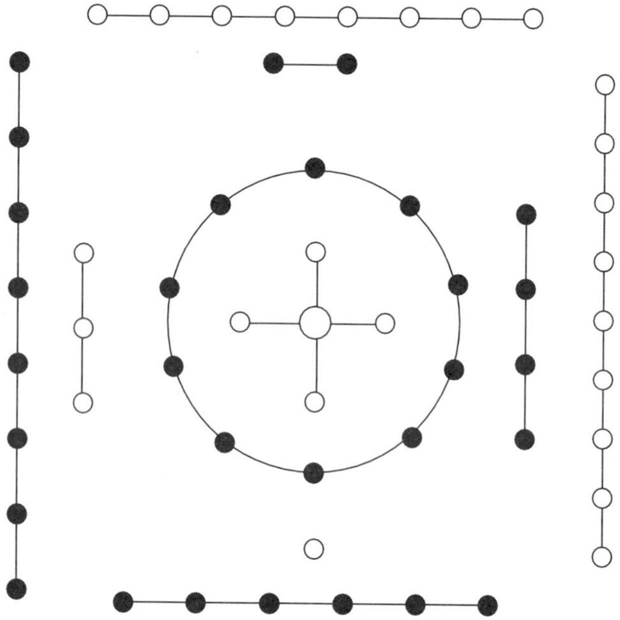

易曰：天一，地二；天三，地四；天五，地六；天七，地八；天九，地十。天數五：一、三、五、七、九；地數五：二、四、六、八、十。五位相得，而各有合。一得六為水；二得七為火；三得八為木；四得九為金；五得十為土。一得四、二得三為五；六得九、七得八、五得十為十五；一合九、二合八、三合七、四合六為十。天合一、三、五、七、九為二十五；地合二、四、六、八、十為三十。凡天地之數，五十有五。此所以成變化而行鬼神也。

洛書

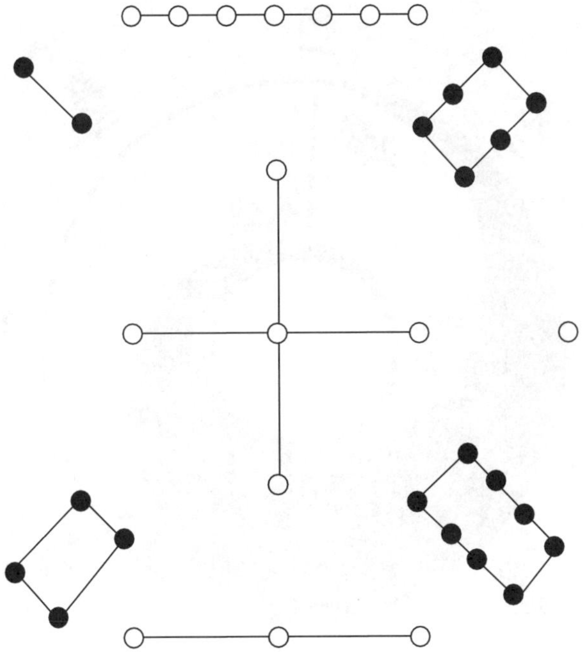

洛書四十五數。一、三、七、九奇數居四正，天、地、水、火也；二、四、六、八偶數居四隅，雷、風、山、澤也；五居中為皇極，即太極也。縱、橫、斜、正數之皆得十五，以符八節，內含勾三、股四、弦五者八，隱寓矩、方合成河圖規圓。凡太極拳之周旋曲折，皆依為法，而莫能外。

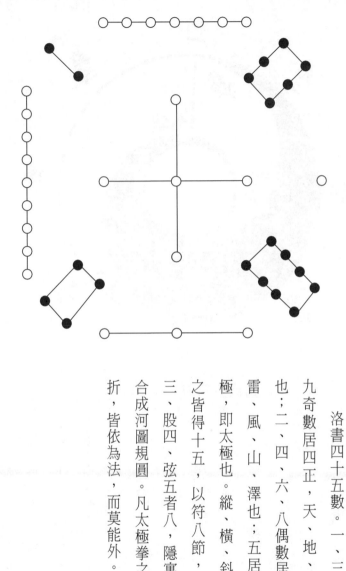

伏羲八卦方位（詳說列後）

諸儒因邵子解文王之卦，皆依邵子之說，通說穿鑿。了文王之方位本明，而解之者反晦也。殊不知文王之解已明矣，帝出乎震一節是也，又何必別解哉。朱子乃以文王八卦不可曉處甚多，不知何說也。

蓋文王以伏羲之卦，恐人難曉，難以致用。故就一年春、夏、秋、冬方位，卦所屬木、火、土、金、水相生之序而列也。今以孔子說卦解之於後（來註①）。

文王八卦方位

帝者，天一也。一年之氣始於春，故出乎震。震，動也，故以出言之。齊乎巽，巽者，入也，時當入乎夏矣，故曰巽。巽，東南也，言萬物之潔齊也。蓋震、巽皆屬木之卦也。離者，麗也，故相見乎離。坤者，地也，土也。南方之火生土方能生金，故坤、艮之土，界木、水於東北；界金、火於西南。土居乎中，

①「來註」即來知德所著的《易經集注》，來知德為明代著名易學家，號瞿唐。以下「來註」不再另註。

寄旺四季，萬物之所以致養也，所以成終成始也。坤，順也，安得不致役乎坤。兌，悅也，萬物於此而成，所以悅也。乾，健也，剛健之物必多爭戰。坎，陷也，凡物升於上者必安逸，陷於下者必勞苦，故勞乎坎。艮，止也，一年之氣於冬終止，而又交於春矣。蓋孔子釋卦多從理上說，役字生於坤順，戰字生於乾剛，勞字生於坎陷，諸儒皆以辭害意，故愈穿鑿矣。

一者，水之生數也；六者，水之成數也。坎居於子，當水生成之數，故坎屬水。

二者，火之生數也；七者，火之成數也。離居於午，當火生成之數，故離屬火。

三者，木之生數也；八者，木之成數也。震居東，巽居東南之間，當天三地八之數，故震、巽屬木。

四者，金之生數也；九者，金之成數也。兌居西，乾居西北之間，當地四天九之數，故兌、乾屬金。

五者，土之生數也；十者，土之成數也。艮、坤居東、北、西、南四方之間，當天地五十之中數，故艮、坤屬土。

以上論八卦所屬五行，以生數、月令云，春其數八；夏其數七；秋其數九；冬其數六，以成數。

何以天一生水，地二生火，天三生木，地四生金，此皆從卦上來。

天地二字，即陰陽二字。蓋一陰一陽，皆生於子午坎離之中。陽則明，陰則濁。試以照物驗之：陽明居坎之中，陰濁在外，故水能照物於內，而不能照物於外；陽明在離之外，陰濁在內，故火能照物於外，而不能照物於內。觀此，陰陽生於坎離端的矣。坎卦一陽居其中，即一陽生於子也，故謂天一生水。及水之盛，必生木矣，故天三又生木。離卦一陰居其中，即一陰生於午也，故謂地二生火。及火之盛，必生土而生金矣，故地四又生金。從坎自艮至震、巽，乃自北而東，子、丑、寅、卯、辰、巳也，屬陽，皆天之生。至巳，則天之陽極矣，故至午而生陰。從離至坤至兌、乾，乃自南而西，午、未、申、酉、戌、亥也，屬陰，皆地之生。至亥，則地之陰極矣，故至子而生陽。艮居東北之間，故屬天生；坤居東南之間，故屬地生（來註）。

竊謂伏羲先天、文王後天之說，時代固難臆斷，要其「先天而天弗違，後天而奉天時」，二語緊承上文，合德、合明、合序、合吉凶而來，顯見是有先後兩層功夫，必須合一，方能獲效。猶言人心道心、識神慧神、有知無知之類。譬如學拳者，以後天人心、有知之識神，習其姿勢、規矩，久練純熟，而先天道心、不知之慧神發矣。是後天者，可知之整數也；先天者，不可知之零數也，卦象皆能表明之。故乾南坤北者，辨六陰六陽平分相對之理；離南坎北者，推參天兩地奇零不齊之數。如乾對坤，兌對艮，離對坎，震對巽，粗觀之，平分方位似無所謂參差也，然細測之，實有參兩九六，大月七，小月五之各證焉。

就日之出入觀之，春分、秋分，晝六時、夜六時也。就天之昏曉觀之，日出前半時即曉，日入後半時方昏，則晝七時，夜五時矣。就歲之子午觀之，冬至、夏至，陽六月、陰六月也。就歲之陰陽觀之，陽不生於子而生於亥，故超乾於亥前，位乎西北，名十月為小陽，其以此歟？陰不生於午而生於未，故次坤於未後，位乎西南。就周天三百六十度觀之，平分十二宮為十二月之限，每宮三十度，整數也；每月二十九日半，零數也。自子至午，七閱月二百一十度，加超亥六度，適符乾策二百一十六；自未至亥，五閱月一百五十度，減去乾超六度，適符坤策一百四十四。乾策得三個七十二，九個二十四；坤策得兩個七十二，六個二十四，故曰參天兩地而倚數，示零數為整數之真根也。零數者何？太極也，無極也。拳術家創立纏絲精法，默行乾坤不息之螺旋線，其至命矣，夫技藝云乎哉！

意有未盡者。乾盈於南，而息於西北；坤盈於北，而息於西南，返本還原，窮其始也。離息於東，而盈於南，以代乾。坎息於西，而盈於北，以代坤。雖曰離上而坎下也，其實皆進步上達也。離之上達由雷震，坎之上達由兌澤，口中生液，不亦說乎。兌象也，兌澤之降由巽風。詩曰：習習谷風，以陰以雨。雨，澤也，澤潤生民，谷神不死矣。震起之成，始由於艮。止之成終，終則有始，循環無端。帝出乎震，帝齊乎巽，帝相見乎離，帝役乎坤，帝說言乎兌，帝戰乎乾，帝勞乎坎，帝成言乎艮，帝即神也。神也者，妙萬物而為言也。言有八方而不拘方，言有四時而不拘時，先天、後天一合相矣。拳乎？道乎？有志者諒能識矣。

太極生兩儀四象八卦圖

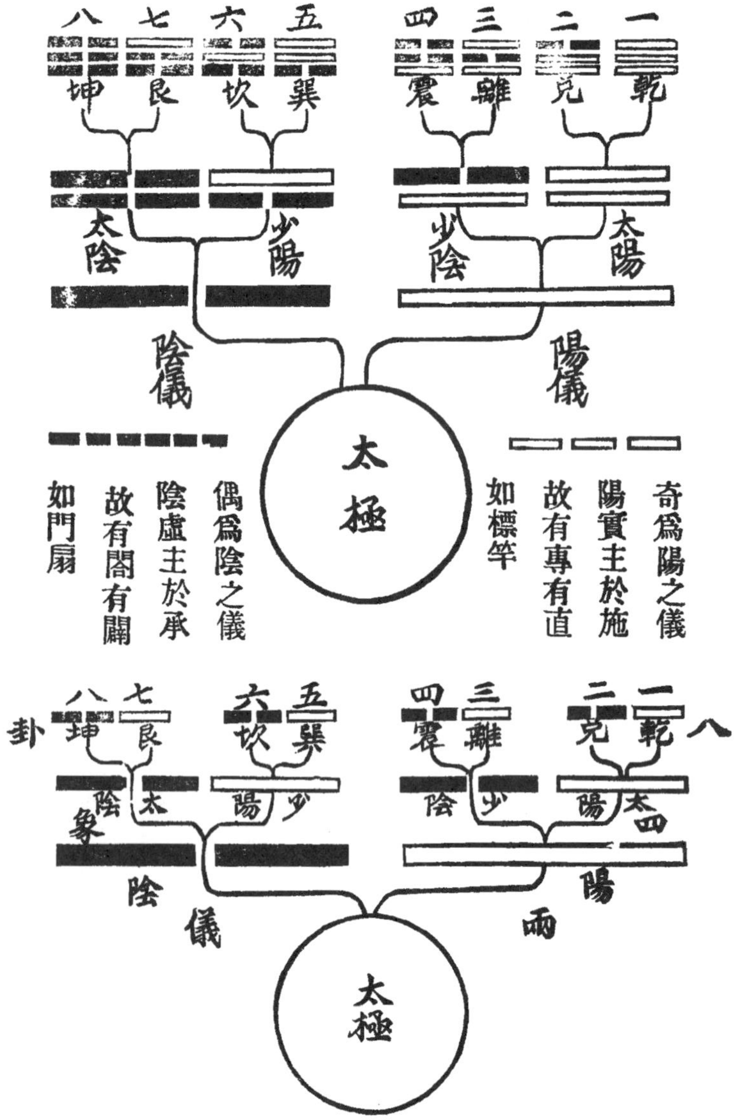
一 二 三 四 五 六 七 八
乾 兌 離 震 巽 坎 艮 坤
太陽 少陰 少陽 太陰
陽儀 陰儀
太極
奇爲陽之儀陽實主於施故有專有直如標竿
偶爲陰之儀陰虛主於承故有闔有闢如門扇
八卦
四象
兩儀
陽 陰
太極

伏羲只在一奇一偶上生出八卦，又生出後聖許多文字，如：

一陽上加一陽，為太陽。陽，自然老之象。

一陽上加一陰，為少陰。陰，自然少之象。

一陰上加一陽，為少陽。陽，自然少之象。

一陰上加一陰，為太陰。陰，自然老之象。

太陽上加一陽為乾、一陰為兌。

少陰上加一陽為離、一陰為震。

少陽上加一陽為巽、一陰為坎。

太陰上加一陽為艮、一陰為坤。

太極生兩儀者，陰、陽也。

兩儀生四象者，太陽、少陰、少陽、太陰也。

四象生八卦者，乾、兌、離、震、巽、坎、艮、坤也。

自然而然，不假安排，則所謂象者、卦者，皆儀也。故天地間萬事萬物，但有儀形者，即有定數存乎其中。而人之一飲、一啄，一夭、一壽，皆毫釐不可逃者。故聖人惟教人以貞，以成大業。

此三陽對三陰也，故曰天地定位。

此太陰對太陽於下，一陽對一陰於上也，故曰山澤通氣。

此太陰對太陽於上，一陽對一陰於下也，故曰雷風相薄。

此少陽對少陰於下，一陰對一陽於上也，故曰水火不相射（來註）。

八	七	六	五	四	三	二	一
坤	艮	坎	巽	震	離	兌	乾

八卦相合數

天一，地八，乃天地自然之數也。乾始於一，坤終於八。今兌二艮七，亦一、八也；離三坎六，亦一、八也；震四巽五，亦一、八也，八卦皆本於乾坤，於此可見。故曰：乾坤，其易之門耶。乾坤毀，則無以見易。一部易經，乾坤二字盡之。

伏羲之卦起於畫，故其法皆以畫論之。若宋儒謂天位乎上，地位乎下；日生於東，月生於西；山鎮西北，澤注東南；風起西南，雷震東北，則謂其合天地之造化，不以數論也。

上圖用八卦次序，數相合得九。此圖用八卦配洛書，數相合得十。術學家分用，各有取義；拳學家合用，無甚分別。

一	六	七	二	八	三	四	九
坤	艮	坎	巽	震	離	兌	乾

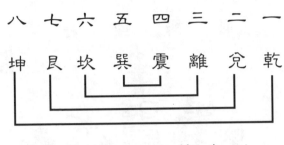

先天八卦動靜圖

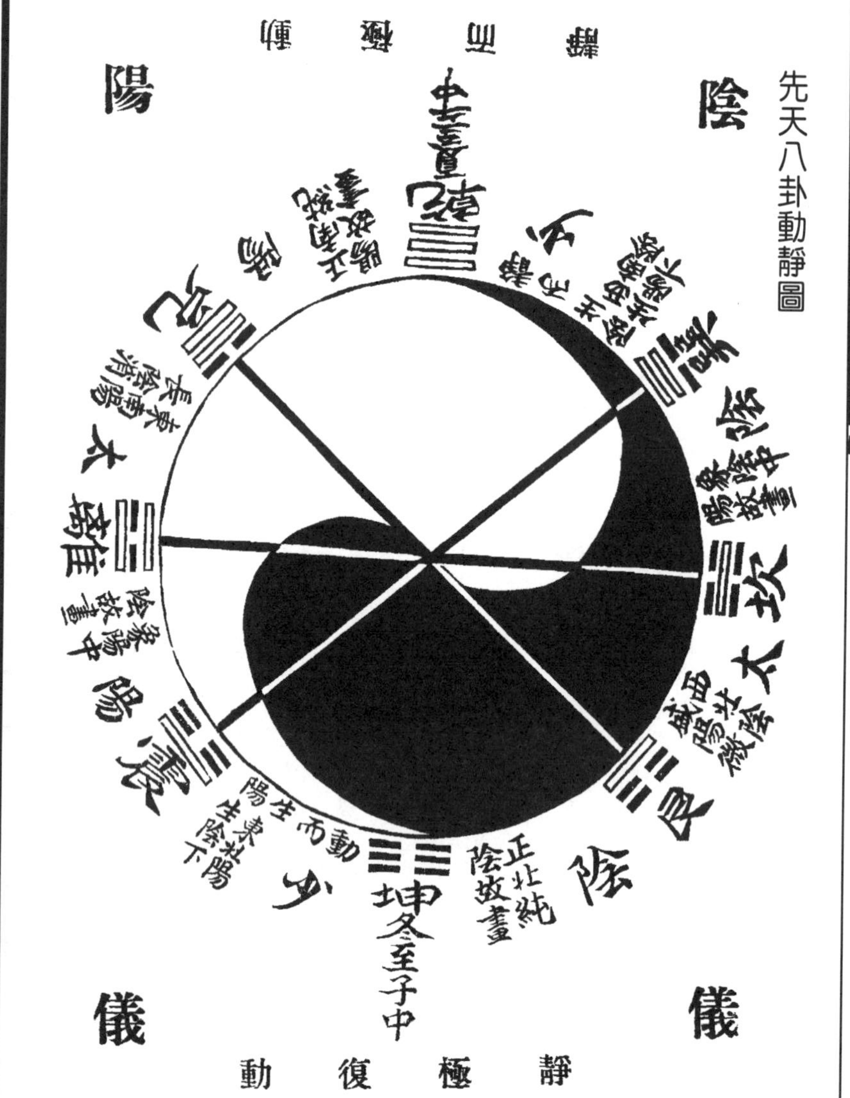

伏羲先天八卦圓圖

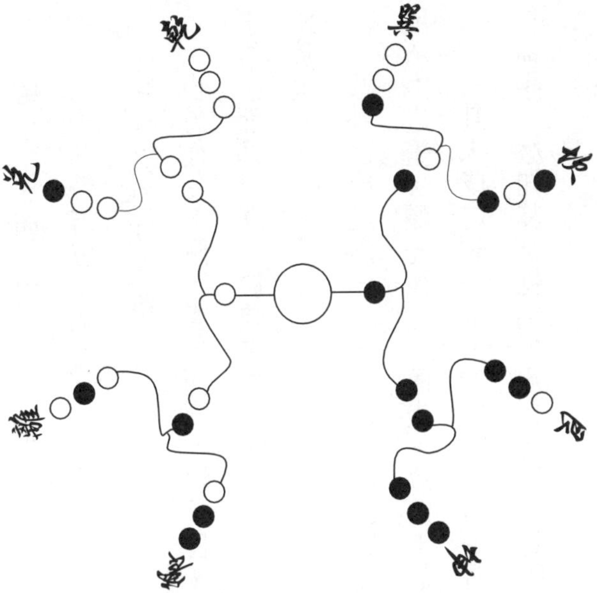

按圖有太極、兩儀、四象、八卦。合而為一，分而為二，陽儀在左，陰儀在右；二分為四，左少陽、太陽，右少陰、太陰；四分為八，乾南，坤北，離東，坎西，震、巽、兌、艮居於四隅，皆自然而然，不假一毫人力者也（來註）。

《繫辭傳》曰：易有太極，是生兩儀。兩儀生四象，四象生八卦。邵子曰：一分為二，二分為四，四分為八也。《說卦傳》曰：易逆數也。邵子曰：乾一，兌二，離三，震四，巽五，坎六，艮七，坤八；自乾至坤，皆得未生之卦，若逆推四時之比也。後六十四卦放此。

《說卦傳》曰：天地定位，山澤通

氣，雷風相薄，水火不相射，八卦相錯，數往者順，知來者逆。邵子曰：乾南，坤北，離東，坎西，震東北，兌東南，巽西南，艮西北。自震自乾為順，自巽至坤為逆。六十四卦方位放此。

一、八卦次序論

自乾而兌、離、震，而巽、坎、艮、坤，乃順也。今伏羲之卦，乃不以巽次於震之後，而乃以巽次於乾之左，漸至於坤焉。是巽、坎、艮、坤，其數逆也。故曰：易逆數也。

八卦已成之謂「往」，以卦之已成而言。自一而二、三、四、五、六、七、八，因所加之畫，順先後之序而去，故曰：數往者順。

八卦未成之謂「來」，以卦之初生而言。一陽上加一畫為太陽，太陽上添一畫則為純陽，必知其為乾矣，八卦皆然。其所加之畫，皆自下而行上，謂之逆，故曰：知來者逆。

二、一年卦氣論

自子而丑、寅、卯、辰、巳、午者，順也。今伏羲之卦，將乾安於午位，逆行至於子，是乾、兌、離、震，其數逆。伏羲八卦方位，自然之妙。以橫圖論，列乾一、兌二、離三、震四、巽五、坎六、艮七、坤八，不假安排，皆自然而然，可謂妙矣。乃又顛之，倒之，錯之，綜之，安其方位，疑若涉於安排者，然亦自然而然也。今以自然之妙，圖畫於後（來註）。

三、乾坤所居論

乾位乎上，君也。左則二陽居乎巽之上焉，一陽居乎坎之中焉；右則二陽居乎兌之下焉，二陽居乎離之上下焉，宛然三公、九卿、百官之侍列也。

坤居於下，後也。左則二陰居乎震之上焉，一陰居乎離之中焉；右則二陰居乎艮之下焉，二陰居乎坎之上下焉，宛然三妃、九嬪、百媵之侍列也。

四、男女相配論

乾對坤者，父配乎母也。

震對巽者，長男配長女也。

坎對離者，中男配中女也。

艮對兌者，少男配少女也。

五、乾坤橐籥論

乾取下一畫換於坤，則為震；坤取下一畫換於乾，則為巽。此長男長女橐籥之氣相交換也，故彼此相薄。

乾取中一畫換於坤，則為坎；坤取中一畫換於乾，則為離。此中男中女橐籥之氣相交換也，故彼此不相射。

乾取上一畫換於坤，則為艮；坤取上一畫換於乾，則為兌。此少男少女橐籥之氣相交換也，故彼此通氣（來註）。

八卦生六十四卦論

是八卦之上各加儲備卦而成六十四卦，皆自然而然。試觀乾一、兌二、離三、震四、巽五、坎六、艮七、坤八，則八卦之與數，豈安排而強合之哉！一為乾，故於本卦一位上見之；二為兌，即於本卦二位上見之；三為離，四七震，五為巽，六為坎，七為艮，八為坤，莫不然也。況即乾之一宮，其八卦次序故依一二三四五六七八整然不亂，而各宮皆然，可見六十四卦聖人無一毫增損矣。

八卦生六十四卦陽儀橫圖

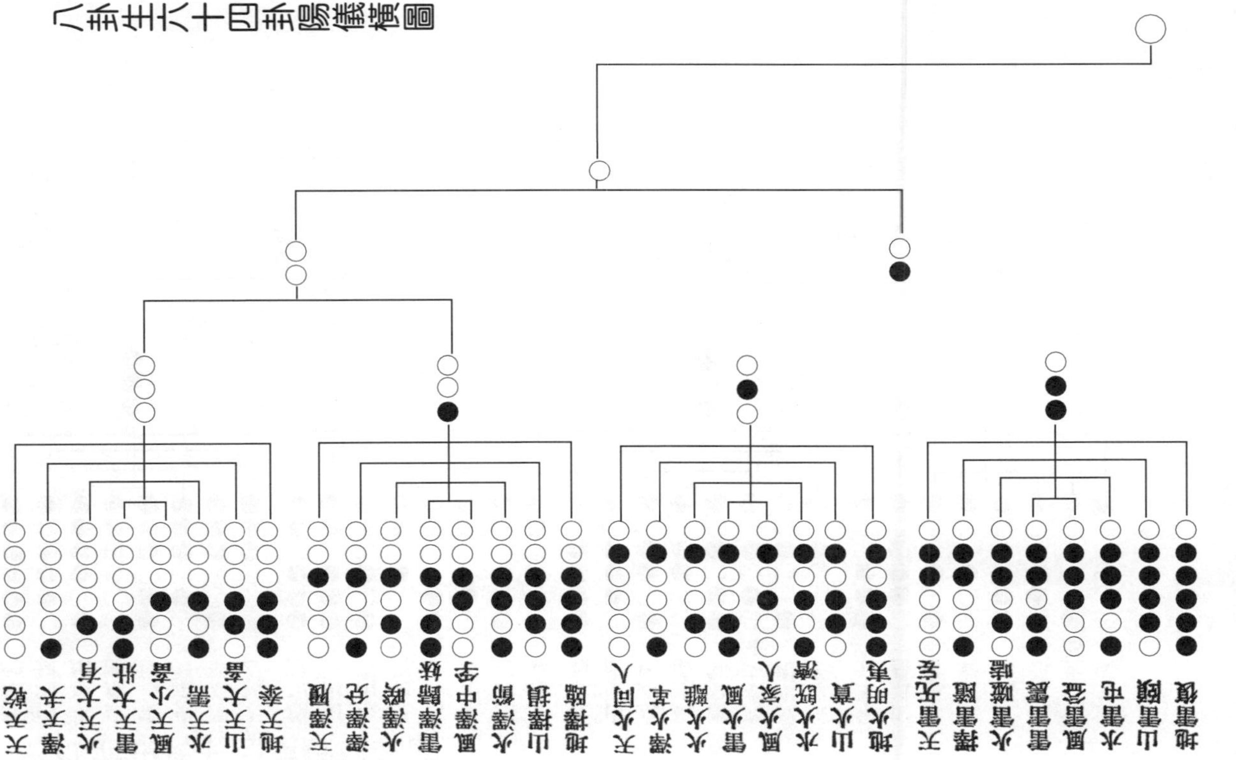

八卦生六十四卦陰儀橫圖

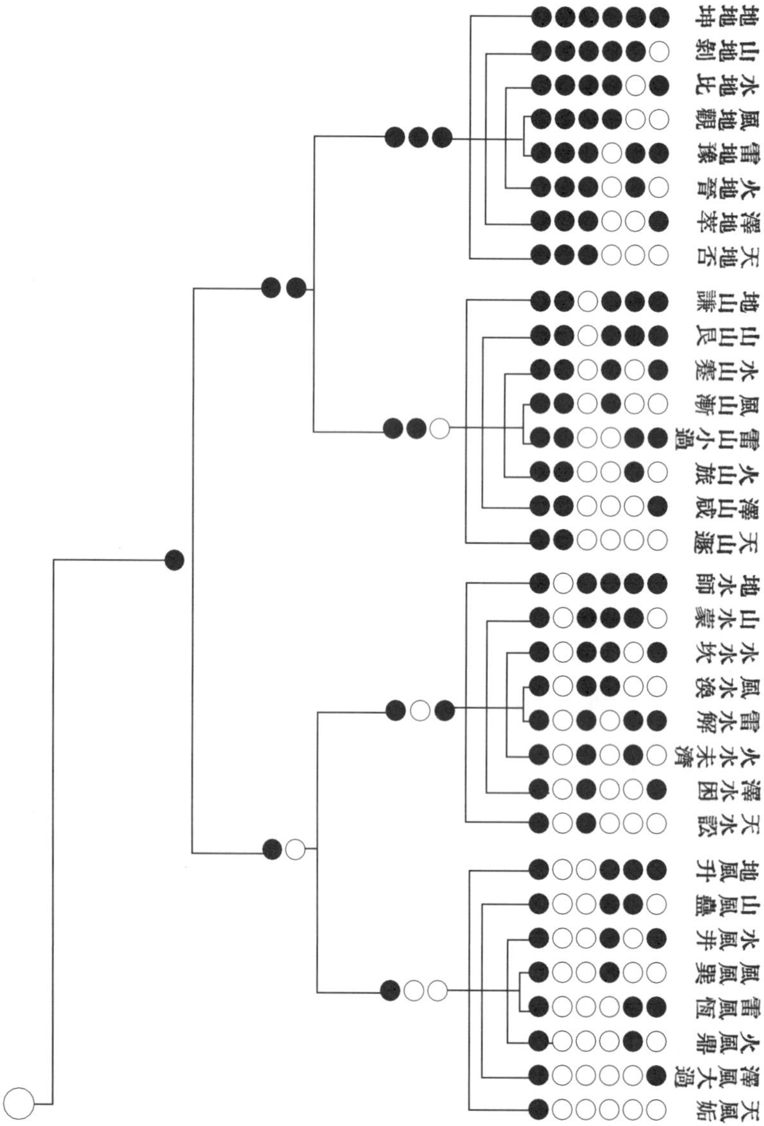

八卦變六十四卦圖

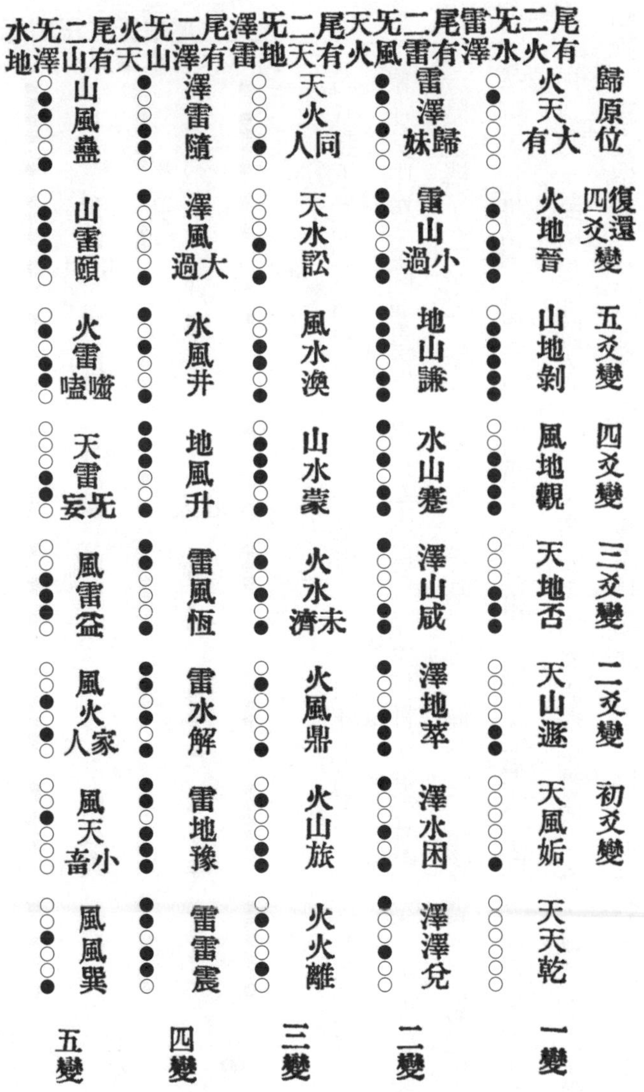
水无二尾火无二尾澤无二尾天无二尾雷无二尾
地澤山有天山澤有雷地天有火風雷有澤水火有
歸原位
復還四爻變
五爻變
四爻變
三爻變
二爻變
初爻變
火天大有 火地晉 山地剝 風地觀 天地否 天山遯 天風姤 天天乾
一變
雷澤歸妹 雷山小過 地山謙 水山蹇 澤山咸 澤地萃 澤水困 澤澤兌
二變
天火同人 天水訟 風水渙 山水蒙 火水未濟 火風鼎 火山旅 火火離
三變
澤雷隨 澤風大過 水風井 地風升 雷風恒 雷水解 雷地豫 雷雷震
四變
山風蠱 山雷頤 火雷噬嗑 天雷无妄 風雷益 風火家人 風天小畜 風風巽
五變

尾有二地旡天山風尾有二風旡雷地水尾有二水旡風火山

六變

地水師 ●●●●○●
地火明夷 ●●●○●○
雷火豐 ●●○○●○
澤火革 ●○○○●○
水火既濟 ●○●○●○
水雷屯 ●○●●●○
水澤節 ●○●●○○
水水坎 ●○●●○●

七變

風山漸 ○○●○●●
風澤中孚 ○○●●○○
天澤履 ○○○●○○
火澤睽 ○○○●○○
山澤損 ○●●●○○
山天大畜 ○●●○○○
山火賁 ○●●○●○
山山艮 ○●●○●●

八變

水地比 ●○●●●●
水天需 ●○●○○○
澤天夬 ●○○○○○
雷天大壯 ●●○○○○
地天泰 ●●●○○○
地澤臨 ●●●●○○
地雷復 ●●●●●○
地地坤 ●●●●●●

右八卦不過加太極兩儀四象八卦是也。六十四卦不過變，即《繫辭》所謂「八卦成列，象在其中矣，因而重之，爻在其中矣；剛柔相推，變在其中矣。」如乾為陽剛，乾下變一陰之巽，二陰之艮，三陰之坤；坤為陰柔，坤下變一陽之震，二陽之兌，三陽之乾，是剛柔相推也。蓋三畫卦若重，成六畫，則不能變六十四，惟六畫則即變六十四矣。所以每一卦六變即歸本卦，下爻畫變為七變，連本卦成八卦，以八加八，即成六十四卦。古之聖人，見天地陰陽變化之妙原是如此，所以以「易」名之。若依宋儒之說，一分二，二分四，四分八，八分十六，十六分三十二，三十二分六十四，是一直死數，何以為「易」？且通不成卦，惟以八加八，方見陰陽自然造化之妙。

六十四卦相錯圖

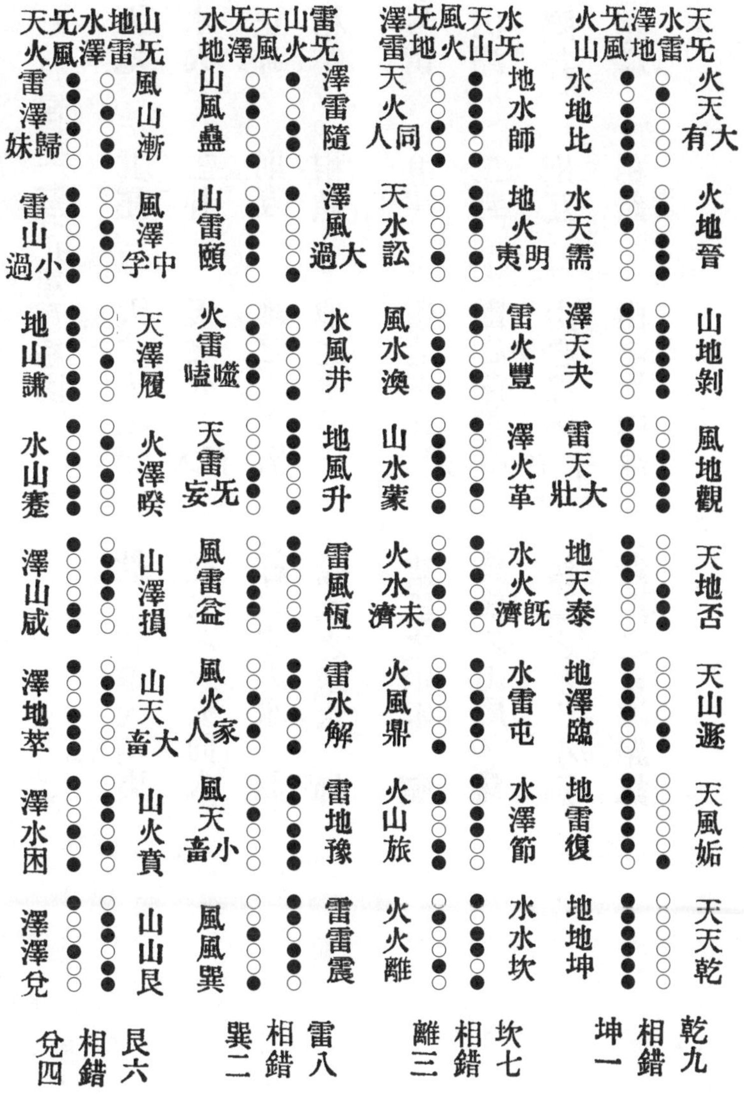
天无 水雷 澤地 无風 火山
火天大有 火地晉 山地剝 風地觀 天地否 天山遯 天風姤 天天乾
水地比 水天需 澤天夬 雷天大壯 地天泰 地澤臨 地雷復 地地坤
乾九 相錯 坤一
水无 天山 風火 无地 澤雷
地水師 地火明夷 雷火豐 澤火革 水火既濟 水雷屯 水澤節 水水坎
天火同人 天水訟 風水渙 山水蒙 火水未濟 火風鼎 火山旅 火火離
坎七 相錯 離三
雷无 山火 天風 无澤 水地
澤雷隨 澤風大過 水風井 地風升 雷風恒 雷水解 雷地豫 雷雷震
山風蠱 山雷頤 火雷噬嗑 天雷无妄 風雷益 風火家人 風天小畜 風風巽
雷八 相錯 巽二
山无 地雷 水澤 无風 天火
風山漸 風澤中孚 天澤履 火澤睽 山澤損 山天大畜 山火賁 山山艮
雷澤歸妹 雷山小過 地山謙 水山蹇 澤山咸 澤地萃 澤水困 澤澤兌
艮六 相錯 兌四

八宮尾二卦正錯互綜圖

天地　其尾　天之火地晉　綜水之地火明夷
水火　二卦　天之火天大有　綜火之天火同人
正卦　則互　地之水天需　綜火之天水訟
相錯　相綜　地之水地比　綜水之地水師
風雷　其尾　雷之澤風大過　錯風之山雷頤
山澤　二卦　雷之澤雷隨　錯風之山風蠱
隅卦　則互　山之風澤中孚　錯澤之雷山小過
相綜　相錯　山之風山漸　錯澤之雷澤歸妹

序卦正綜（一）

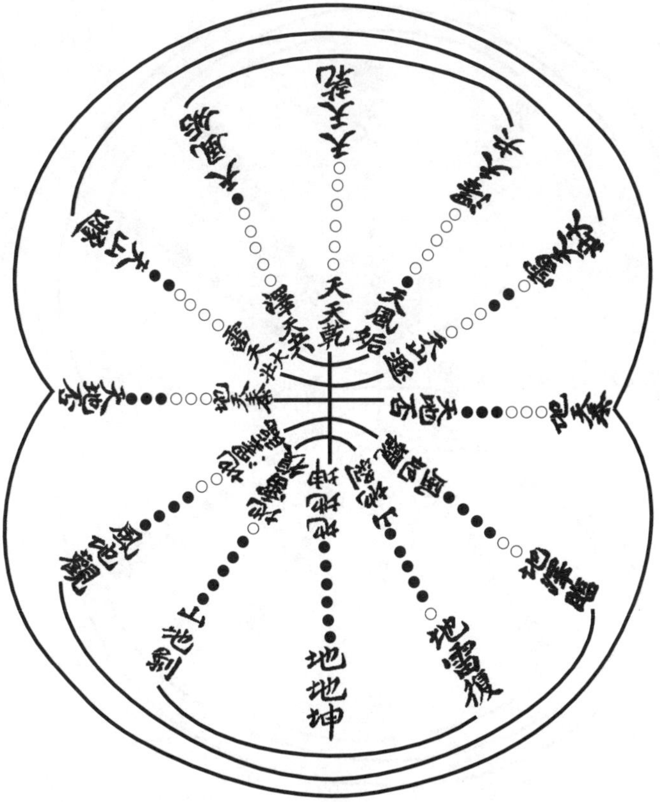

乾之屬自姤至剝順行與坤所屬相綜

夬	綜	姤
大壯	綜	遯
泰	綜	否
臨	綜	觀
復	綜	剝

坤之屬自復至夬逆行與乾所屬相綜

序卦正綜（二）

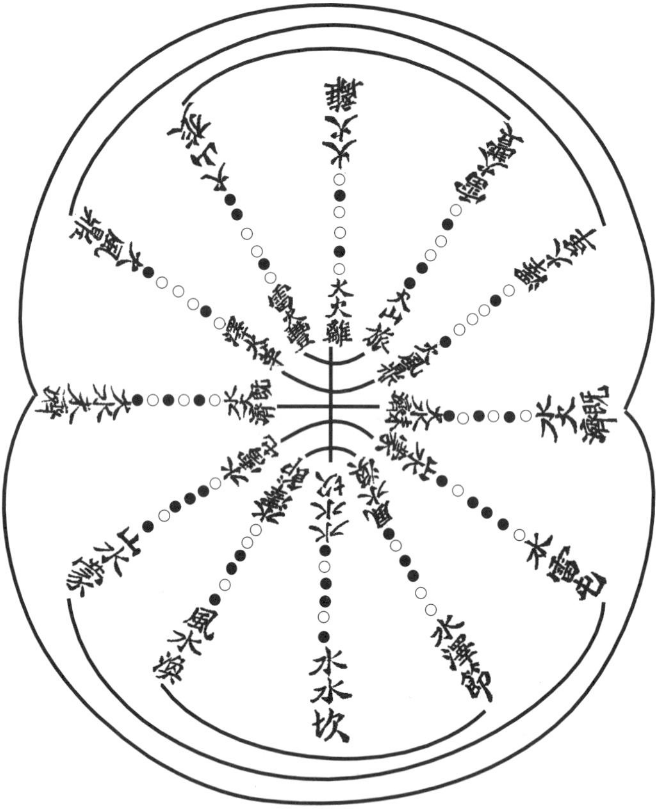

坎之屬自節至豐順行與離所屬相綜

節 綜 渙
屯 綜 蒙
既濟 綜 未濟
革 綜 鼎
豐 綜 旅

離之屬自旅至渙逆行與坎所屬相綜

序卦正綜（三）

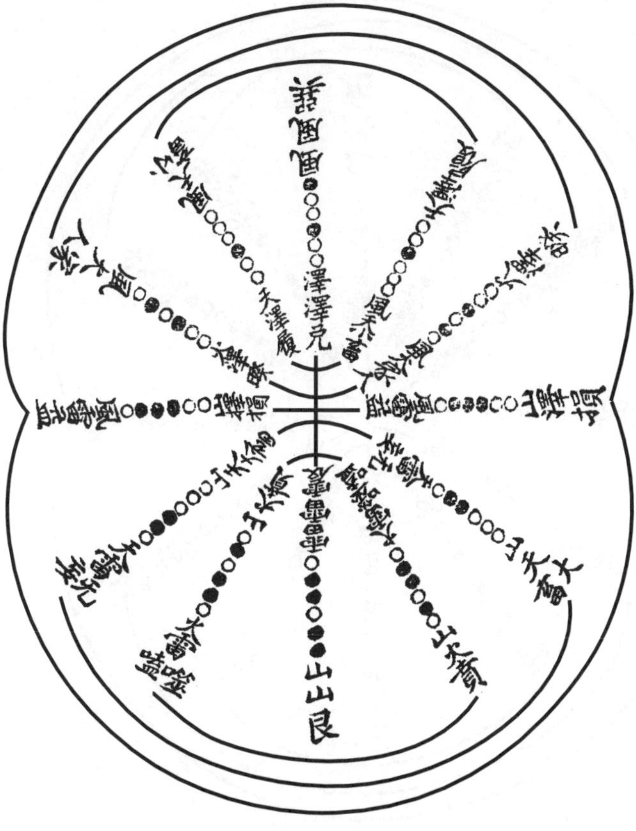

艮之屬自賁至履順行與巽所屬相綜

嗑噬　綜　　賁
妄　　綜　　大
益　　綜　畜　損
人家　綜　　睽
畜小　綜　　履

綜相屬所艮與行逆嗑噬至畜小自屬之巽

序卦正綜（四）

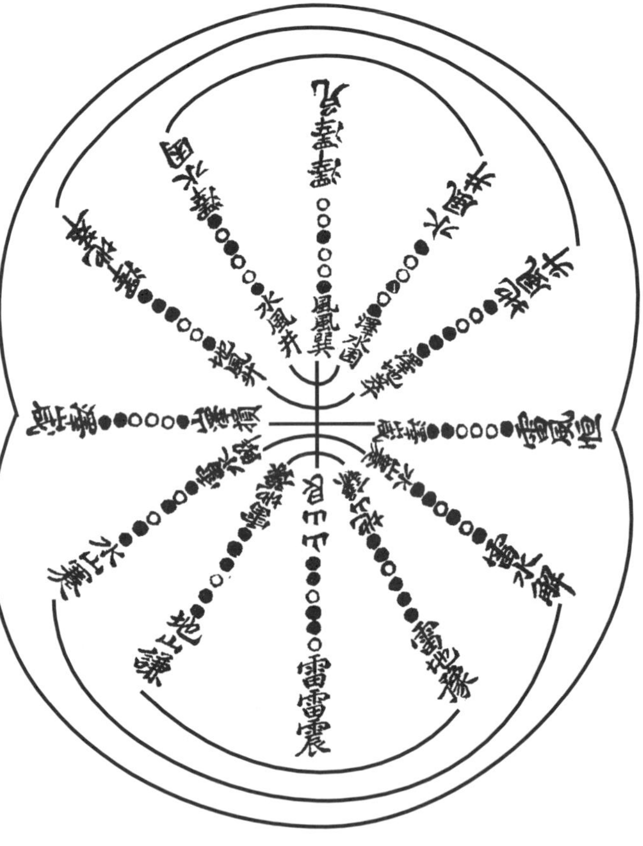

震之屬自豫至井順行與兌所屬相綜

謙	綜	豫
蹇	綜	解
咸	綜	恒
萃	綜	升
困	綜	井

綜相屬所震與行逆謙至困自屬之兌

六十四卦顛倒相綜圖

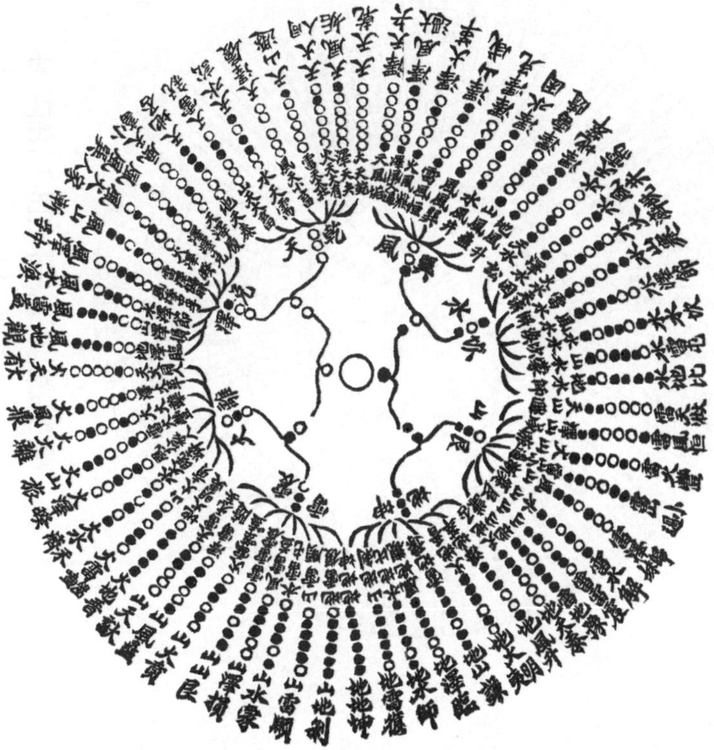

此圖因伏羲八卦天澤火雷風水山地之序，仍以天澤火雷風水山地，依次加之，顛倒綜之。則乾、坤、坎、離之四本卦，頤、大過、中孚、小過之四交卦共八卦仍相錯，而其餘五十六卦綜為二十八卦，共得三十六卦。故邵子曰：「三十六宮都是春」也。所謂八分為十六，十六分為三十二，三十二分為六十四者，尤見法象自然之妙也。

太極生二百二十八卦相錯圖

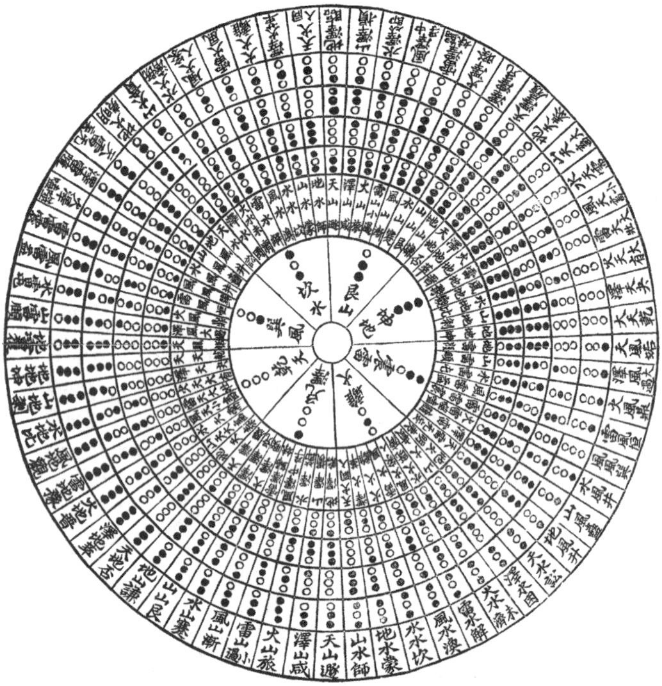

前圖六十四卦顛倒相綜，此圖六十四卦顛倒相錯，以明太極拳纏絲精之大圈小圈。約有六層，與人身之皮膚、肌肉、筋腱、網膜、骨節、腦髓六層相符合。凡血氣之流通，精神之凝聚，皆可於上下、升降、表裏、出入時驗其圈之大小。而能得到其環中者，當自知之。

內一圈、外十二圈陰陽各三十二，內四圈、外九圈陰陽各四；

內二圈、外十一圈陰陽各十六，內五圈、外八圈陰陽各二；

內三圈、外十圈陰陽各八，內

六圈、外七圈陰陽各一；

《易》言：「一陰一陽之謂道」者，言其「歸根復命」，乃團陰陽為一而還於天。

地定位圖

《易》曰：「天地定位，山澤通氣，雷風相薄，水火不相射」方圖。

觀《易傳》：「數往者順，知來者逆，是故『易』，逆數也。」數語，似乎為前後關鍵，具有奧義。言人之為，須知天之所以生人，人之所以回天，否則人道有虧，失卻造命根性，故曰：「數往者順。」順其天地生六子，自上下下，生生不息之原理，無時或違，知以藏往也。「知來者逆」，逆用六子之力，下學上達。自一陽、二陽、三陽、四陽、五陽而六陽，變化性命，保合太和，馴至神武不殺，而物亦無能殺之者，至矣，神以知來也。是《易》之為書，教人回天之大經大法也，故曰「逆數也」，即後數章之先言震、巽，後言乾、坤也。非徒「乾道成男」，而且男成乎乾君，「首出庶物，萬國咸寧」。非徒「坤道成女」，而且女成乎坤後，後以施命告四方，乃得位乎天地之中而「與天地參」。

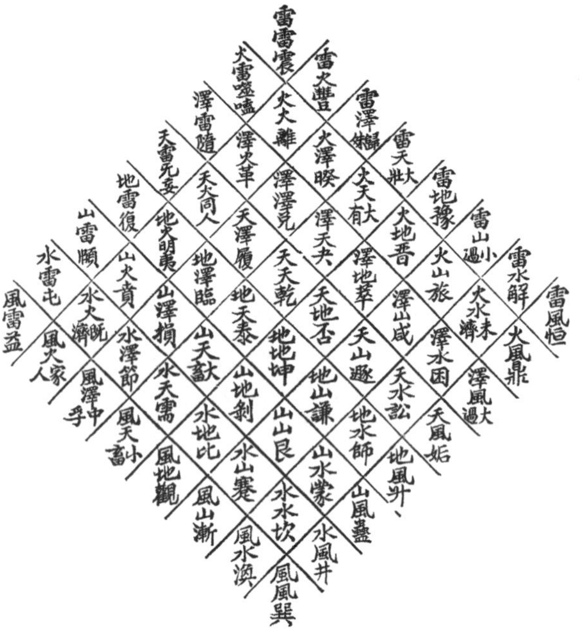

成男成女圖

《易》曰：「鼓之以雷霆，潤之以風雨；日月運行，一寒一暑，乾道成男，坤道成女」方圖。

其工只在「五十以學易」。學《易》者，學逆也，學逆數之相交於中央。隅交為五，正交為十也。隅交者，風雷山澤五以學易也；正交者，天地水火十以學易也。圓圖是矣。而方圖又皆以隅為正，以正為隅。八純卦縱貫上下，為東西之樞；八交卦橫亙東西，為上下之紐，皆十字正交也。而五字隅交，亦寓其中。順數者，乾坤包六子，乾坤在外圈大，六子在內圈小；逆數者，六子包乾坤，六子在外圈大，乾坤在內圈小。雖有大小，舒捲順逆往來之跡，久而久之，

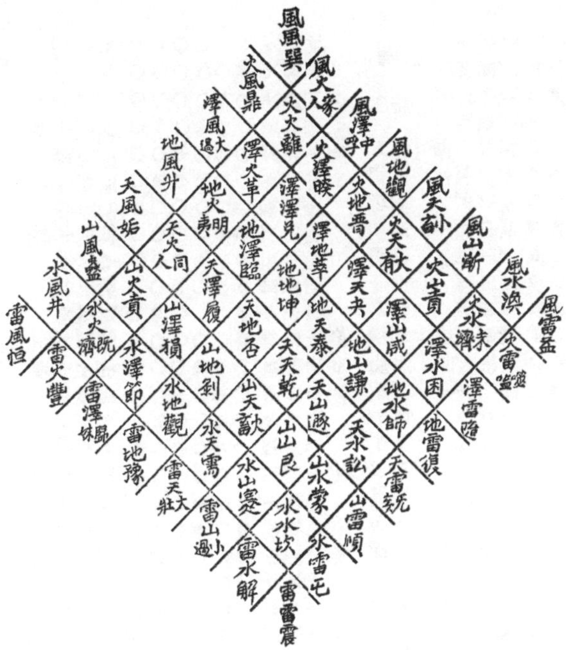

渾淪無間，色空莫辨，無聲無臭，拳拳服膺。「回也，其庶乎？」回教、儒教、道教、佛教、耶教、科學教，各分門戶，而泥其教者，曾亦悟其均不能外於太極而無極歟？習太極拳者其勉旃。

乾君坤藏圖

《易》曰：「雷以動之，風以散之，雨以潤之，日以烜之，艮以止之，兌以說之，乾以君之，坤以藏之」方圖。

天根月窟圖

西

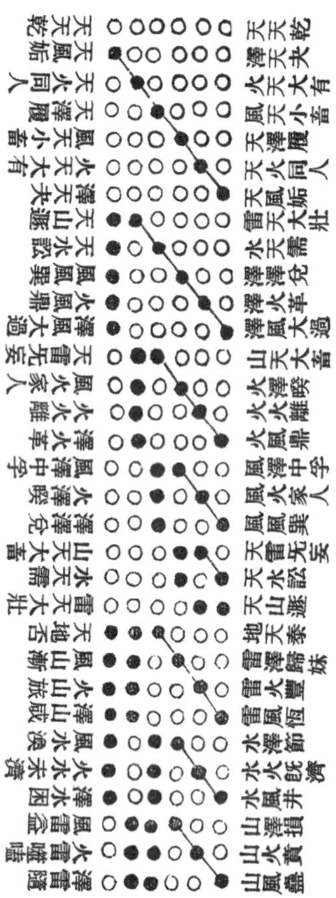

南

邵子詩

耳司聰明男子身鴻鈞賦予不爲貧因探月窟方知物未躡天根豈識人
乾遇巽時觀月窟地逢雷復見天根天根月窟常來往三十六宮都是春

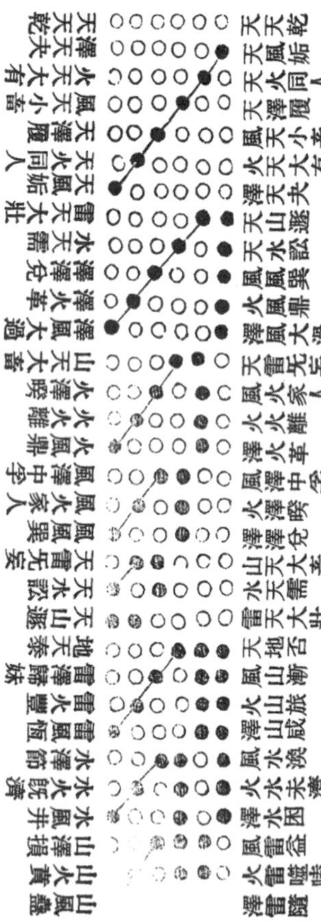

東

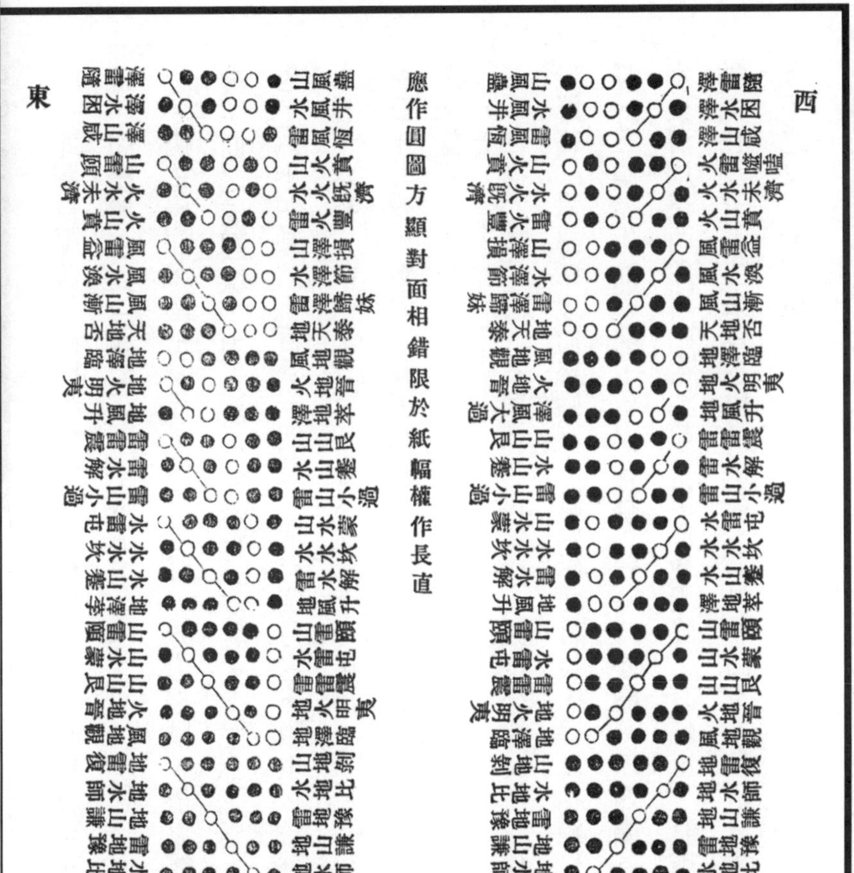
西
應作圓圖方顯對面相錯限於紙幅權作長直
北
東

此圖自邵詩，露出復姤端倪，觸類引伸，備見爻變次序，參伍錯綜之妙，言詮難罄。如陰變一二三四五六陽，陽變一二三四五六陰，消長盈虛，循環接續，參以變也。陽依陽序，陰依陰序，殊途同歸，分道揚鞭，伍以變也。變序斜連成直線，由長漸短曲之成圓線，由大漸小。陰陽爻各三十二爻，各一卦，卦各三十二，閏月之法也，六十四卦共三百八十四爻，歲有閏月之日數也。各卦自相綜，對卦互相錯，得二百五十六卦，共一千五百三十六爻。十九年為一章，共有七閏之數也，較統法一千五百三十九少三數者，減去餘分一二五也，積至一百五十二年，合八章，加一閏月，則餘分盡。

西曆不用閏月，月窟遇姤每錯過，天根來復將迷兒作事，不慎於謀始氣，初恐歸於鮮終。六陽始復而終姤，六陰始姤而終復，參以相錯，錯成一大圈。三陽始復而終蠱，三陰始姤而終隨，伍以相綜，綜為二連圈。二連圈各含九小圈，天地位於上下，水火濟以東西，雷山自地起，風澤從天降。有輕重，有虛實，有動靜，有伏見，八方齊會於五十，往來皆春變真常矣。《易》曰：「參伍以變，錯綜其數。通其變，遂成天下之文。極其數，遂定天下之象。非天下之至變，其孰能與於此！」

陽直圖、陰直圖消息盈虛說

太極拳之消息盈虛，本係四德。推而詳之，則有接、引、進、轉、擊、蓄、留、停八法。接者，交手也；引者，引透也；進者，前進也；轉者，轉關也；擊者，打敵也；蓄者，含蓄也；留者，留有餘地，勿用十分力也；停者，窮兵莫追，不犯吾界即止也。

復者陽息，乾者陽盈，姤者陽消，坤者陽虛。息者必盈，盈者必消，消者必虛，虛者必息。

姤者陰息，坤者陰盈，復者陰消，乾者陰虛。息者必盈，盈者必消，消者必虛，虛者必息。

三才圖

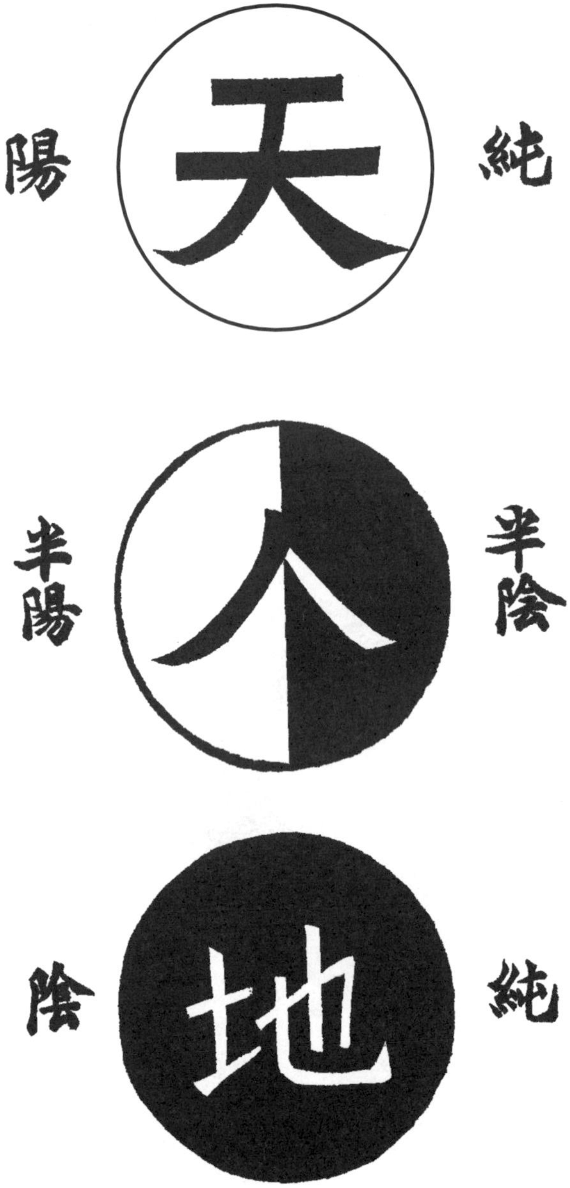

易曰：窮理盡性，以至於命。所以謂之理者，物之理也；所以謂之性者，天之性也；所以謂之命者，處理性者也。所以處理性者，非道而何？是知道為天地之本，天地為萬物之本。以天地觀萬物，則萬物為物；以道觀天地，則天地亦為物。道之道，盡之於天矣；天之道，盡之於地矣；天地之道，盡之於物矣；天地萬物之道，盡之於人矣。

人能知天地萬物之道，所以盡於人者，然後能盡民也。天之能盡物，則謂之昊天；人之能盡民，則謂之聖人。謂昊天能異乎萬物，則非所以謂之昊天也；謂聖人能異乎萬民，則非所以謂之聖人也。萬民與萬物同，則聖人固不異乎昊天者矣。然則聖人與昊天為一道，則萬民與萬物亦可以為一道也。一世之萬民，與一世之萬物，既可以為一道，則萬世萬民與萬世萬物亦可以為一道也，明矣。

若昊天以春夏秋冬四時授人，聖人以《易》、《書》、《詩》、《春秋》諸經法天，天人之事當如何哉？仁配天地謂之人，唯仁者真可謂之人矣。

氣者，神之宅也；體者，氣之宅也。天六地四，天以氣為質，而以神為神；地以質為質，而以氣為神。唯人兼乎萬物，而為萬物之靈。如禽獸之能，以其類而各得其一，無所不能者，人也。推之他事，亦莫不然，唯人得天地日月交之用，他類則不能也。人之生，真可謂之貴矣。天地與其貴而不自貴，是悖天地之理，不祥莫大焉（來註）。

天地形象圖①

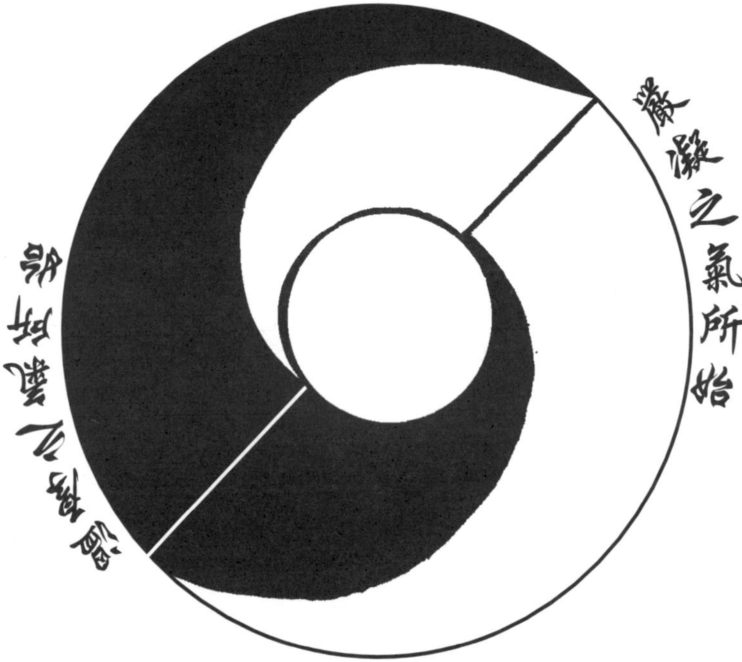

天地形象，雖非如此。然西北山高，東南水多，亦有此意。天地戌亥之交，其形體未曾敗壞，在此圖看出，以氣機未嘗息也。

天地西北高，東南低，論有數端。以風水論，是右邊白虎，太極盛矣。是以歷代帝王長子不傳天下，通是二房子孫傳之。

①陳鑫原著《太極拳圖畫講義》將此圖稱「來子太極圓圖」，又稱「來瞿唐先生圓圖」。

以人才論，聖賢通生在西北一邊。以山聳秀，出於天外故也。以財賦論，通在東南，以水聚湖海故也。以中原論，泰山在中原獨高，所以生孔子。舊時去岱岳，一日路上，見有一山聳秀，問路邊人，答曰：此王府陵也。次日行到，孟廟在其下，始知生孟子者此山也。以炎涼論，天地嚴凝之氣，始於西南，而盛於西北；天地溫厚之氣，始於東北，而盛於東南。嚴凝之氣其氣涼，故多生聖賢；溫厚之氣其氣炎，故多生富貴。以性情論，西北人多質實、多剛、多蠢，下得死心，所以聖賢多也；東南人多秀、多柔、多巧，下不得死心，所以聖賢少也。

人事與天地炎涼氣候相同。冬寒之極者，春生必盛；夏熱之極者，秋風必悽；雨之久者，必有久晴；晴之久者，必有久雨。故有大權者必有大禍，多藏者必有厚亡。知此可以居易以俟命，不必怨天尤人（來註）。

觀來子此條之論，挌手必占形勝之地。形勝之地非指地勢之高下，乃指兩人交手，我之胳膊必先據上游。據上游則我在高處，彼在低處，勝負之機已決。此必素有工夫，且本以中氣而能之，而地基亦在其中。

一年混沌氣象

萬古之人事，一年之氣象也。春作、夏長、秋收、冬藏，一年不過如此。自盤古至堯舜，風俗人事以漸而長，蓋春作、夏長也；自堯舜以後，風俗人事以漸而消，蓋秋收、冬藏也，此之謂大混沌。然其中有小混沌，以人身氣血譬之：盤古至堯舜，如初生時到四十歲；自堯舜以後，如四十歲到百年。此以前乃總論也。若以消息論之，大消中其中又有小息；大息中其中又有小消；小息中又有小消；小消中又有小息。故以大小混沌言之。

何以大消中又有小息？且以生聖人論。堯舜以後乃大消矣；至周末又生孔子，乃小息也，所以祿位名壽通不如堯舜。

邵子元會運世，只就此一年算（來註）。

月輪圖

一月混沌氣象

月缺於三十日，半夜止。盈於十五日，半夜止。初一日子時，息之始，息至十五日而盈。十六日子時，消之始，消至三十日而虛。

初一日與二十九日，月同是缺，但初一日之缺乃息之始，二十九日之缺乃消之終。十六日與十四日，月同是盈，但十四日之盈乃息之終，十六日之盈乃消之始。

天地陰陽之氣，即如人呼吸之氣，四時通是一樣。但到冬月寒之極，氣之內就生一點溫厚起來，所謂息也。溫厚漸漸至四月，發散充滿，所謂盈也。盈又消了。到五月，熱之極，氣之內就生出一點嚴凝起來，所謂息也。嚴凝漸漸至十月，翕聚充滿，所謂盈也。盈又消了。

陰陽之氣，如一個環，動靜無端，陰陽無始，未曾斷絕，特有消息盈虛耳。朱子說：「陽無驟至之理」；又說：「一陽分作三十分」云云；雙峰饒氏說：「坤字介乎剝復二卦之間」云云。通說零碎了，似把陰陽之氣，作斷絕了又生起來。殊不知陰陽剝復就是月一般，月原不曾斷絕，止有盈缺耳。周公碩果不食，譬喻親切（果長不至碩，則尚有氣。長養至於碩果，氣候已完，將朽爛了。外面氣盡，中間就生起核之仁來，可見氣未曾絕）。

天地陰陽之理，不過消息盈虛而已。故孔子尚消息盈虛。打太極拳，亦是消息盈虛。坤與復之時，陽氣通是一樣微。但坤者虛之，終而微也；復者息之，始而微也。乾與姤之時，陽氣通是一樣盛。但乾者盈之，終而盛也；姤者消之，始而盛也。乾與陰氣通是一樣微，但乾者虛之，終而微也；姤者息之，始而微也。坤與復之時，陰氣通是一樣盛。但坤者盈之，終而盛也；復者消之，始而盛也。

息者，喘息也，呼吸之氣也，生長也。故人之子謂之息，以其所生也。因氣微，故謂之息。消者，滅也，退也。盈者，中間充滿也。虛者，中間空也（來註）。

一日氣象

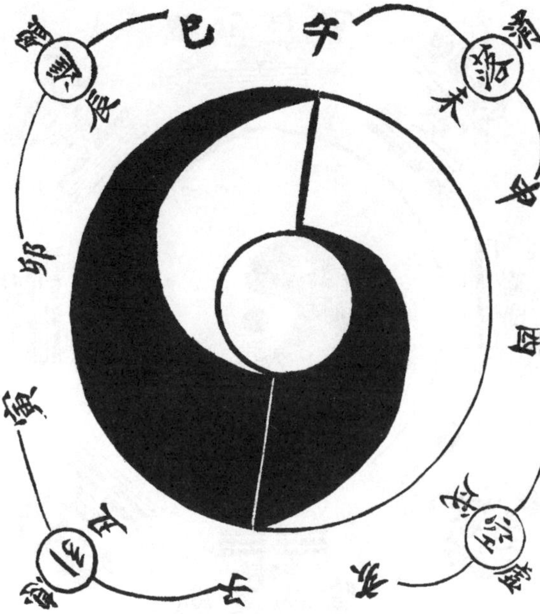

一日混沌氣象

太極拳如一日氣象。萬古之始終者，一日之氣象也。一日有晝有夜，有明有暗，萬古天地即如晝夜。

做大丈夫，把萬古看作晝夜，此襟懷就海闊天高，只想做聖賢出世，而功名富貴，即以塵埃視之矣（來註）。

自子至丑、寅，我之引，即息也。

自卯至辰、巳，我引之使進，即長也。

自午至未、申，即敵之盛氣盡處，即我之轉關處，亦即擊人處。敵不得勢，其氣即消滅。不能不有落腳之地，所謂落也。酉、戌、亥，即敵之虛，惟虛故空，能不失敗乎？是拳之引、進、落、空，亦一日之盈虛消長也。

心易發微伏羲太極圖

正南，純陽方也，故畫為乾。正北，純陰方也，故畫為坤。畫離於東，象陽中有陰也。畫坎於西，象陰中有陽也。東北陽生陰下，於是乎畫震。西南陰生陽下，於是乎畫巽。觀陽長陰消，是以畫兌於東南。觀陰盛陽微，是以畫艮於西北（來註）。

此圖乃伏羲氏所作也，世不顯傳。或謂希夷所作，雖周子亦未之見也，乃自作「太極圖」，觀任道遜之詩可見矣。詩云：「太極中分一氣旋，兩儀四象五行全。先天八卦渾淪具，萬物何嘗出此圓。」又云：「造化根源文字祖，圖成太極自然天。當時早見周天子，不費鑽研作正傳。」夫既謂八卦渾淪文字祖，則知此圖為伏羲所作，而非希夷明矣。

其外一圈者，太極也；中分黑白者，陰陽也；黑中含一點白者，陰中陽也；白中含一點黑者，陽中陰也。陰陽交互，動靜相倚，周詳活潑，妙趣自然。其圈外左方自震，一陽馴至乾之三陽，所謂起震而歷離、兌，以至於乾是已；右方自巽，一陰馴至坤之三陰，所謂自巽而歷坎、艮，以至於坤是已。其間四正四隅，陰陽純雜，隨方布位，自有太極含陰陽，陰陽含八卦之妙，不假安排也，豈淺見近識者所能及哉！伏羲不過摹寫出來以示人耳。

予嘗究觀此圖，陰陽渾淪，蓋有不外乎太極，而亦不離乎太極者，本先天之易也。觀周子《太極圖》，則陰陽顯著，蓋皆太極之所為，而非太極之所倚者，實後天之易也。

然而，先天所以包括後天之理，後天所以發明先天之妙，明乎道之渾淪，則先天而天弗違，太極體立也；明乎道之顯著，則後天而奉天時，太極用行矣。使徒玩諸畫象，談諸空玄，羲、周作圖之意荒矣！故周子詩云：「兀坐書房萬機休，日暖風和草色幽。誰道二十年遠事，而今只在眼睛頭。」豈非孔子所論太極者之旨，容有外於一舉目之間哉。是可默識其妙，而見於性理，指要可考也（來註）。

古太極圖敘

天地間形上形下，道器攸分，非道自道，器自器也。器即道之顯諸有，道即器之泯於無，雖欲二之，不可得也。

是圖也，將以為淪於無耶？兩儀、四象、八卦與夫萬象森羅者已具在矣。抑以為滯於有耶？凡儀象、卦畫與夫群分類聚，森然不可紀者，曾何形跡之可拘乎！是故，天一也，無聲無臭，何其隱也；成象成形，何其顯也。然四時行，百物生，莫非其於穆之精神無方，易無體，不離乎象形之外。自一而萬，自萬而一，即此圖是也。

默識此圖，而太極生生之妙完具胸中，則天地之化機、聖神之治教不事他求，而三才一貫，萬物一體備是矣。可見執中，執此也；慎獨，慎此也；上古之心傳，傳此也，可以圖象忽之哉（來註）。

古太極圖說

道必至善，而萬善皆從此出，則其出為不窮。物本天然，而萬物皆由此生，則其生為不測。包羅主宰者，天載也，泯然聲臭之俱無；纖巧悉備者，化工也，渾乎雕刻之不作。赤子未嘗學，慮言知能之良必歸之。聖人絕無思為言，仁義之至必歸之。蓋凡有一毫人力安排佈置，皆不可以語至道，語至物也。況謂之太極，則盤天地，亙古今，瞬息微塵，悉統括於茲矣，何所庸其智力哉！

是故天地之造化，其消息盈虛本無方體，無窮盡，不可得而圖也。不可圖者從而圖之，將以形容造化生生之機耳。若以人為驕強分析於其間，則天地之自然者，反因之而晦矣。

惟是圖也，不知畫於何人，起於何代，因其傳流之久，名為「古太極圖」焉。嘗讀《易・繫辭》首章，若與此圖相發明，《說卦》天地定位數章，即闡明此圖者也。何也？總圖即太極也，黑白即陰陽、兩儀、天地、卑高、貴賤、動靜、剛柔之定位也。黑白多寡，即陰陽之消長。太陰太陽，少陰少陽，群分類聚，成象成形，寒暑往來，乾男坤女，悉於此乎見也。以卦象觀之，乾坤定位上下，坎離並列東西，震巽艮兌隨陰陽之升降而布於四隅，八卦不其畢其矣乎？

然太極、兩儀、四象、八卦，吉凶大業雖畢見於圖中，而其所以生生者莫之見焉。其實，陰陽由微至著，循環無端，即其生生之機也。太極不過陰陽之渾淪耳，原非先有太極，而後兩儀生，即有兩儀，而後四象八卦生也。豈有兩儀生而太極遯，四象生而兩儀亡，八卦生而四象隱，兩儀、四象、八卦各為一物，而別有太極宰其中，統其外哉！惟於此圖潛神玩味，則造化之盈虛消息隱然呈象。效法此之謂至道而不可離，此之謂至物而物格知至也。

若云孔子以前無《太極圖》，而《先天圖》畫於伏羲，《後天圖》改於文王，考之《易》皆無據，今盡闕之可矣。雖然，乾坤之易簡，久大之德業，即於此乎在。而虞廷執中，孔門一貫，此外無餘蘊。但按圖索驥，則又非古人畫象垂訓之意矣。故曰：「神而明之，存乎其人，默而成之，不言而信，存乎德行。」

《古太極圖》，聖人發洩造化之秘，示人反身以完全，此太極也。是極也，在天地匪巨，人身匪細，古今匪遙，呼吸匪暫也。本無象形，本無聲臭，聖人不得已而畫之圖焉。陰陽剛柔，翕闢摩蕩，凡兩儀四象八卦，皆於此乎具，而吉凶之大業生焉。即所謂一陰一陽之道，生生之易，陰陽不測之神也。惟於此圖，反求之身，而洞徹無疑焉。則知吾身即天地，而上下同流，萬物一體，皆吾身所固有，而非由外鑠我者。

然而有根源焉，培其根，則枝葉自茂；濬其源，則流自長。細玩圖象，由微至著，渾淪無窮，即《易》所謂「乾元資始，乃統天」是也。何也？分陰分陽，而陰即陽之翕也；純陰純陽，而純陽即一陽之積也。一陽起於下者，雖甚微，而天地生生化化，變通莫測，悉由此以根源之耳。況以此觀之《河》、《洛》，則知《河圖》一、六居下，《洛書》戴九履一，其位數生剋不齊；而一之起於下者，寧有二哉！

以此觀之，易六十四卦始於乾，而乾初九「潛龍勿用」，謂陽在下也。《先天圓圖》起於復者，此也；《橫圖》復起於中者，此也；《方圖》震起於中者，此也；《後天圖》帝出乎震者，亦此也。諸卦爻圖象不同，莫非變化，特其要，在反身以握乎統天之元於以完全造化，與天地同悠久也。

是故，天之所以為天者，此也，故曰「乾以易知」；地之所以為地者，此也，故曰「坤以簡能」；人之所以為人者，此也。故曰「易簡理得」，「而成位乎其中」。以否則天地幾乎毀矣，況於人乎？信乎？人一小天地，而天、地、人統同一太極也。以語其博，則盡乎造化之運；以語其約，則握乎造化之樞，惟《太極圖》為然。故揭此以冠之圖書編云（來註）。

伏羲八卦消長圖

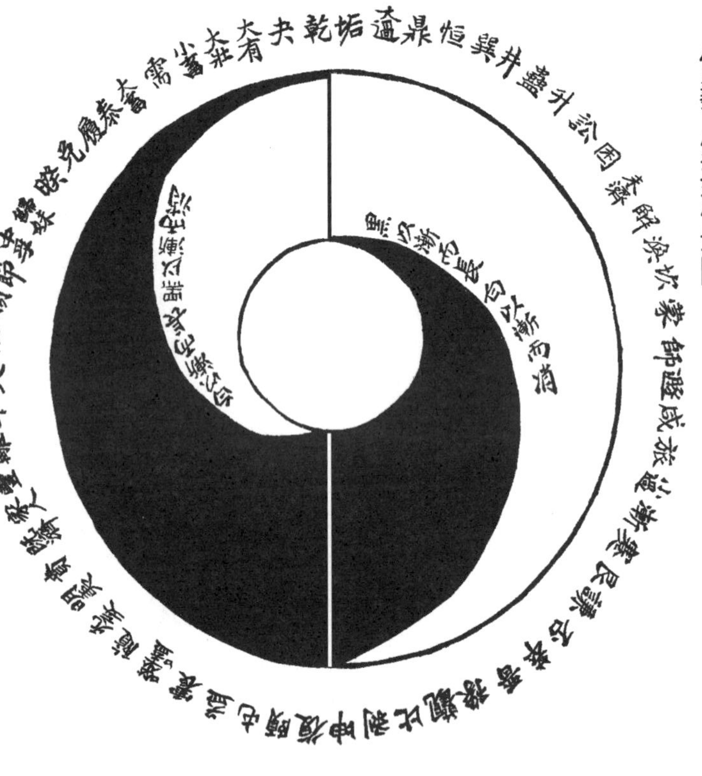

陰以漸而長

陽以漸而長

白路者，一陽復也。自復而臨，而泰，而壯，而夬，即為乾之純陽。黑路者，二陰姤也。自姤而遯，而否，而觀，而剝，即為坤之純陰。

復者，天地之生子也，未幾而成乾健之體。健極則必生女矣，是火中之一點水也。姤者，天地之生女也，未幾而成坤順之功。順極則必生男矣，是水中之一點火也。故乾道成男，未必不成女；坤道成女，未必不成男。

坤而復焉，一念之醒也，而漸至於夬，故君子一簣之土，可以成山。乾而姤焉，一念之差也，而漸至剝，故小人一焰之火，可以燎原。

學者只將此圖黑白消長玩味，就有長進，然非深於道者，不足以知之。觀此圖者，且莫言造化性命之學，且將黑白消長，玩安、危，進、退四個字，氣象亦已足矣。了得此手，便就知進、知退、知存、知亡；便即於天地合其德，日月合其明，四時合其序，鬼神合其吉凶。故修德凝道之君子，以居上不驕，為下不倍。國有道，其言足以興；國無道，其默足以容結之（來註）。

太極黑白圖

白者，陽儀也；黑者，陰儀也。黑白二路者，陽極生陰；陰極生陽，其氣機未嘗息也，即太極也。非中間一圈，乃太極之本體也（來註）。

太極圖弄圓歌

我有一九，黑白相和，雖是兩分，還是一個。
大之莫載，小之莫破，無始無終，無右無左。
八卦九疇，縱橫交錯，今古參前，乾坤在坐。
堯舜周孔，約為一堂，我弄其中，琴瑟鏗鏘。
孔曰太極，惟陰與陽，是定吉凶，大業斯張。
形即五行，神即五常，惟規能圓，矩以能方。
孟曰弄此，有事勿忘，名為浩然，至大至剛。
充塞天地，長揖羲皇。

此圖與周子之圖少異者，非求異於周子也。周子之圖散開畫，使人易曉。此圖總畫，解周子之圖者，以中間一圈為太極之本體者，非也。圖說，周子已說盡了。故不必贅述。

易以道陰陽，其理止此矣。世道之治亂，國家之因革，山川之興廢，王伯之誠偽，風俗之厚薄，學術之邪正，理學之晦明，文章之純漓，士子之貴賤，賢不肖之進退，華夷之強弱，百姓之勞逸，財賦之盈虛，戶口之增減，年歲之豐凶，舉辟之詳略，以至一草一木之賤，一飲一食之微，皆不外此圖。

程子曰：「天地萬物之理，無獨必有對。」皆自然而然，非有安排也，於此圖見之矣。畫此圖時，因讀《易》「七日來復」，見得道理原不斷絕，往來代謝是如此。因推而廣之，作理學辨疑。

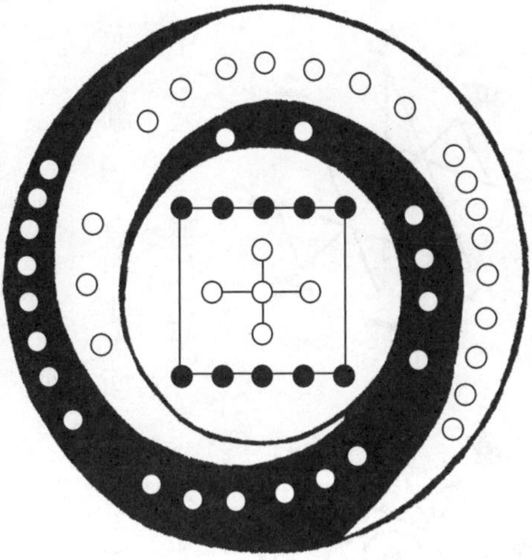

河圖太極圖

雖曰一、六在下，二、七在上，其實皆陽上而陰下。雖曰三、八在左，四、九在右，其實皆陰左而陽右。雖曰以五生數，統五成數，其實皆生數在內，成數在外。雖曰陰陽皆自內達外，其實陽奇

一、三、七、九，陰偶二、四、六、八，皆自微而漸盛。彼欲分裂其幾點置之某處，而更亂之。盍即此太極河圖觀之哉？但陰陽左右，雖旋轉無定在也，而拘拘執河圖虛中，五、十無位之說，是又不知陰陽合於中心，而土本天地之中氣也（來註）。

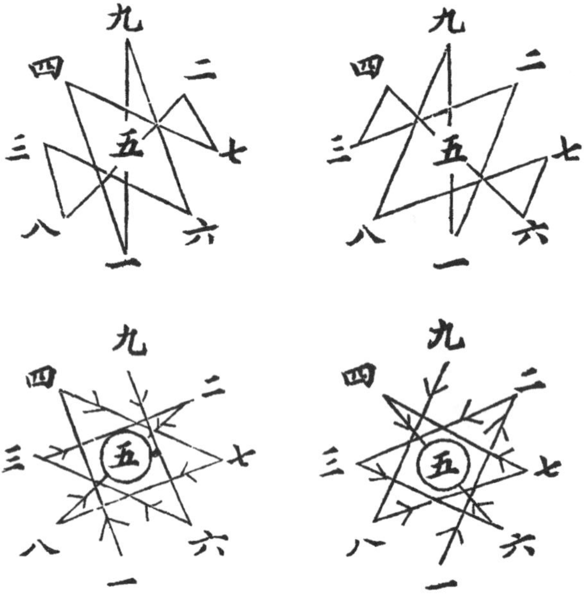

洛書太極圖

上右圖一二三、四五六、七八九，挨次連三方者，天地體數順行也。上左圖一四七、二五八、三六九，隔次連三方者，甲子用數逆行也。拳家纏絲精法所走之路，適與相仿。右仰手與左俯手相向，若抱右手在下，從一向二、向三、向六行；頭領兩足從九向八、向七、向四行；四六同向，五扭縹，猛力一抖，氣結中宮；左仰手在下，從一向四、向七、向八行，頭領兩足從九向六、向

河圖天地交圖

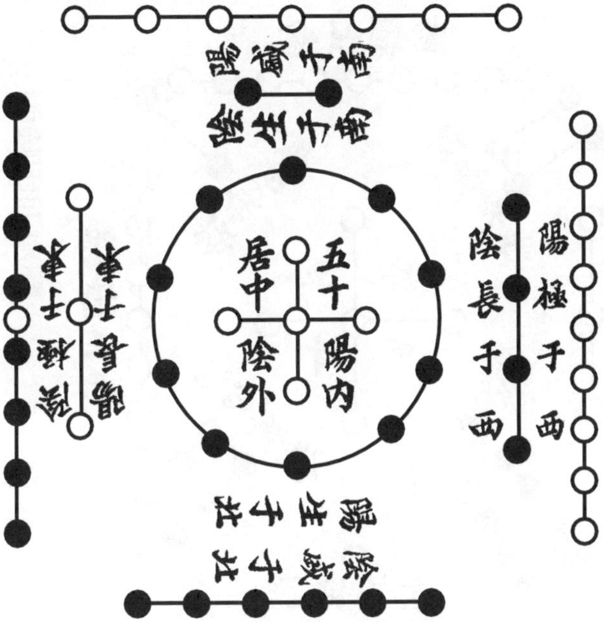

三、向二行；二八同向，五扭縹，猛力一抖，氣結中宮；左右扭縹，落點時，頭、手、足皆成一、二、三，或一、四、七矩折三角形。若兼帶俯仰伸縮法，規矩方為完全合一。久練純熟，則起落進退，旋轉自由，而輕重虛實，剛柔齊發，乃識太極確有真相，非徒托諸空言矣。

河圖天地交、洛書日月交論

天地交，則泰矣，《易》即嚴艱貞於九三。日月交，則既濟矣，《易》即謹衣袽於六四。君子因圖、書而致慎於交也，深矣哉。

若夫統觀河圖，除中五、十，則外數三十；徑一圍三，故圓。謂圖為天之象可

洛書日月交圖

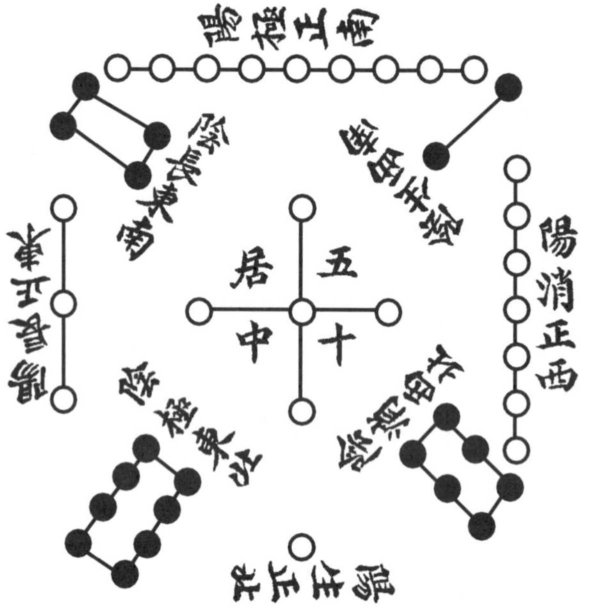

也。統觀洛書，除中五數，則外數四十；徑一圍四，故方。謂書為地之象亦可也。

圖之數，五十有五。其數奇而盈也，非日之象乎？書之數，四十有五。其數耦而乏也，非月之象乎？潛神圖、書者，可無反身之功哉？

蓋天地日月之交，即吾人性命之理、姤復之機也。果能以此洗心退藏於密，天地交而一陽含於六陰之中；日月交而一貞完其純陽之體，則天地合德，日月合明，生剋制化之神妙，不在圖、書而在我矣。否則，圖、書固不當牽扯，而圖自圖，書自書，亦方圓奇耦之象數耳，於窮理盡性致命之學何與哉（來註）？

太極拳倣河圖作纏絲圓勁圖

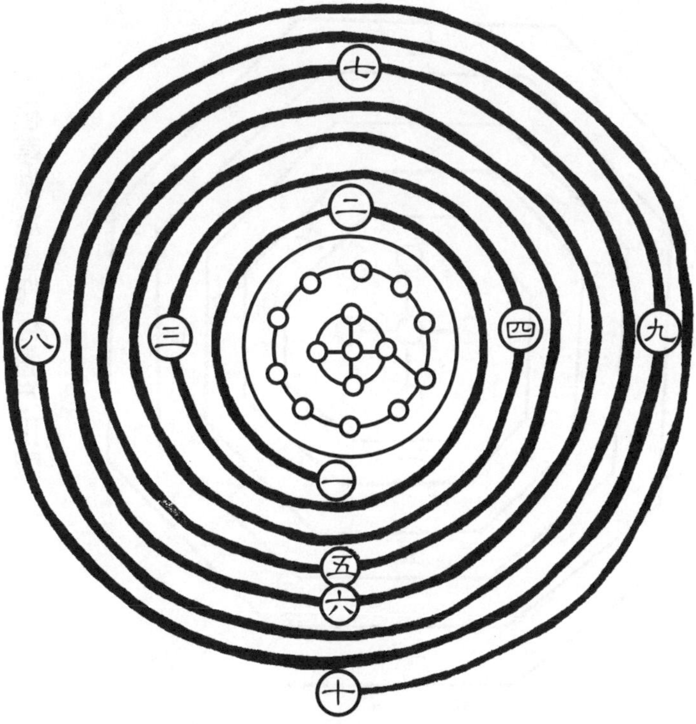

太極拳內精圓圖

《河圖》實為纏絲精之祖。單開如一字。兩頭合住，周圍撐開，則為太極圓圖；錯之，則為纏絲圖；雙之，則為徧圖；再雙之，四角撐開，則為方圖；至三角、五角、六角、七角、八角、九角，皆方圖也，皆由一生二而推之也。即《堯典》所載日月運行、錯綜之纏次圓圖，莫非由一字所生也？茲不俱論。此圖專主纏絲勁說。因拳中股肱宜用，故推及之。

太極拳倣洛書作行體方正圖

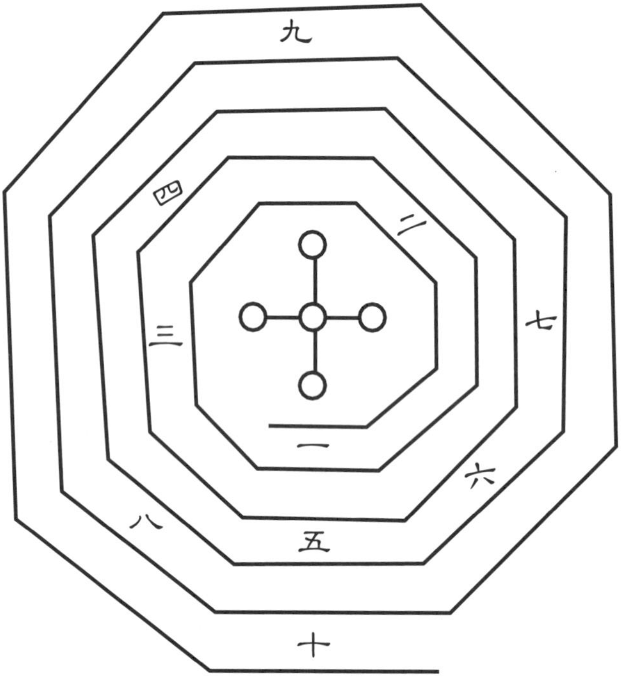

太極拳外形方圖

《洛書》實為方形之祖，猶是智欲圓而行欲方之意。且太極拳實係外方而內圓，上圓而下方。方者，其形；圓者，其神也。要拳者不可不知。

打拳雖有時倚斜，然斜之中，自寓有方正之意。

此八角方形也。一摸其稜，即成太極圓圖矣。方由圓生，圓因方成，此方圓相通之理要，皆本一字所生。

太極拳纏絲精圖

吾讀諸子太極圓圖，而悟打太極拳須明纏絲精。纏絲者，運中氣之法門也。不明此，即不明拳。

第一白路與黑路，以象無極中自存太極之陰陽也。第二白路黑路，以象太極生兩儀。兩儀，陰陽也，即天地也。第三白路黑路，以象人人秉陰陽五行之氣以生者也。第四白路，即孟子所謂浩然之氣；黑路即人之血氣，配以道義，即為正氣，即是浩然之氣。第五白路，即道心，所以宰乎氣者也。氣非理無以行，此性中之理也。黑路即人心，聖賢所謂私心也。中間白點即克念，黑點即罔念也。惟聖人但存克念去其罔念。罔念，即告子所謂食色性也，人皆有之。人能去此一念之私，使之永不發動，則純乎天矣。純乎天，則打拳皆隨天機動宕，莫非自然而然，活潑潑地太極原象皆從吾身流露。

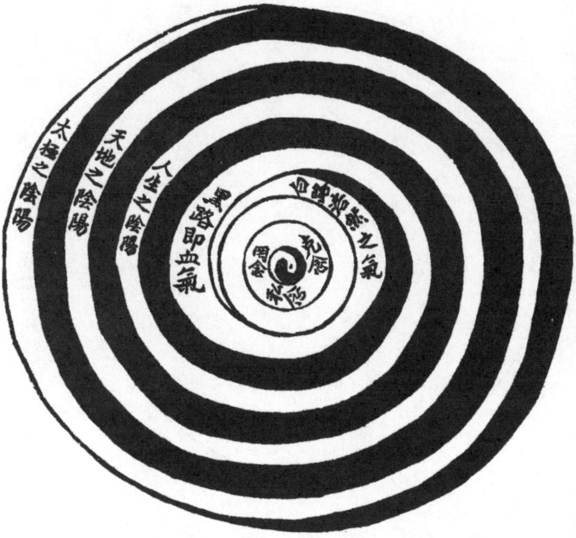

外三大圈推陰陽所自始，內三圈言陰陽有所宰。內三圈皆在第三圈，人所秉受之中，本不必再圖。恐打拳不知理以宰氣之故爾，非另外別有一圖也，姑圖之令人易曉。要之內三圈皆在第三圈之中，第三圈皆在第二圈之中，第二圈皆在第一圈之中。此圖專言衛生之本、還氣妙訣。能善運氣，始能衛其生命；能衛生命，則復性有所資養，氣有所賴矣。此太極拳是有益於身心性命之學。聖賢言修身在復性，此言衛生運氣以為修身復性之本。未知是否，姑為圖說，以留笑柄。

無極圖

前吾畫一空圈，名曰無極圖。此又畫一空圈，何謂也?天地萬物，皆自無而生有。自有以後，事物不可枚舉。即如打拳一藝，起初原無是術，一既有之，正不妨即其有，以造至無心成化，不著形跡，則有者仍歸於無矣。所謂色即是空，空即是色，空空色色，色色空空。吾之又畫一圈者，蓋以此。

人身纏絲正面圖

渾身俱是纏勁。大約裏纏、外纏，皆是隨動而發。有左手前，右手後；右手前，左手後，而以一順合者。亦有左裏合，右背合者。亦有用反背勁，而往背面合者。各因其勢之如何，而以自然者運之。

足大趾待手氣走足後，乃與手一齊合住，此時方可踏實。其勁皆發於心，內入於骨縫，外達於肌膚。是一股，非有幾股。勁，即氣之發於心者，得其中正則為中氣，養之即為浩然之氣。

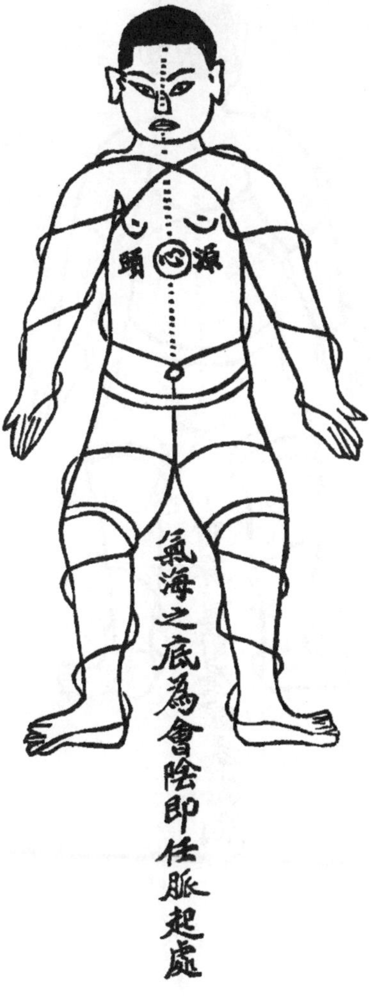

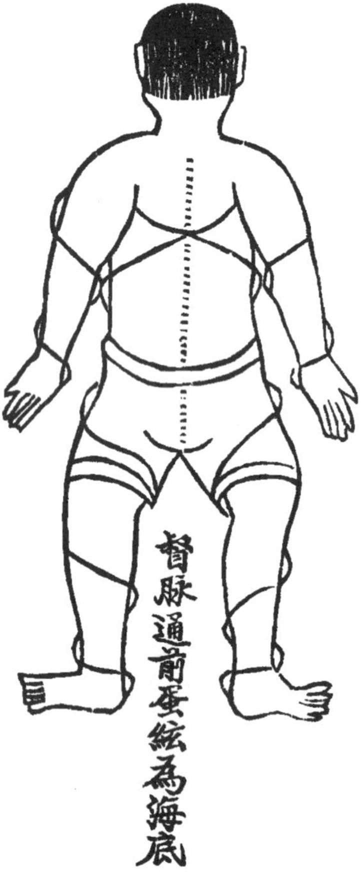

人身纏絲背面圖

背面頭頂為頂勁，大椎為分路，分路下為膂，正中骨為脊，兩腎為腰。足之虛實因乎手，手虛足亦虛，手實足亦實。

太極拳纏絲精論

太極拳纏絲法也，進纏、退纏、左右纏、上下纏、裏外纏、大小纏、順逆纏。而要莫非即引即纏，即進即纏，不能各是各著。若各是各著，非陰陽互為其根也。世人不知，皆目為軟手，是一外面視之，皆跡象也。若以神韻論之，交手之際，剛柔並用，適得其中，非久於其道者，不能澈其底蘊。兩肩鼆下，兩肘沉下，秀若處女見人，肆若猛虎下山。手即權衡，稱物而知其輕重。打拳之道，吾心中自有權衡。因他之進退緩急，而以吾素練之精神臨之，是無形之權衡也。以無形之權衡，權有形之跡象，宜輕宜重，而以兩手斟酌，適得其當，斯為妙手。

太極拳纏絲法詩四首

七言古其一

動則生陽靜生陰，一動一靜互為根。
果然識得環中趣，輾轉隨意見天眞。

其二

陰陽無始又無終，來往屈伸寓化工。
此中消息眞參透，圓轉隨意運鴻濛。

其三

一陣清來一陣迷，連環闔闢賴撕提；
理經三昧方才亮，靈境一片是玻璃。

五言古

理境原無盡，端由結蟻誠。三年不窺園，壹志並神凝。
自當從良師，又宜訪高朋。處處循規矩，一線啓靈明。
一層深一層，層層意無窮。一開連一合，開合遞相承。
有時引入勝，工欲罷不能。時習加黽勉，日上自蒸蒸。
一旦無障礙，恍然悟太空。

經穴歌錄內經注

歌　云

太陰肺兮出中府，雲門之下一寸許，雲門璇璣旁六寸，
巨骨之下二骨數，天府脅下三寸安，夾白肘上五寸數，
尺澤肘中約紋論，孔最腕上七寸取，列缺腕側一寸半，
經渠寸口陷中取，太淵掌後橫紋骨，魚際節後散脈舉，
少商大指端內側，此穴若針病即癒。

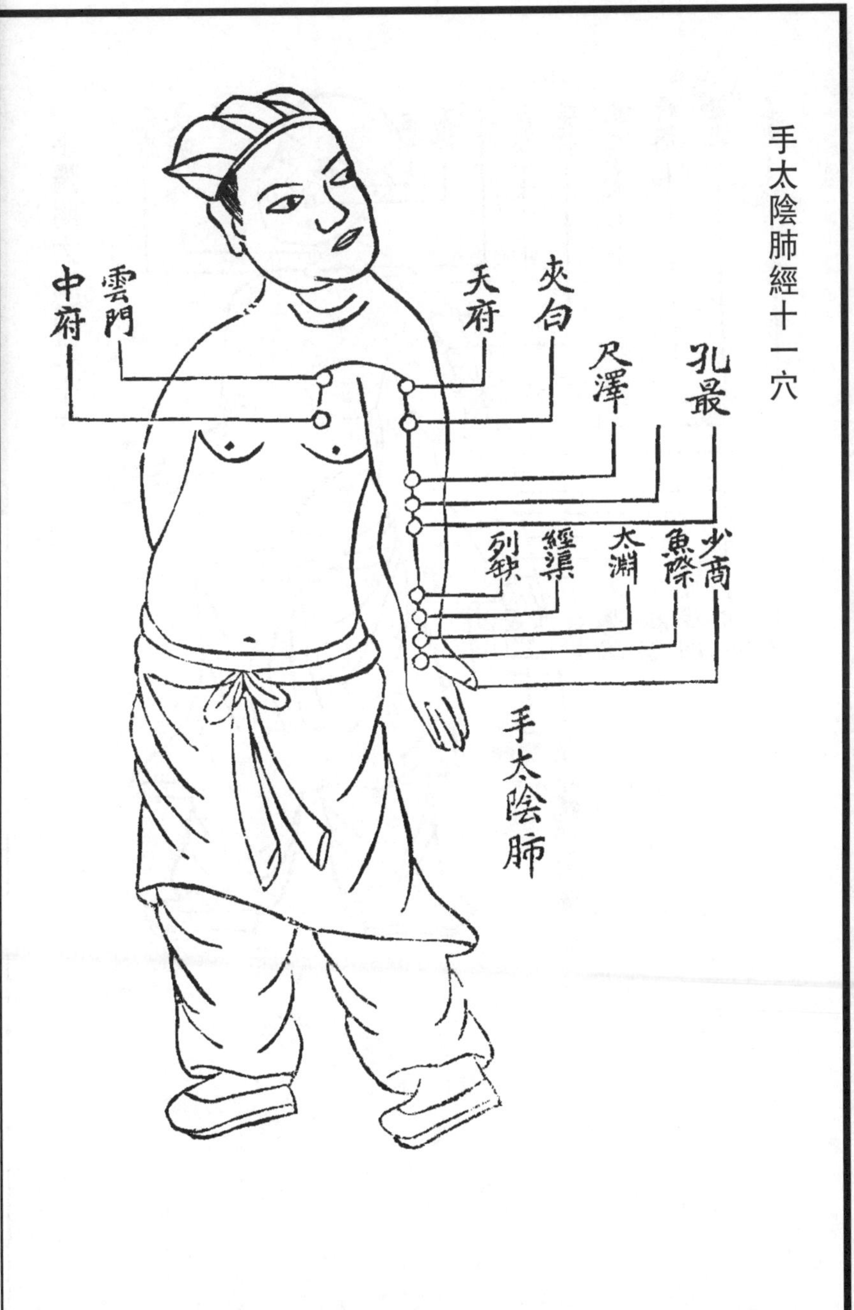
手太陰肺經十一穴
中府
雲門
天府
夾白
尺澤
孔最
列鈌
經渠
太淵
魚際
少商
手太陰肺

手陽明大腸經二十六

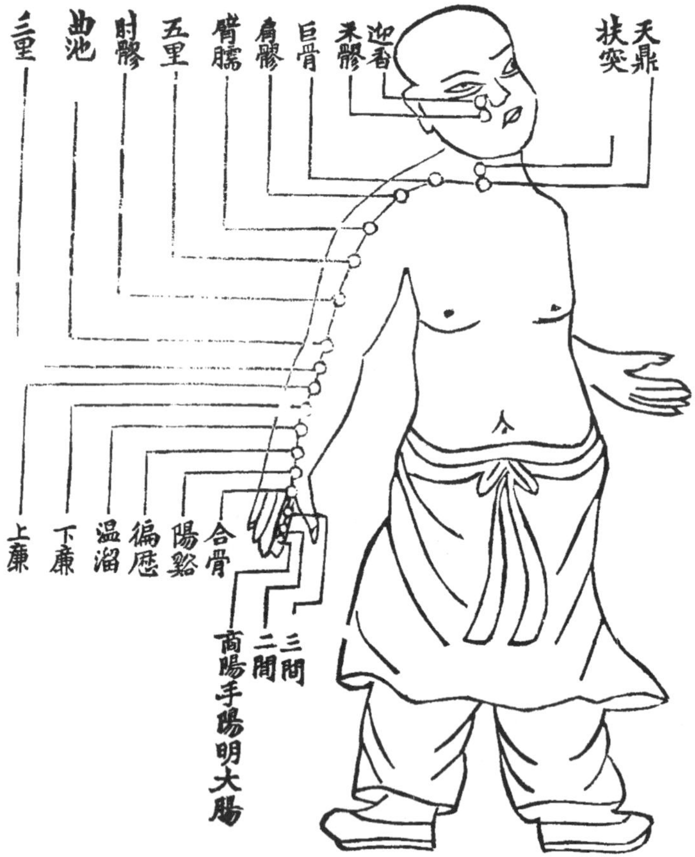
天鼎
扶突
迎香
禾髎
巨骨
肩髎
臂臑
五里
肘髎
曲池
三里
合骨
陽谿
偏歷
温溜
下廉
上廉
三間
二間
商陽手陽明大腸

歌　云

商陽食指內側邊，二間來尋本節前，
三間節後陷中取，合骨虎口歧骨間，
陽谿上側腕中是，偏歷腕後三寸安，
溫溜腕後去五寸，池前五寸下廉看，
池前三寸上廉中，池前二寸三里逢，
曲池曲骨紋頭盡，肘髎太骨廉外近，
大筋中央尋五里，肘上三寸行向裏，
臂臑肘上七寸量，肩髃肩端舉臂取，
巨骨肩央端上行，天頂喉旁四寸眞，
扶突天鼎旁三寸，禾髎水溝旁五寸，
迎香禾髎上一寸，大腸經穴自分明。

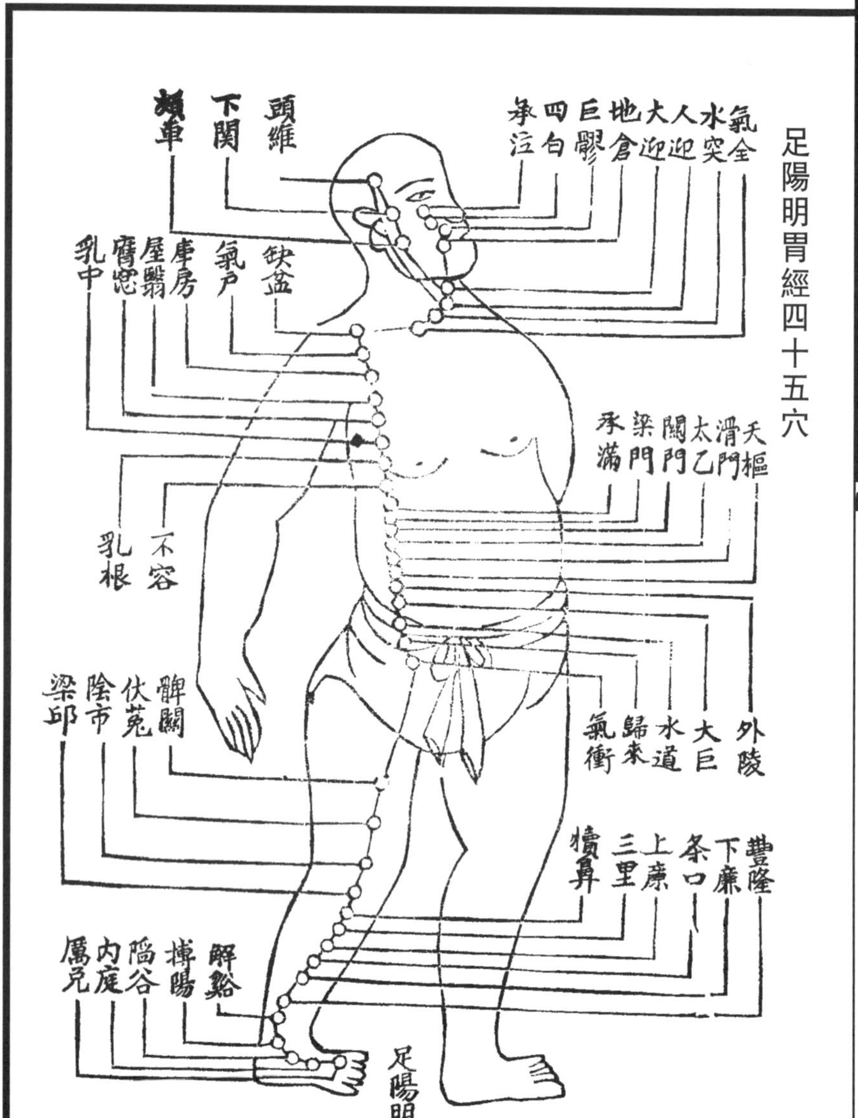
足陽明胃經四十五穴
頭維
下關
頰車
承泣
四白
巨髎
地倉
大迎
人迎
水突
氣舍
缺盆
氣戶
庫房
屋翳
膺窗
乳中
乳根
不容
承滿
梁門
關門
太乙
滑肉門
天樞
外陵
大巨
水道
歸來
氣衝
髀關
伏兔
陰市
梁邱
犢鼻
三里
上廉
條口
下廉
豐隆
解谿
衝陽
陷谷
內庭
厲兌
足陽明胃

歌云

胃之經兮足陽明，承泣目下七分尋，
四白目下方一寸，巨髎鼻孔旁八分，
地倉夾吻四分迎，大迎頷下寸三中，
頰車耳下八分穴，下關耳前動脈行，
頭維神庭旁四五，人迎喉旁寸五中，
水突筋前迎下在，氣舍突下穴相尋，
缺盆捨下橫骨內，各去中行寸半明，
氣戶璇璣旁四寸，至乳六寸又四分，
庫房屋翳膺窗迎，乳中正在乳頭心，
次有乳根出乳下，各一寸六不相侵，
卻去中行須四寸，以前穴道與君陳，
不容巨闕旁三寸，卻近幽門寸五新，
其下承滿與梁門，關門太乙滑肉門，

上下一寸無多少，共去中行三寸中，
天樞臍下二寸間，樞下一寸外陵安，
樞下二寸大巨穴，樞下四寸水道全，
樞上六寸歸來是，共去中行二寸邊，
氣衝鼠鼷上一寸，又去中行四寸專，
髀關膝上有尺二，伏菟膝上六寸是，
陰市膝上方三寸，梁邱膝上二寸記，
膝臏陷中犢鼻存，膝下二寸三里至，
膝下六寸上廉穴，膝下七寸條口味，
膝下八寸下廉看，膝下九寸豐隆係，
卻是踝上八寸量，比那下廉外邊綴，
解谿去庭六寸半，搏陽庭後五寸換，
陷谷庭後二寸間，內庭次指五間陷，
厲兌大指次指端，去爪如韭胃井判。

足太陰脾經二十二穴

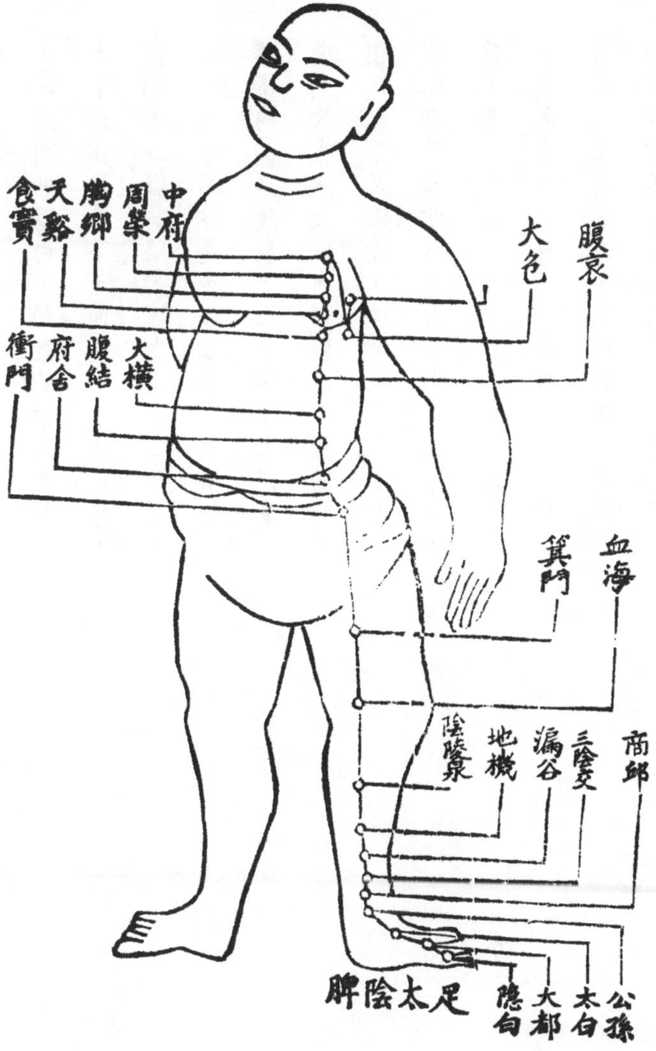
中府
周榮
胸鄉
天谿
食竇
腹哀
大包
大橫
腹結
府舍
衝門
血海
箕門
陰陵泉
地機
漏谷
三陰交
商邱
公孫
太白
大都
隱白
足太陰脾

歌云

大指端內側隱白，節後陷中求大都，
太白內側核骨下，節後一寸公孫呼，
商邱內踝微前陷，踝上二寸三陰交，
踝上六寸漏谷是，踝上七寸地機朝，
膝下內側陰陵泉，血海膝臏上內廉，
箕門穴在魚腹取，動脈應於越筋間，
衝門期下尺五寸，腹舍期下九寸看，
腹結期下六寸八，大橫期下五寸半，
腹哀期下方二寸，期門肝經穴道現，
巨闕之旁四寸五，卻連脾穴休胡亂，
自此以上食竇穴，天谿胸鄉周榮貫，
相去六寸無多寡，又上寸六中府斷，
大包腋下有六寸，淵液腋下三寸絆（淵液膽經穴）。

手少陰心經九穴

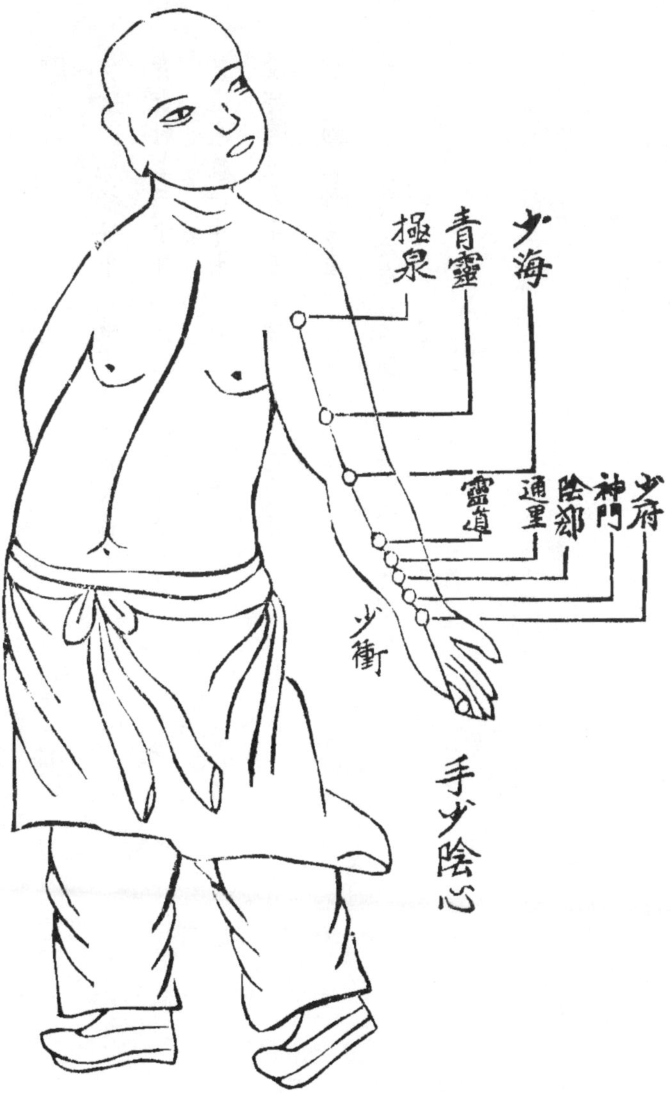

歌云

少陰心起極泉中，腋下筋間脈入胸，
青靈肘上三寸許，少海肘後端五分，
靈道掌後一寸半，通里腕後一寸同，
陰郄腕後方寸半，神門掌後兌骨隆，
少府節後勞宮直，小指內側取少衝。
（勞宮心包絡穴在右手節後，與左手少府相對）

手太陽小腸經十九穴

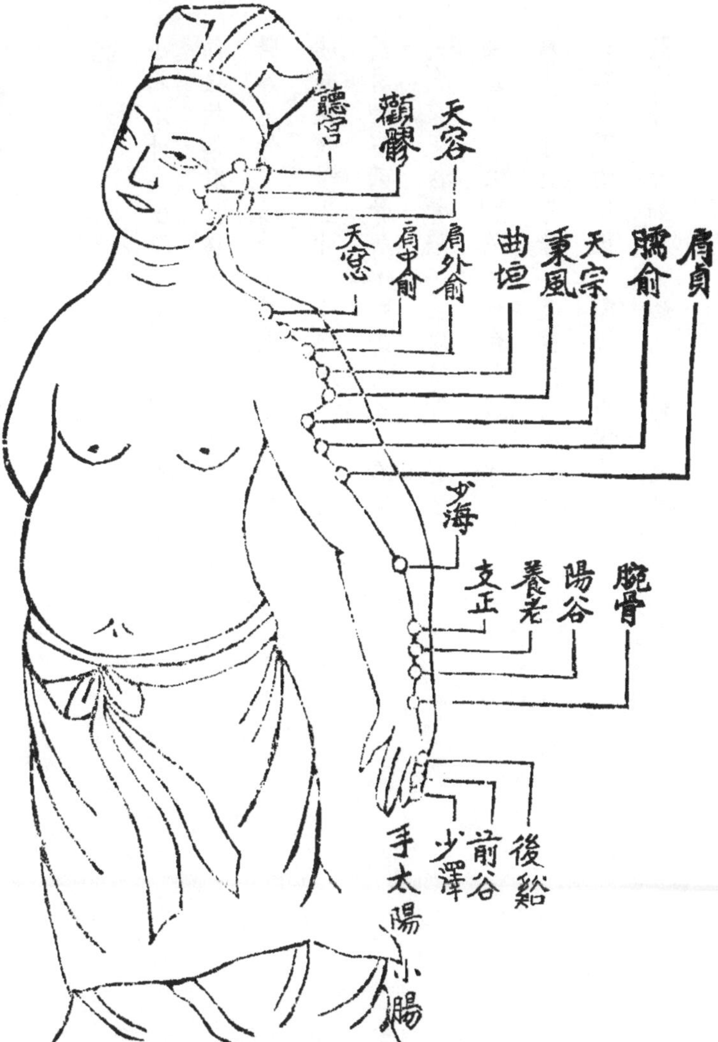

歌　云

小指端外為少澤，前谷外側節前覓，
節後捏拳取後谿，腕骨腕前骨陷側，
陽谷兌骨下陷計，腕上一寸名養老，
支正腕後量五寸，少海肘後五分好，
肩貞胛下兩骨解，臑俞大骨下陷保，
天宗秉風後骨陷，秉風髎外舉有空，
曲垣肩中曲胛陷，外俞胛後一寸從，
肩中三寸大杼旁，天窗扶突後陷詳，
天容耳下曲頰後，顴髎面頄銳端詳，
聽宮耳端大如菽，此為小腸手太陽。

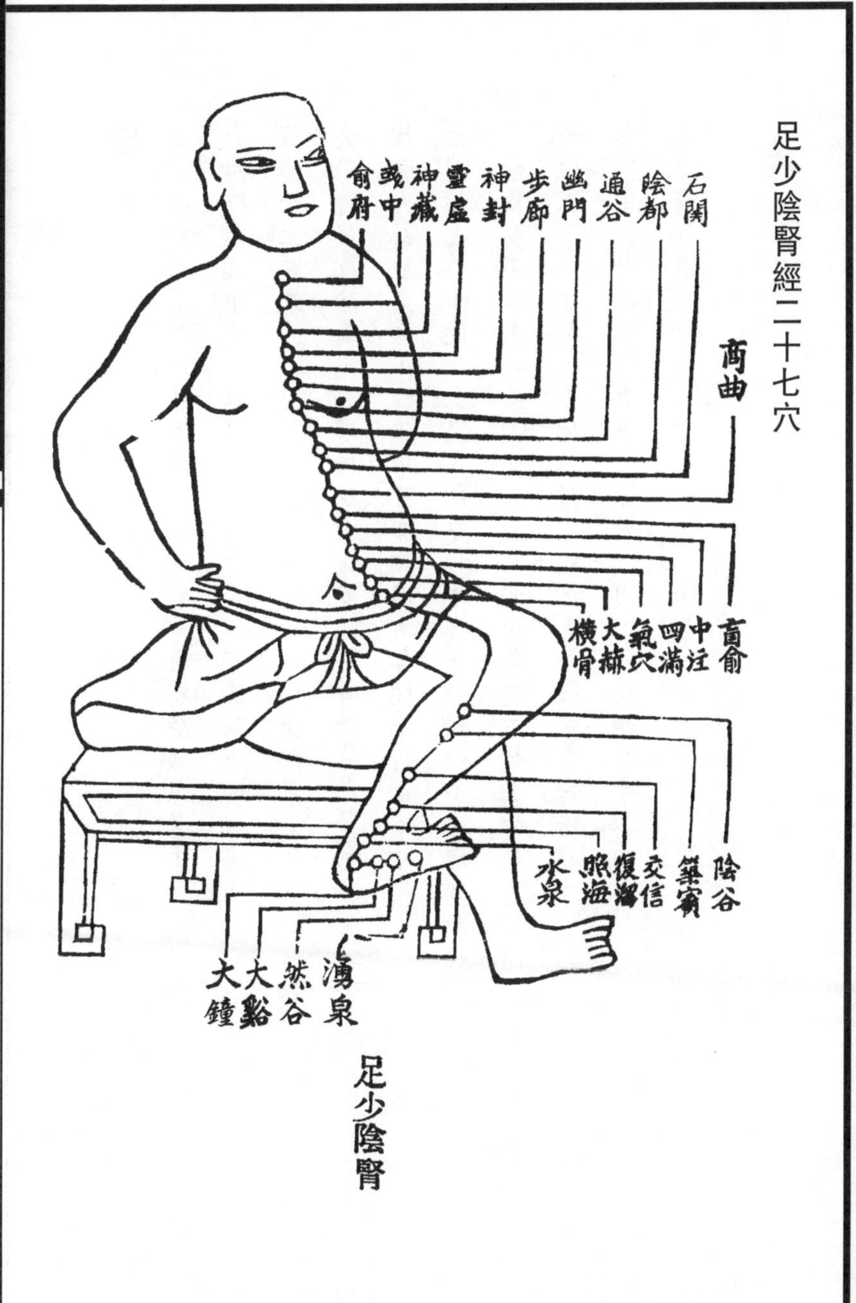
足少陰腎經二十七穴
石關
陰都
通谷
幽門
步廊
神封
靈虛
神藏
彧中
俞府
商曲
肓俞
中注
四滿
氣穴
大赫
橫骨
陰谷
築賓
交信
復溜
照海
水泉
湧泉
然谷
大谿
大鐘
足少陰腎

歌云

足掌心中是湧泉，然谷踝下一寸前，太谿踝後跟骨上，
大鐘跟後踵中邊，水泉谿上一寸覓，照海踝下四分安，
復溜踝上前二寸，交信踝上二寸聯，二穴止隔筋前後，
太陽之後少陰前，築賓內踝上腨分，陰谷膝下屈膝間，
橫骨大赫並氣穴，四滿中注亦相連，各開中行止半寸，
上下相去一寸便，上隔肓俞亦一寸，肓俞臍旁半寸邊，
肓俞商曲石關來，陰都通谷幽門開，各開中行五分挾，
六穴上下一寸裁，步廊神封靈墟存，神藏彧中俞府尊，
各開中行計二寸，上下六寸六穴同，俞府璇璣旁二寸，
取之得法自成功。

足太陽膀胱經六十三穴

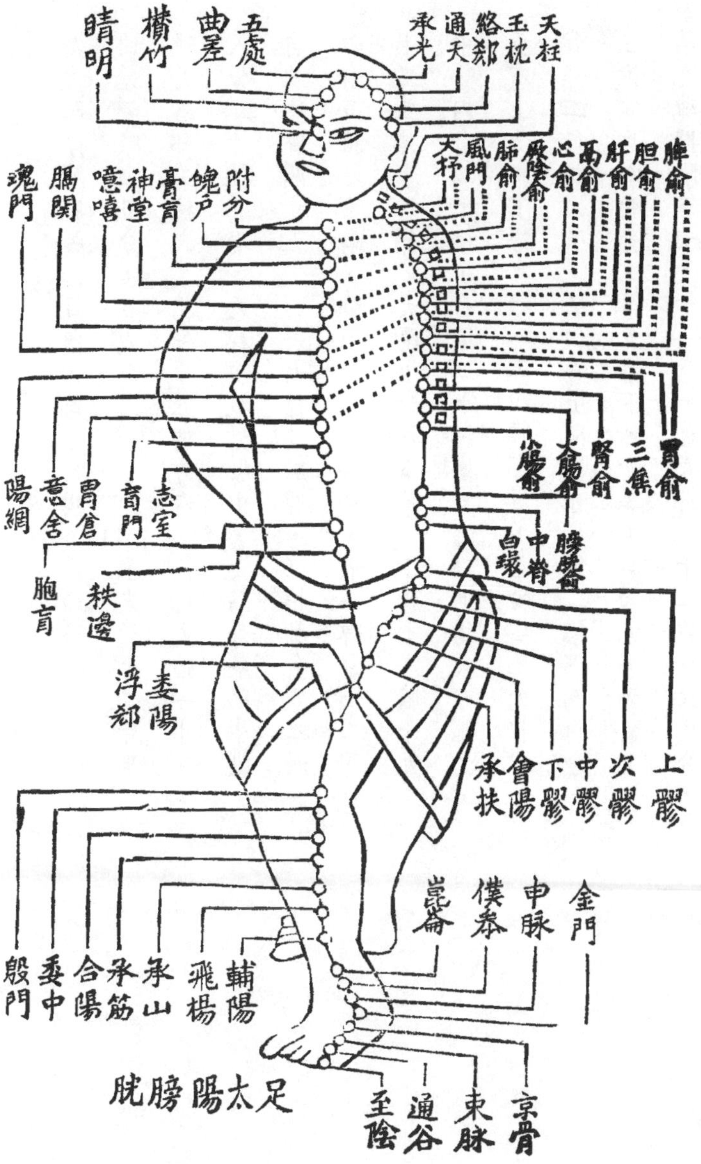
睛明
攢竹
曲差
五處
承光
通天
絡郄
玉枕
天柱
大杼
風門
肺俞
厥陰俞
心俞
膈俞
肝俞
胆俞
脾俞
附分
魄戶
膏肓
神堂
譩譆
膈關
魂門
胃俞
三焦
腎俞
大腸俞
小腸俞
膀胱俞
中膂
白環
陽綱
意舍
胃倉
肓門
志室
胞肓
秩邊
浮郄
委陽
上髎
次髎
中髎
下髎
會陽
承扶
崑崙
僕參
申脉
金門
殷門
委中
合陽
承筋
承山
飛揚
輔陽
足太陽膀胱
至陰
通谷
束脉
京骨

歌云

足太陽兮膀胱經，目內眥角始睛明，眉頭陷中攢竹取，
曲差髮際上五分，五處髮上一寸是，承光髮上二寸半，
通天絡郄玉枕穴，相去寸五調勻看，玉枕夾腦一寸三，
入髮二寸枕骨現，天柱項後髮際中，大筋外廉陷中獻，
自此夾脊開寸五，第一大抒二風門，三椎肺俞厥陰四，
心俞五椎之下論，膈七肝九十膽俞，十一脾俞十二胃，
十三三焦十四腎，大腸十六之下推，小腸十八膀十九，
中膂內俞二十椎，白環二十一椎下，以上諸穴可排之，
更有上次中下髎，一二三四腰空好，會陽陰尾尻骨旁，
背部二行諸穴了，又從脊上開三寸，第二椎下為附分，
三椎魄戶四膏肓，第五椎下神堂尊，第六噫嘻膈關七，
第九魂門陽綱十，十一意舍之穴存，十二胃倉穴已分，
十三肓門端正在，十四志室不須論，十九胞肓廿秩邊，

背部三行諸穴勻，又從臀下陰紋取，承扶居於陷中主，浮郄扶下方六分，委陽扶下寸六數，殷門扶下六寸長，膕中內廉兩筋鄉，委中膝膕約紋裏，此下三寸尋合陽，承筋根腳上七寸，穴在腨腸之中央，承山腨下分肉間，外踝七寸上飛揚，輔陽外踝上三寸，崑崙後跟陷中央，僕參亦在踝骨下，申脈踝下五分張，金門申脈下一寸，京骨外側骨際量，束脈本節後陷中，通谷節前陷中強，至陰卻在小指側，太陽之穴始周詳。

按五臟相對論

如：魄戶對肺俞，神堂對心俞，魂門對肝俞，意舍對脾俞，志室對腎俞，是為五神。蓋五神藏於五臟之中，所以與五臟相對，試以五神所藏論其實：肺藏魄，心藏神，肝藏魂，脾藏意，腎藏志，是為五藏。

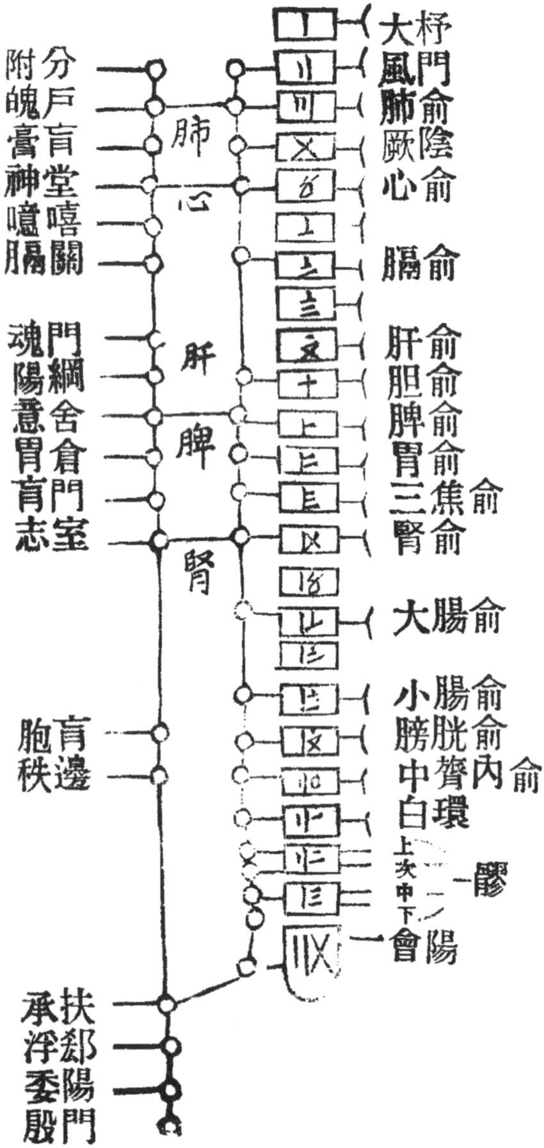

白環俞即腰俞

手厥陰包絡經九穴

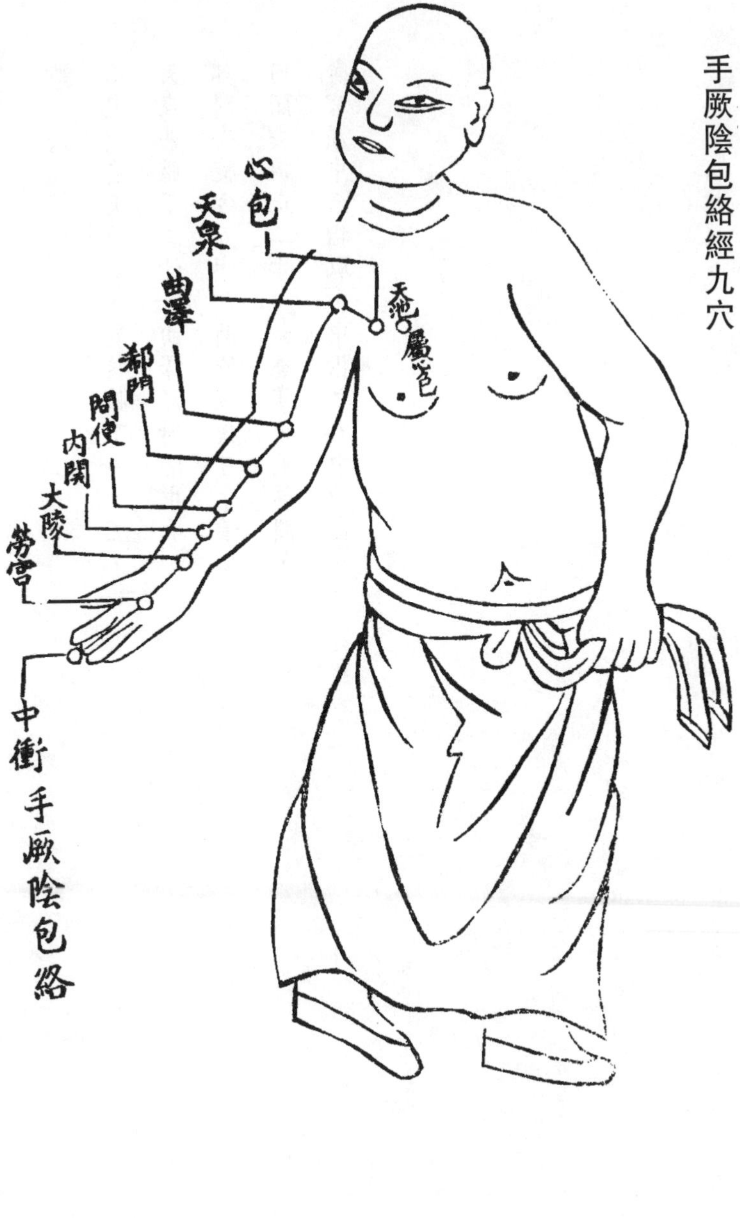

歌　云

心包起自天地間，乳後腋下一寸三，
天泉曲腋下二寸，曲澤屈肘陷中央，
郄門去腕方五寸，間使腕後五寸量，
內關去腕止二寸，大陵掌後兩筋間，
勞宮屈中名指取，中指之末中沖良。

手少陽三焦經二十四穴

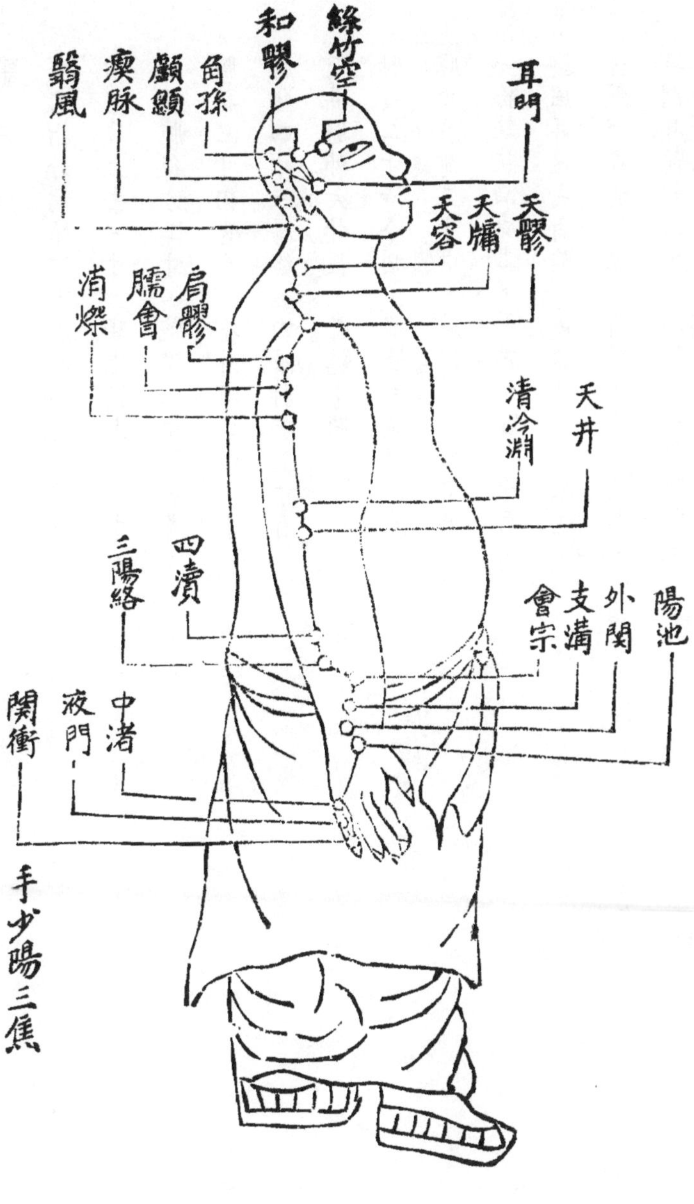
絲竹空
和髎
角孫
顱顖
瘈脉
翳風
耳門
天髎
天牖
天容
肩髎
臑會
消濼
天井
清冷淵
四瀆
三陽絡
陽池
外關
支溝
會宗
中渚
液門
關衝
手少陽三焦

歌云

無名指外端關衝，液門小指次陷中，
中渚液上去一寸，陽池腕上之陷中，
外關腕後方二寸，腕後三寸開支溝，
腕後三寸內會宗，空外有穴細心求，
腕後四寸三陽絡，四瀆肘前五寸看，
天井肘外大骨後，骨罅中間一寸摸，
肘後二寸清冷淵，消爍對液臂外看，
臑會肩前三寸中，肩髎臑上陷中央，
天髎缺盆陷處上，天牖天容之後有，
翳風耳後尖角陷，瘈脈耳後青脈現，
顱顖亦在青絡脈，角孫耳廓中間上，
耳門耳前起肉中，和髎耳後動脈張，
欲知絲竹空何在，眉後陷中仔細詳。

足少陽膽經四十五穴

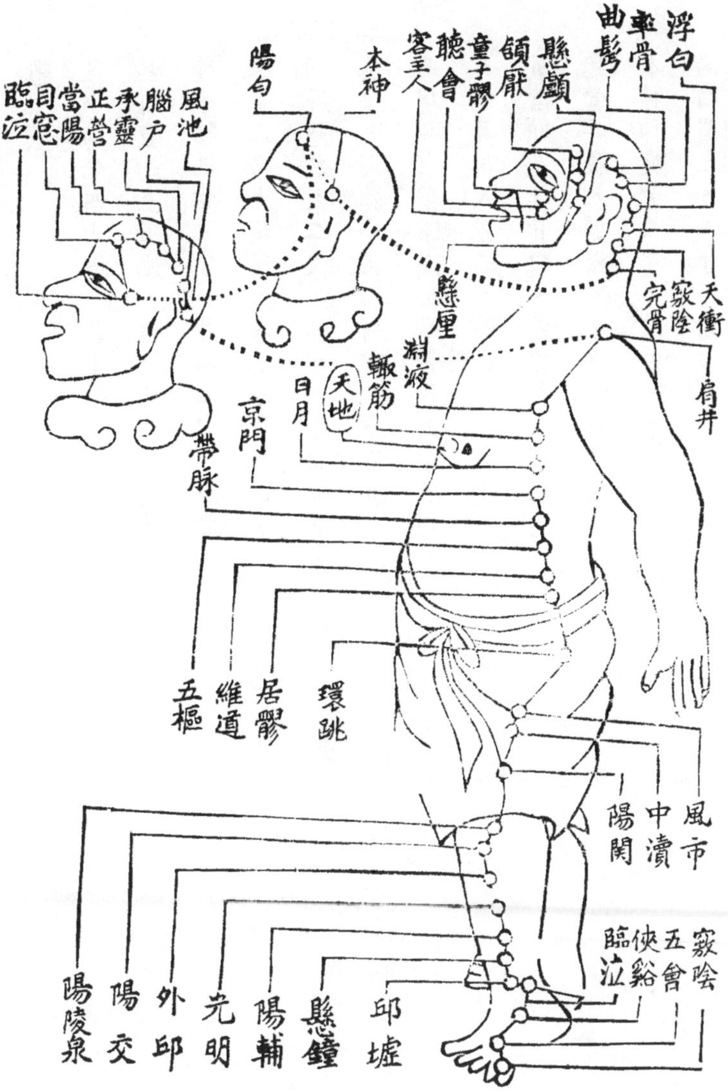
浮白
率骨
曲鬢
懸顱
頷厭
童子髎
聽會
客主人
本神
陽白
風池
腦戶
承靈
正營
當陽
目窗
臨泣
天衝
竅陰
完骨
肩井
懸厘
淵液
輒筋
日月
天池
京門
帶脈
五樞
維道
居髎
環跳
風市
中瀆
陽關
竅陰
五會
俠谿
臨泣
陽陵泉
陽交
外邱
光明
陽輔
懸鐘
邱墟

歌云

足少陽兮四十五，頭上廿穴分三折，
起自童子至風池，積數陳之依次第，
瞳子髎近眥五分，耳前陷中尋聽會，
客主人名上關同，耳前起骨開口空，
頷厭懸顱之二穴，腦空上廉曲角下，
懸厘之穴異於茲，腦空下廉曲角上，
曲鬢耳上髮際隅，率骨耳上寸半安，
天衝耳後入髮二，浮白入髮一寸間，
竅陰即是枕骨穴，完骨之上有空連，
完骨耳後入髮際，量得四分須用記，
本神神庭旁三寸，入髮一寸耳上係，
陽白眉上方一寸，髮上五分臨泣用，
髮上一寸當陽穴，髮上半寸目窗貢，

正營髮上二寸半，承靈髮上二寸攤，
腦空髮上五寸半，風池耳後髮陷中，
肩井肩上陷中求，大骨之前一寸半，
淵液腋下方三寸，輒筋期下五分判，
期門卻是肝之穴，相去巨闕四寸半，
日月期門下五分，京門監骨下腰絆，
帶脈章門下寸八，五樞章下寸八貫，
維道章下五寸三，居髎章下八寸三，
章門亦是肝經穴，下脘之旁九寸含，
環跳髀樞宛宛中，屈上伸下取穴同，
風市垂手中指盡，膝上五寸中瀆論，
陽關陽陵上三寸，陽陵膝下一寸從，
陽交外踝上七寸，踝上六寸外邱用，
踝上五寸光明穴，踝上四寸陽輔分，

踝上三寸懸鐘在，邱墟踝前之陷中，
此去俠谿四寸五，卻是膽經原穴功，
臨泣俠谿四寸半，五會竅陰二穴同。
按頭上二十穴次第共分三折。

第一折

一瞳子髎二聽會，三主人兮領厭四，
五懸顱兮六懸厘，第七數分曲鬢隨，
八率谷兮九天衝，十浮白兮之穴從，
十一竅陰亦相繼，十二完骨一折終。

第二折

又自十三本神始，十四陽白二折隨。

第三折

十五臨泣目下穴，十六目窗之穴宜，十七正營十八靈，
十九腦戶廿風池，依次細心量取之，膽經頭上穴堪知。

足厥陰肝經十五穴

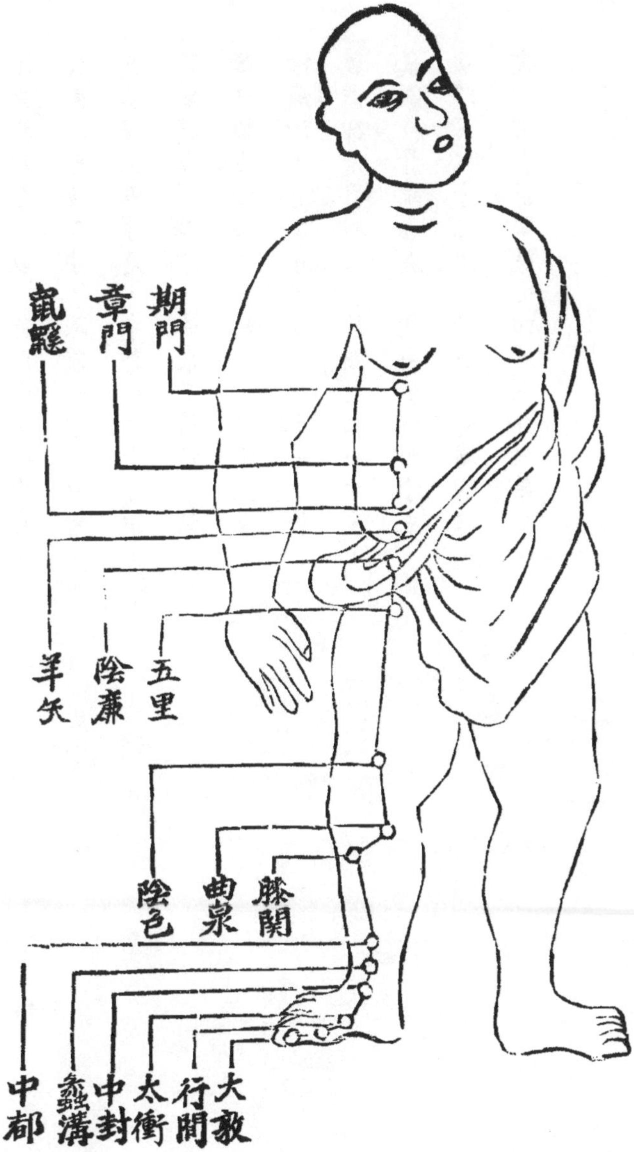
期門
章門
鼠鼷
五里
陰廉
羊矢
膝關
曲泉
陰色
大敦
行間
太衝
中封
蠡溝
中都

歌云

足大指端名大敦，行間大指縫中存，
太衝本節後二寸，踝前一寸號中封，
蠡溝踝上五寸是，中都踝上七寸中，
膝關犢鼻下二寸，曲泉三膝盡横紋，
陰包膝上方四寸，氣衝三寸下五里，
陰廉沖下有二寸，羊矢沖下一寸許，
氣衝卻是胃經穴，鼠鼷之上一寸主，
鼠鼷横骨端盡處，相去中行四寸主，
章門下脘旁九寸，肘小盡處側臥取，
期門又在巨闕旁，四寸五分無差矣。

督脈圖二十八穴

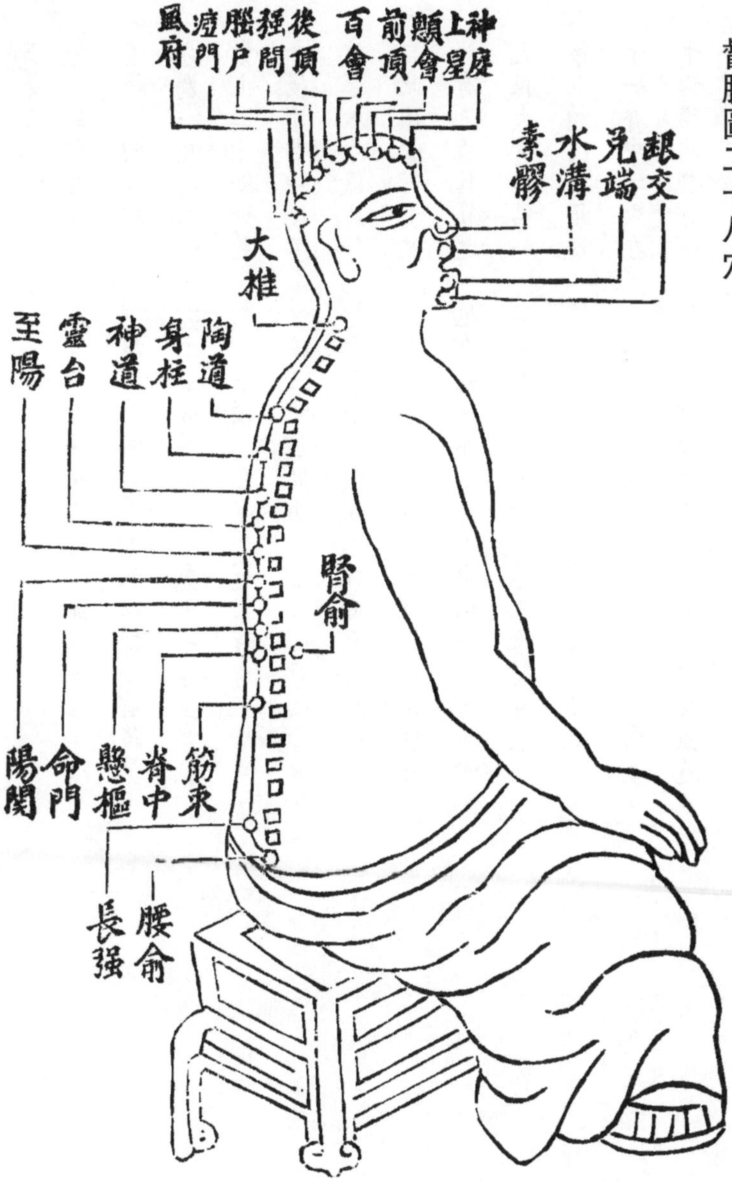
神庭
上星
顖會
前頂
百會
後頂
强間
腦戶
瘂門
風府
齦交
兌端
水溝
素髎
大椎
陶道
身柱
神道
靈台
至陽
腎俞
筋束
脊中
懸樞
命門
陽關
腰俞
長强

歌　云

督脈齦交唇內鄉，兌端正在唇端央，水溝鼻下溝中索，
素髎宜向鼻端詳，頭形北高南面下，先以髮際前後量，
分為一尺有二寸，髮上五分神庭當，髮上一寸上星位，
髮上二寸顖會長，髮上前頂三寸半，髮上百會五寸央，
會後寸半即後頂，會後三寸強間明，會後腦戶四寸半，
後髮八寸風府行，髮上五分瘂門在，神庭至此十穴眞，
自此頂骨下脊骶，分為二十有四椎，大椎上有頂骨在，
約有三椎莫算之，尾有長強亦不算，中間廿一可推排，
大椎大骨為第一，二椎節內陶道知，等三椎間身柱在，
第五神道不須疑，第六靈台至陽七，第九身內筋束思，
十一脊中之穴在，十二懸樞之穴奇，十四命門腎俞並，
十六陽關自可知，二十一椎即腰俞，脊尾骨端長強隨。

任脈圖二十四穴

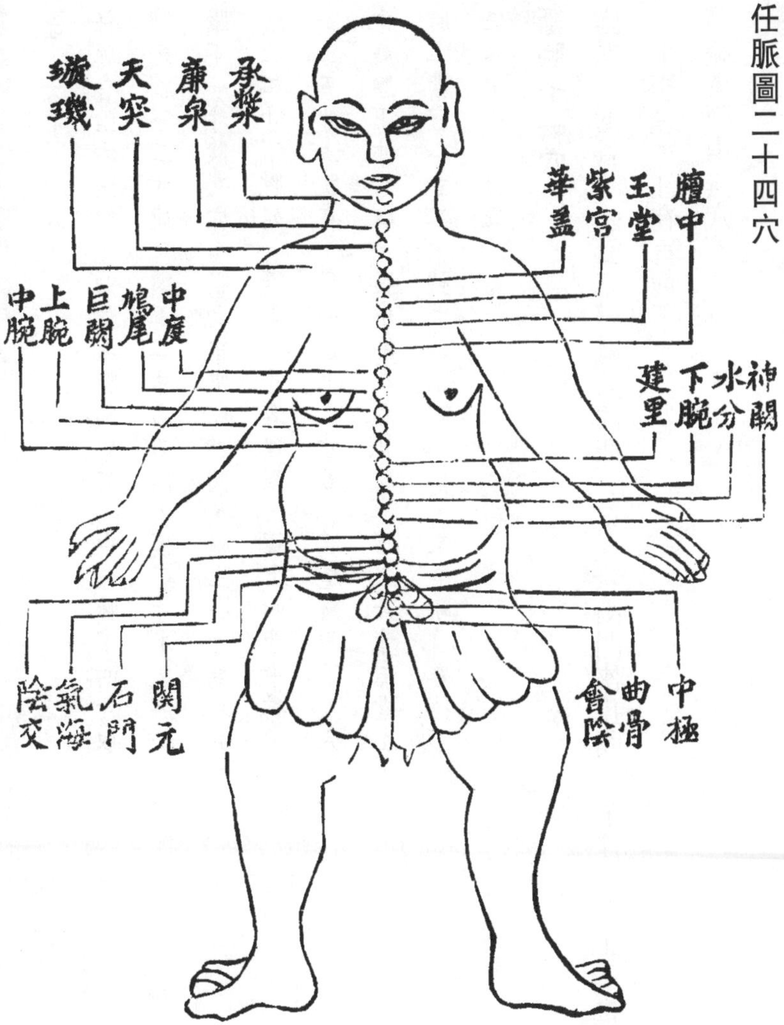

歌　云

任脈會陰兩陰間，曲骨毛際陷中安，中極臍下四寸取，
關元臍下三寸連，臍下二寸名石門，臍下寸半氣海全，
臍下一寸陰交穴，臍之中央即神闕，臍上一寸為水分，
臍上二寸下脘列，臍上三寸名建里，臍上四寸中脘許，
臍上五寸上脘在，巨闕臍上六寸五，鳩尾蔽骨下五分，
中庭膻下寸六取，膻中卻在兩乳間，膻上六寸玉堂主，
膻上紫宮二寸二，膻上華蓋四八舉，承漿頤前唇稜下，
任脈中央行腹裏。

衝脈十一穴

幽門　通谷　陰郄　石關　商曲　肓俞（幽門俠巨闕旁半寸）中注　髓府　胞門
陰關　下極（中注在肓俞下）

帶脈束腰中無穴

十二經繪圖

八會背面圖

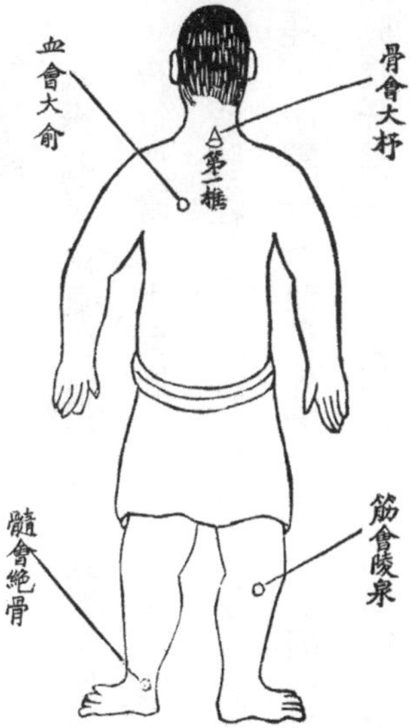

八會正面圖

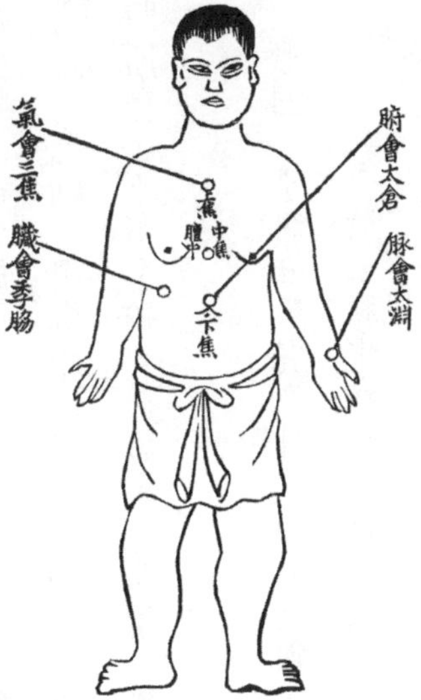

七衝門圖

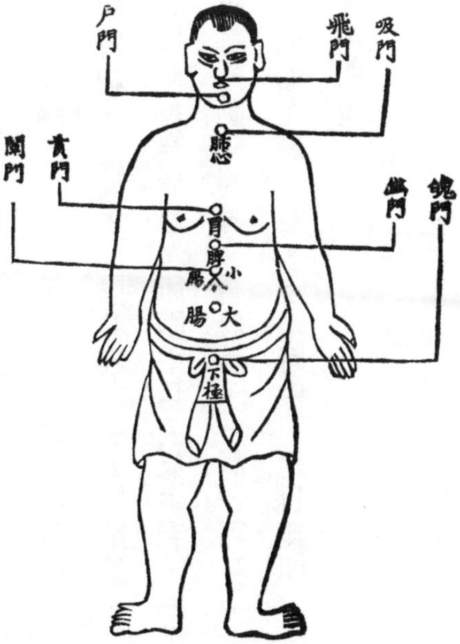

衛氣論

《靈樞・衛氣行篇》曰：衛氣之行，一日一夜五十周於身。晝日行於陽二十五周，夜行於陰二十五周。平旦陰盡，陽氣出於目。目張則氣上行於頭（循精明），下足太陽膀胱經、手太陽小腸經、足少陽膽經、手少陽三焦經、足陽明胃經、手陽明大腸經，所謂一日而主外者如此。夜則行足少陰腎經，注於手少陰心經，手太陰肺經、足厥陰肝經、足太陰脾經，亦如陽行之二十五度而復合於目。所謂平旦人氣生者，即上行於頭，復合於目者是也。打拳每一勢，陽氣一動一周身；至於靜，一靜一周身。即心之一念動，陽氣即一周於身；一念靜，陰氣即周於一身。十二時中，逐日無間，隨時所在，不可不知。針著人神即死，擊之不死即傷。

歌曰：子髁丑腰寅在目，卯面辰期巳手執，
午胸未腹申在心，酉背戌期亥股續。

又歌：子髁丑頂寅耳邊，卯面辰項巳乳間，
午肋未復申心處，酉膝戌腰亥股端。

臟腑配地支圖

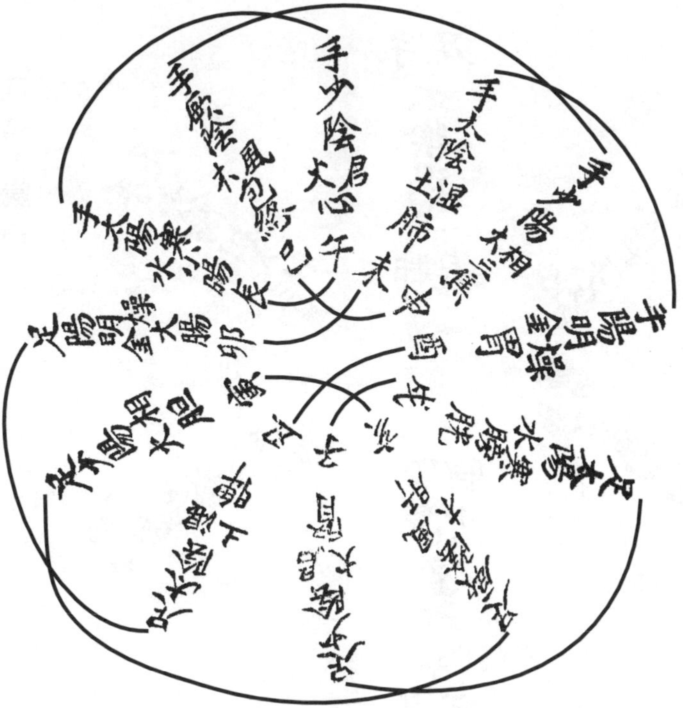

臟腑配地支歌

子腎午心少陰君，
丑脾未肺太陰根，
寅膽申焦少陰樞，
卯大酉胃陽明分，
辰小戌膀太陽本，
巳包亥肝終厥陰，
五運六氣司變化，
武術得之自通神。

六氣主歲圖

六氣主歲圖歌

厥陰風木司初春，
二氣少陽火為君，
三氣司天太陰土，
四氣相火五氣金，
克裏生出燥金體，
六氣在泉終藏眞。

陰陽臟腑歌

太陽小腸足膀胱，
陽明大腸足胃當，
少陽三焦足膽配，
厥陰包絡足肝方，
少陰心經足為腎，
太陽手肺足脾鄉。

臟腑表裏歌

心與小腸肺大腸，包絡三焦足膀胱，
脾與胃兮肝與膽，臟腑表裏辨陰陽。

營血周行十二時歌

寅手太陰肺手，卯手陽明太陰。
辰足陽明胃臟，巳足太陰脾手。
午手少陰心陽，未手太陽小腸手。
申足太陽膀頭，酉足少陰腎足。
戌手厥陰包陰，亥手少陽焦足。
子足少陽膽腑，丑足厥陰肝陽。
續頭、足。

營血周行十二時表

手太陰肺經	十一穴			
手陽明大腸經	二十〇穴	→	足陽明胃經	二十五穴
手少陰心經	九穴	←	足太陰脾經	二十一穴
手太陽小腸經	十九穴	→	足太陽膀胱經	六十三穴
手厥陰包絡經	九穴	←	足少陰腎經	二十七穴
手少陽三焦經	二十四穴	→	足少陽膽經	四十四穴
手太陰肺經		←	足厥陰肝經	十五穴
衝脈	十一穴		任脈	二十四穴
督脈	二十八穴		帶脈束腰	
陽維維手三陽			陽蹻統足三陽	
陰維維手三陰			陰蹻統足三陰	

十二經合衝、任、督三脈，共三百五十一穴。與三百六十度不真符合，待考。

任脈、督脈論

任脈起於會陰，上行循腹裏，至天突、廉泉止。督脈亦由會陰起，過長強，順脊逆行而上，至百會，下降至人中止。

人身之有任、督，猶天地之有子午也。人身任、督以腹背言，天地任、督以南北言。皆位乎中，可以分，可以合也。分之以見陰陽之不離，合之以見渾淪之無間。一而二，二而一也。蓋人能明任、督以運氣保身，猶明愛民以安國。民斃國亡，任衰身謝。是以上人行導引之術，以為修仙之根本。

打拳以調養血氣，呼吸順其自然，掃除妄念，卸淨濁氣。先定根基，收視返聽，含光默默，調息綿綿，操固內守，注意玄關。功久則頃刻水中火發，雪裏花開，兩腎如湯熱，膀胱似火燒，真氣自足。任、督猶車輪，四肢若山石，亡念之發，天機自動。每打一勢，輕輕運行，默默停止，惟以意思運行，則水火自然混融。久之，水火升降如桔槔之吸水，稻花之凝露，忽然一粒大如黍米，落於黃庭之中，此採鉛家投汞之真秘。

打拳行到此地，注意不可散，功不可停。一散一停，丹不成矣。在昔紫陽真人曰：「真汞生於離，其用卻在坎；姹女過南園，手持玉橄欖。」正此謂也。

日日行之，無差無間，煉之一刻，則一刻周天；煉之一時，則一時周天；煉之一日，則一日周天；煉之一年，則一年周天；煉之終身，則終身周天。練過十年以後，周身混沌，極其虛靈，不知身之為我，我之為身，亦不知神由氣生，氣自有神。周中規，折中矩，不思而得，不勉而中。水不求而自生，火不求而自出。虛室生白，黑地引針，不知所以然而然，亦不知任之為督，督之為任，中氣之所以為中氣也。時措咸宜，自然合拍，此言任督之升降順逆，佐中氣以成功。氣，動由腎而生，靜仍歸宿於腎。一呼一吸，真氣之出入皆在於此。

中極穴一名氣原，在關元下一寸，臍下四寸，膀胱之募，足三陰、任脈之會。氣海一名脖胦，一名下肓。臍下一寸宛宛中男子生氣之海。人言氣歸丹田，亦非無本。總之，任說千言萬語，舉莫若清心寡慾，培其本原，以養元氣。身本強壯，打拳自勝人一籌。

重要穴目

後頂：在百會後一寸。

風府：在頂後髮際上一寸。
頭維：在額角入髮際本神旁一寸五分。
聽宮：在耳中，珠子大如赤小豆，擊之令人耳聾。
腦空：在靈承後一寸。
水溝：在鼻柱下溝中央。
心俞：在五椎下兩旁各二寸。
肝俞：在九椎下兩旁各二寸。
膽俞：在十椎下兩旁各二寸。
脾俞：在十一椎下兩旁各二寸。
胃俞：在十二椎下兩旁各二寸。
三焦：在十三椎下兩旁各二寸。
腎俞：在十四椎下兩旁各二寸。
膀胱：在十九椎下兩旁各二寸。
腰俞：在二十一椎下宛宛中，自大椎至此折三尺。

長強：在骶骨下三分。
以上屬督脈。
乳根：在乳根下一寸六分。
期門：在乳旁一寸半。
章門：在臍上二寸，兩旁各六寸，其寸在胸前兩乳間橫折八寸，內之六寸。
膻中：在兩乳間折中取之。
氣海：在臍下一寸半。
石門：在臍下二寸。
關元：在臍下三寸。
中極：在關元下一寸。
會陰：在兩陰間。
以上屬任脈。
太陽：在日月角邊，打碎腦出而死。
分水：在困門下，飲食分路處。重打飲食不下，日久則死。

肝門：此二穴。

耳門：即耳。輕打則迷，重打則死。

斗門：在乳盤上。被打吸氣作痛，凶不可言，不致死。

肺門：輕則生，重則死。

玉關：在腦後，打破三日則死。

肺底：在背心，與前心對。被打則笑，咳嗽吐血，三年而死。

腎莖：左右被打，笑而死。

困門：喉腕打破，一時即死。

命門：在背脊之中，兩腎之間。

前後心穴正位穴：在胸骨之中。打傷則死。

上海：在肘下生毛處。重打則死。

下海：即腔之大肉。被打日久發黃而死。

前氣眼：在斗口下。打之不死見凶。

後氣眼：在肺俞之下，與前氣眼照。

打人必識穴道，不識穴道恐打傷人。如膻中、上腕，諸一被捶打，心氣一提，心血一聚，隨時能令人昏迷，且甚而至於死。故將針灸面背圖，任、督脈圖繪之於前，以備學者觀覽關緊穴，熟讀記之。

歌曰：身似弓身勁似弦，穴如的兮手如箭；

按時癸兮須忖正，千萬莫要與穴偏。（杜補）

太極拳經譜

太極兩儀，天地陰陽。闔闢動靜，柔之與剛。屈伸往來，進退存亡。一開一合，有變有常。虛實兼到，忽見忽藏。健順參半，引進精詳。或收或放，忽弛忽張。錯綜變化，欲抑先揚。必先有事，勿助勿忘。

真積力久，質而彌光。盈虛有象，出入無方。神以知來，智以藏往。賓主分明，中道皇皇。

經權互用，補短截長。神龍變化，疇測汪洋。沿路纏綿，靜運無慌。肌膚骨節，處處開張。不先不後，迎送相當。前後左右，上下四旁，轉接靈敏，緩急相將。高擎低取，如願相償。

不滯於跡，不涉於虛。至誠（即太極之理氣）運動，擒縱由余。天機活潑，浩氣流行。佯輸詐敗，制勝權衡。順來逆往，令彼莫測。因時制宜，中藏妙訣。上行下打，斷不可偏。聲東擊西，左右威宣。

寒往暑來，誰識其端。千古一日，至理循環。上下相隨，不可空談。循序漸進，仔細研究。人能受苦，終躋渾然。至疾至迅，纏繞迴旋。離形得似，何非月圓。精練已極，極小亦圈。

日中則昃，月滿則虧。敵如詐誘，不可緊追；若逾界限，勢難轉回。況一失勢，雖悔何追。我守我疆，不卑不亢。九折羊腸，不可稍讓。如讓他人，人立我跌。急與爭鋒，能上莫下。多占一分，我據形勝。一夫當關，萬人失勇。沾連粘隨，會神聚精。運我虛靈，彌加整重。細膩熨帖，中權後勁。虛籠詐誘①，只為一轉。來脈得勢，轉關何難。實中有虛，人己相參；虛中有實，孰測機關。不遮不架，不頂不延（遲也），不軟不硬，不脫不沾，突如其來，人莫知其所以然，只覺如風，摧倒跌

①原版本為「虛籠詐透」，顯係編排疏誤，將「透」更正為「誘」。

翻。絕妙靈境，難以言傳。

試一形容：手中有權，宜輕則輕，斟酌無偏；宜重則重，如虎下山。引視彼來，進由我去。來宜聽真，去貴神速。一窺其勢，一覘其隙。有隙可乘，不敢不入。失此機會，恐難再得。一點靈境，為君指出。

至於身法，原無一定。無定（雖說無定）有定（自有一定），在人自用。橫豎顛倒，立坐臥挺；前俯後仰，奇正相生。迴旋倚側，攢躍皆中（皆有中氣放收，宰乎其中）。千變萬化，難繪其形。

氣不離理，一言可罄。開合虛實，即為拳經。用力日久，豁然貫通。日新不已，自臻神聖。渾然無跡，妙手空空。若有鬼神，助我虛靈。豈知我心，只守一敬。

太極拳權譜

中氣（即太和之元氣，不偏不倚，無過無不及）貫足，精神百倍（十年用功，十年養氣）。臨陣交戰，切忌先進。如不得已，淺嘗帶引。靜以待動，堅我壁壘。

堂堂之陣，整整之旗。有備無患，讓彼偷營。一引一進，奇正相生。佯輸詐敗，反敗為功。

一引即進，轉（轉者，從引而忽轉之）進如風。進至七分，疾速停頓。兵行詭計，嚴防後侵（前後皆是敵人）。前後左右，俱要留心。進步莫遲，不直不遂。足隨手運，圓轉如神。忽上（手足向上）忽下（手足向下），或順（用順纏法，其精順）或逆（用倒轉法，其精逆）。日光普照，不落邊際（以上是敵侵我）。

我進擊人，令其不防。彼若能防，必非妙方（四句是我侵人）。

大將臨敵，無處不慎。任他圍繞，一齊並進。斬將搴旗，霸王之真。

太極至理，一言難盡。陰陽變化，存乎其人。稍涉虛偽（學思並用，須下實在功夫），妙理難尋。

太極拳經論

自古混沌之後，一畫初開，一陰陽而已。天地此陰陽，萬物亦此陰陽。惟聖人能葆此陰陽，以理御氣，以氣行理，施之於人倫、日用之間。以至仰不愧天，俯不怍人，而為天地之至人。要手亦是以理為主，以氣行之。其用功與聖賢同。

但聖賢所行者全體，此不過全體中之一端耳，烏足貴。雖然，由一端以恒其功，亦未始不可以即一端以窺其全體。所以，平素要得以敬為主，臨場更得恭敬。平素要先養氣，臨場更要順氣而行。勿使有惰氣參，勿使有逆氣橫。至於用力之久而一旦機趣橫生，妙理悉現，萬殊一本，豁然貫通焉。不亦快哉！

今之學者，未用功而先期效，稍用力而即期成。其如孔子所謂「先難後獲」，何問工夫何以用？必如孟子所謂「必有事焉，而勿正，心勿忘，勿助長也」，而後可。理不明，延明師；路不清，訪良友。理明路清而猶未能，再加終日乾乾之功，進而不止，日久自到。

問得幾時，小成則三年，大成則九年。至九年之候，可以觀矣。抑至九年之後，自然欲罷不能，蒸蒸日上，終身無駐足之地矣。神手復起，不易吾言矣。躁心者易勉諸。

太極拳權論

天地一大運動也。星辰日月垂象於天，雷雨風雲施澤於地，以及春夏秋冬，遞運不已。一晝一夜，循環無窮者，此天地之大運動也。聖人一大運動也，區劃井田以養民生，興立學校以全民性，以及水旱盜賊治理有方，鰥寡孤獨補助有法，此聖人之大運動也。至於人之一身，獨無運動乎？秉天地元氣以生，萬物皆備於我，得聖人教化以立，人人各保其天，因而以陰陽五行得於有生之初者，為一身運動之本。於是苦心志，勞筋骨，使動靜相生，闔闢互見，以至進退存亡，極窮其變，此吾身自有之運動也。

向使海內同胞，人人簡練揣摩，不惰躬修，萬象森列，顯呈法象；又能平心靜氣，涵養功夫，令太極本體心領神會，豁然貫通。將見理明法備，受益無窮。在我則精神強健，可久天年；在國則盜寇蕩除，可守疆域。內外實用，兩不蹈空；熙熙皞皞，永慶昇平，豈不快哉！

運動之為用大矣哉。雖然，猶有進，蓋有形之運動，未若無形運動之為愈；而無形之運動，尤不若不運動自運動者之為神。運動至此，亦神乎運動矣。則其運動之功，既與聖人同體，又與天地合德；渾渾穆穆，全泯跡象，亦以吾身還吾心之太極，已耳；亦即以吾心之太極，還太極之太極焉已耳。豈復別有作用哉。

妙矣哉，太極之為太極也！神矣哉，太極之為太極也！愚妄以臆見，聊書數語，以冠其端，殊令方家之一笑云。

太極拳名義說

拳以太極名，古人必有以深明乎太極之理，而後於全體之上下、左右、前後，以手足旋轉運動，發明太極之蘊，立其名以定為成憲。義至精也，法至嚴也。後之人事不師古，不流於狂妄，即涉於偏倚，而求一不剛不柔，至當卻好者，以與太極之理相吻合，蓋亦戛戛乎其難矣。

然吾思古之神聖能發明太極之理者，莫如包羲氏、夏后氏，《河圖》、《洛書》有明證也。惜乎予學識淺，未能窺其蘊奧。且其書最精深，又不易闡發。於《河圖》、《洛書》，未能道破一語，而特於羲經所著陰陽錯綜、六爻變化與神禹所傳之五行相生相剋者，竊取萬分之一焉。

然所取者，或以卦名，或以爻辭，或以水火木金土生剋之文，因其近似者引之以為佐證，其氾濫膚淺亦不過古人之糟粕已耳。雜亂無章，隨意採擇，於《圖》、

《書》生生大數之序毫不相似，況其內之精華者乎？

雖然，亦不必泥。古人筆墨，原非為拳而設。其包括宏富，亦若為拳而設，隨意拾取，無不相宜。此亦足見太極之理精妙活潑，而令萬事萬物各適其宜，用之者無不各如其意。以償之事雖纖細，理無或遺。任天下紛紜繁頤，萬殊皆歸於一本，妙何如也。

後之人苟能於古人之糟粕，即其委而求其源，未始無補於身心命名之學。雖曰拳為小道，而太極之大道存焉。況其為用最廣，運動者宜留心焉。深玩細思，久之自有得也。拳之益人，豈淺鮮哉！

太極拳推原解

斯人父天母地，莫非太極陰陽之氣（言氣而理在其中）醞釀而生。天地固此理（言理而氣在其中），三教歸一亦此理，即宇宙（太極是體，陰陽是體中之氣。四方上下曰宇，古今往來曰宙）之萬事萬物，又何莫非此理。況拳之一藝，焉能外此理而另有一理。

此拳之所以以太極名也：拳者，權也，所以權物而知其輕重者也。然其理實根乎太極，而其用不遺乎兩拳。且人之一身，渾身上下都是太極，即渾身上下都是拳。不得以一拳目拳也。其樞紐在一心。心主乎敬，又主乎靜。能敬而靜，自葆虛靈。天君有宰，百骸聽命。動則生陽，靜則生陰。一動一靜，互為其根。清氣上升，濁氣下降。百會中極，一體管鍵。

初學用功，先求伏應。來脈轉關，一氣相生。手眼為活，不可妄動。其為氣也，至大至剛，直養無害，充塞天地。配義與道，端由集義，渾灝流行，自然一氣。輕如楊花，堅如金石，虎威比猛，鷹揚比疾。行同乎水流，止侔乎山立。進為人所不及知，退亦人所莫名速。理精法密，條理縷析。放之則彌六合，卷之則退藏於密。其大無外，其小無內。中和元氣，隨意所之。意之所向，全神貫注。變化猶龍，人莫能測。

運用在心，此是真訣。不偏不倚，無過不及。內以修身，外以制敵。臨時制宜，只因素裕。不即不離，不沾不脫。接骨鬥筍，細心揣摩。真積力久，升堂入室。

太極拳著解①

人之一身，心為主，而宰乎肉。心者，謂之道心，即理心也。然理中能運動者，謂之氣，其氣即陰陽五行也。然氣非理無以宰，而理非氣無以行。故理與氣不相離而相附，此太極根無極者然也。

天之生人，即以此理此氣生於心。待其稍有知識，而理氣在人心者渾然無跡象。然心之中或由內發，或由外感，而意思生也。當其未生，渾渾混混，一無所有。及其將生，其意微乎其微，而陰陽之理存乎其中。順其自然之機（即心搆形），仍在人心之中（即《中庸》所謂未發也）。及其將發，而心中所搆之形呈之於外，或上或下，或左或右，或前或後，或偏或正，全體身法無不具備。

當其未發搆形之時，看其意像什麼形，即以什麼命名，亦隨意拾取，初無成心。

①陳鑫在《太極拳圖畫講義》中將身、心、理、氣、意、志、情、景、神稱「太極拳規矩」，特別注明「自身至神九則皆品三作」。而該書「編輯者」陳椿元除對上述九則的內容進行修訂、補遺之外，還增加了對恒、著、附中氣辯、化的論述。其內容與「自身至神九則」兩相對照，意思雖大同小異，但語言風格、論述的角度不同。

是時即形命名之謂著。而每著之中，五官百骸順其自然之勢，而陰陽五行之氣運乎其中。所謂動則生陽，靜則生陰，一動一靜，互為其根。是所謂陽中有陰，陰中有陽，此即太極拳之本然。

如以每著之中，必指其何者為陽，何者為陰，何者為陽中之陰，何者為陰中之陽，此言太滯，言之不勝其言。即能言，亦不無遺漏，是在學者細心揣摩，日久自悟。前賢云：「能與人規矩，不能使人巧。」舉一反三在學之者，不可執泥，亦不可偏狃。

七言俚語　其一

掤攦擠捺須認眞，引進落空任人侵，
周身相隨敵難近，四兩化動八千斤。

其二

上打咽喉下打陰，中間兩肋並當心，
下部兩臁合兩膝，腦後一掌要眞魂。

身

拳之一藝，雖是小道，然未嘗不可即小以見大。故上場之時，不可視為兒戲。而此身必以端正為本。身一端正，則做事無不端正矣。大體不可跛倚倒塌。況此藝全是以心運手，以手領肘，以肘領身。手雖領身，而身自有身之本位。論體則身領乎手；論要手，則以手領身。身雖有時歪斜，而歪斜之中自寓中正。不可執泥。能循規蹈矩，不妄生枝節，自然合拍。合拍則庶乎近矣。

心

天地間，人為萬物之靈。而心又為五官百骸之靈，故心為一身之主，心一動而五官皆聽命焉。官骸不循規矩者，非官骸之過，實心之過也。

孟子曰「出入無時，莫知其鄉」者，惟心之謂。又「一人雖聽之，一心以為有鴻鵠將至。」可見人之有心，但視其操與不操耳。能操，則心神內斂，故足重手恭，頭直目肅，凡一切行為無不皆在個中；不操，則心外馳，故視不見，聽不聞，食亦不知其味，凡一切行為，無不皆在個外。況打拳一道，由來口授居多，著述甚少。蓋由義理，則經史備載，子集流傳，不必再贅。

但打拳之勢，人皆不知皆由太極而發。其外面之形跡與裏面之精意，往往視為拳勢是拳勢，理路是理路，不能合到一處，是皆不知由理而發之於勢故也。不知運勢者，氣也；而所以運勢者，理也。其開合擒縱，無可加損，無可移易，動合自然。是皆天理之應然而然也。苟細揣摩，如行遠自邇，登高自卑，則由淺入深，不躐等而進，不中道而止。以我之智力，窮道之旨歸。壹志凝神，精進不已，層累曲折，胥致其極。雖高遠難至之境，莫非眼前中庸之境？是在操心。

意

意者，吾心之意思也。心之所發謂之意。其一念之發，如作文寫字下筆帶意之意。意於何見？於手見之。此言意之發於外也。意發於心，傳於手，極有意致，極有神情。

心之所發者正，則手之所形者亦正；心之所發者偏，則手之所形者亦偏。如人平心靜氣，則手法、身法自然端正；如人或急切慌張，或怠慢舒緩，則手之所形莫不側倚必也。躁釋矜平，而後官骸所形自然中規中矩。實理貫注於其間，自無冗雜間架。即有時身法偏斜，是亦中正之偏，偏中有正，具有真意。有真意，其一片纏綿意致，非同生硬挺霸流於硬派。

此其意一則由理而發，一則由氣而練。若硬手純是練氣，氣練成亦能打死人，但較之於理，究竟低耳。故吾之意可知，而彼之意可想。學者所當留心體會，以審其意之所發。

志

心之所之，謂之志。凡人貴立志，不立志則一事辦不成，終身居人下矣。如能立志，則所有條理，自始至終，層層折折，悉究底蘊。不敢懈惰，由勉然以造於渾然，所謂有志者事竟成。不然者，敗矣。人顧可不立志哉！

恒

天地之道，一恒而已。惟其恒也，日月得天而能久照；四時變化而能久成；聖人久於其道而天下化成，何況一藝。苟獨殷殷勤勤，始終無懈，何至苗而不秀，秀而不實乎！《書》曰：「學貴有恆。」孔子曰：「人而無恒，不可以作巫醫。」可見人之用功，惟恒最貴。

志為功之始基，恒為功之究竟。能恒則成，不恒則敗。志、恒二字，乃做事之要訣，學者不可不知，尤當猛醒。嘗見人之用功，或作或輟，不植將落，反怨師不教人。抑何不返躬自問，其功何如哉？

著

自古聖人有文事者，必有武備。但文事皆有成書，經史子集無所不備。至於武備，則略而不言。自黃帝堯舜，以至唐宋元明總戎機者，雖各著有兵書，然不過步法止齊耳，至打拳皆未之及。

拳之一藝，不知始自何時，俱未見有成書。歷唐、宋、元、明、大清，即間有書，亦不過畫圖已耳，皆未詳言其理，以示階級可升。且嘗習此藝者，往往失之於硬，蓋由尚血氣不尚義理。義理不明，勢不至，留於放僻邪侈而不止。

我陳氏自山西遷溫縣，帶有此藝，雖傳有譜，亦第圖畫，義理亦未之及。愚無學識，工夫極淺，不敢妄議註譜。但為引蒙，不得不聊舉大意，以示學者下手工夫。

每一著必思手從何處起，何處過，至何處止；外面是何形象，裏邊是何勁氣，要從心坎中細細過去；此著之下與下著之上，夾縫中如何承上，如何起下。必使血脈貫通，不至上下兩著，看成兩橛。始而一著自成一著，繼而一氣貫通，千百著如一著矣。

如懶擦衣，右手從左腋前起端，手背朝上，手指從下斜行而上，先繞一小圈，中間手從神庭前過去，徐徐落下。胳膊只許展九分，手與肩平停止，手背似朝上微向前合。其手自始至終行走，大勢為弓彎之意。上面如此運行，底下右足亦照此意與手一齊運行。手行到地頭，然後足趾亦放得穩當。手中內勁由心發起，過右乳，越中府，逾青靈穴，沖少海，經靈道，渡列缺，至中衝、少衝、少商諸穴止。足是先落僕參，過湧泉，至大敦、隱白諸穴上。且其內勁必由於骨之中，以充於肌膚之上，運至五指上，而後止。頂勁提起，腰勁搖下，長強以下翻起來，襠勁落下，右手與左手合住，膝與襠、與胸、與小腹諸處無不合住。合也者，神氣積聚而不使之散漫，非徒以空架閑著苟且了事。惟恭敬將事，則神氣處處皆到，方不蹈空。下著單鞭，大概與此著同。

大凡手動為陽，手靜為陰；背則為陽，胸則為陰。亦有陰中之陽，陽中之陰。某手當令，某手為陽；某手不當令，某手為陰。亦有一著也，先陽而後陰；一手也，外陰而內陽。一陰一陽，要必以中峰勁運之。

中峰者，不偏不倚，即吾心之中氣，所謂浩然之氣也，理宰於中，而氣行於外是也。濁氣下降，合住襠勁。下盤穩當，上盤亦靈動。千言萬語，難形其妙。當場一演，人人可見可曉。落於紙筆，皆成糟粕；形於手足，亦成跡象，而更非跡象，無以顯精神，猶之非糟粕無以寫義理。是在善學者，孟子曰：「能與人規矩，不能使人巧。」其斯之謂歟。

理

理者，天地之節文，人事之儀則也。順其性之自然，行其事之當然，合乎人心之同然，而究乎天理之所以然。一開一合絕無勉然，一動一靜恰合天然。此即吾道之粹然。

氣

何謂氣，即「天行健」一個行字，天體至健而所以行。此健者，氣也。不滯不息，不乖不離，不偏不倚，即是中氣。加以直養無害工夫，即是乾坤之正氣，亦即孟子所謂浩然之氣。一拂氣之自然，參以橫氣則生硬橫中。勢難圓轉自如，一遇靈敏手段，自覺束手無策，欲進不能，欲退不敢，但聽他人發落而已，鈍何如也。所以，不敢徒恃血氣，而並參之以橫氣。

附中氣辨

中氣者，中是中，氣是氣。中是不偏不倚，無過不及之名。以理言氣，是天以陰陽五行之氣化生萬物。有是形即有是氣，是人所秉受於天本來之元氣也。氣不離乎理，理不離乎氣。氣非理無以立，理非氣無以行。氣與理兩相需者也。理有其偏，氣亦有其偏。理之偏，私以參焉；氣之偏，橫以行焉。惟兩得其中，合而言之，曰中氣。

竊謂不可以言語形容者，中氣耳。中氣，即孟子所謂浩然之氣，即《易》所謂保合太和之元氣也。氣不離乎理，言氣而理自在其中。打拳以運氣為主，然其中自有理以宰之。理之得中者，更不易言，故但以氣之附麗於形者，大略言之。

氣之在體，無不充周，而其統率在心。心氣一發，能先聽命者，腎中之志。心機一動，志則順其心之所向，而五官百骸皆隨之而往焉。且各有各體之精，而隨各體所往之地位而止也，此是一齊俱到。有分先後，有不分先後。所謂小德川流，大德敦化，道並行而不悖也。

如單鞭一勢，起初心欲先合，兩手即用倒轉精合住，左足即收到右足邊，而與右足合住；心欲展開，左手即用順轉精，右手即用倒轉精；兩大腿用精，左則順右則倒，頂精即領，胸即含住，腰精即下，襠開足。之後有心無心之間，說合上下一齊合住。

且官體之精，各隨各經絡運行，無纖悉之或差。心即大體，官骸即小體，德即大體、小體中當然之理也。心機一動，百骸聽命，非所謂小德川流，大德敦化，道並行而不悖乎？此所謂中氣流行，一氣貫通者，如此。

中氣與浩然之氣、血氣辨

中氣與浩然之氣稍異；與血氣大不相同。

中氣者，太和之元氣，即《中庸》所謂「不偏不倚」。而平常之理，宰乎不剛不柔、至當卻好之正氣。能用此氣以行於手（言手，而全體皆在其中），天下未有窮之者。如或有人窮之，非功夫未到十分火候，即涉於偏倚不中故也。涉於偏倚，非人能窮我，我自窮之也。此氣之貴得乎中，名之曰中氣，非氣之行於官骸之中之謂也（官骸之中，是當中之中。中氣之中，是不偏不倚，無過不及之理，宰乎剛柔得中之正氣元氣）。浩然之氣者，大約涉於剛一邊多。觀於孔子、孟子之氣象可知。孔子言語極和平，孟子氣象就帶廉隅。即其自謂，亦曰：「至大至剛。」吾故曰，涉於剛一邊居多，然要亦是秉受之元氣，特稍涉於嚴厲。謂之為元氣則可，謂之為太和元氣似少遜耳，此所以與中氣略有不同處。要拳者能以浩然之氣行之，技亦過乎大半矣。再加涵養功夫，則幾乎中氣矣。

至於血氣，乃血脈中流通之氣，即拳家所謂橫氣也。全仗年輕，力氣勇猛，而以不情不理凌壓敵人。失敗者多，即間獲勝，力氣過大偶然勝之，一遇行手，氣雖大而亦敗。苟能稍遵規矩（謂打拳成法），亦能打人，但能屈敵人之身，而不能服敵人之心。至於中氣，能令敵人進不敢進，退不敢退，渾身無力，極其危難。足下如在圓石上站著，不敢亂（平聲）動，幾乎足不動即欲跌倒。此時雖不打敵，敵自心服。

以上所辨，未知是否。以俟高明者指正。

情

理與氣發於外者為情。人之交接往來則曰人情；文之抑揚頓挫則曰文情。打拳之欲抑先揚，欲揚先抑，其間天機活潑，極有情致。拳無情致，如木偶人一般。死蛇塌地，有何景致。又安能見其生龍活虎，令觀者眼欲快睹，口中樂道，心中願學？此拳之不可無情致也。

至於與人交手，斷不可看人情。一看人情，則人以無情加我矣。烏乎可。

景

一片神行之謂景。其開合收放，委婉曲折，種種如畫，是之謂景。景不離情，猶情之不離乎理，相連故也。

心無妙趣，打拳亦打不出好景致。問何以打出景致？始則遵乎規矩，繼則化乎規矩，終則神乎規矩。在我打得天花亂墜，在人自然拍案驚奇。裏面有情，外面有景，直如天朗氣清，惠風和暢，陽春煙景，大塊文章，處處則柳𨉼花驕，著著則山明水秀。遊人觸目興懷，詩家心怡神暢，真好景致。拳景至此，可以觀矣。

神

神者，精氣發生於外，而無難澀之弊之靈氣也。天地間無論何物，精神足，則神情自足。在人雖存乎官骸之中，實溢乎官骸之外。大約心、手、眼俱到則有神，無神則死煞不活，不足動人。

神之在人，不止於眼，而要於眼則易見。故打拳之時，眼不可斜視，必隨手往還。如打懶擦衣，眼隨右手中指而行，懶擦衣手到頭，眼亦到頭，注於中指角上，不可他視。眼注於此，則滿身精神皆注於此。如此，則懶擦衣全著俱有精神，神聚故也。打單鞭，眼注於左手發端處，隨住左手徐徐而行。至單鞭打完，眼即注於中指角上，不可妄動。打披身捶，眼注於後腳尖，打肘底看拳及小擒拿，眼注於肘底拳上。

打斜行拗步，右手在前，眼著於右手。打抱頭推山，兩手雖俱在前，而以右手為主，眼雖並注，而注於右手居多。打指襠捶，眼注於下。打下步跨虎，眼注於上。打演手捶，眼注於前。打回首捶，眼注於後。大抵上下四旁，某處當令，則眼神注於某處，此是大規矩。亦有神注於此，而意反在於彼者。此正所謂大將軍八面威風，必眼光四射而後威風八面，處處有神也。

打拳之道，本無此勢，而創成此勢，此即自無而有，何其神也。而況神乎其神，何莫非太極陰陽之所發而運者乎？拳至此，已入室矣。動靜緩急，運轉隨心，何患滯澀而無神情乎！

化

化也者，化乎規矩者也。化之境有二：有造化，有神化。造言其始，化言其終。神化者，夫子「七十，從心所欲不逾矩」是也。打拳熟而又熟，無形跡可擬，如神龍變化，捉摸不住，隨意舉動，自成法度，莫可測度。技至此，真神品矣。

太極之理，發於無端，成於無跡，無始無終，活盤托出。噫，觀止矣！拳雖小道，所謂即小以見大者，蓋以此。拳豈易言哉！

太極拳用說

五行生剋，無處不有，無時不然。如兩人交手，敵以柔來者，屬陰，陰當以陽剋之；屬水，水當以火剋之，此當然之理。勢也，人所易知者也。獨至於拳則不然，運用純是經中寓權，權不離經。何言乎爾？彼以柔來者，是先以柔精聽（忖也）我如何答應，而後乘機擊我。我以剛應，是我正中其謀，愚莫甚也。問該如何應答？彼以柔法聽我（以胳膊聽我，非以耳聽也），我以柔法聽彼；拳各有界，彼引我進，我只可至吾界邊，不可再進，再進則失勢。

如曰：「不入虎穴，焉得虎子」，是以天生大勇者論之，非為常人說法也。即為大勇，亦為涉險。問該如何處置？如彼引吾前進，未出吾界即變為剛，是彼懼我而變柔為剛，是不如我者也，我當以柔克之。半途之中，生此變態，我仍是以柔道之引進落空者擊之。如彼引我已至吾界，是時正宜窺彼之機勢，覘彼之形色，度彼之魄力。如有機可乘，吾即以柔者忽變而為剛擊之。此之謂以剛克柔，以火剋水。如彼中途未變其柔，交界之際強為支架，亦宜擊之。

如彼引我至界，無隙可乘，彼之柔精如故，是勁敵也，對手也，不可與之相持。

吾當退守看吾門戶。先時我以柔進聽之者，至此吾仍柔道聽之，漸轉而退，仍以柔道引之使進。彼若不進，是智者也。彼若因吾引而遽進，誤以我怯，冒冒然或以柔來，或中途忽以柔變為剛來，我但稍低其手，徐徐引之使進，且令其不得不進。至不得勢之時，彼之力盡矣，彼之智窮矣，彼之生機更迫促矣。是時，我之柔者，忽變而為剛，並不費多力，一轉即克之矣。

是時，彼豈不知孤軍深入，難以取勝？然當是時，悔之不及，進不敢進，進亦敗；退不敢退，退亦敗；即不進不退，亦至於敗。蓋如士卒疲敝，輜重皆空，惟束手受縛，降服而已矣，何能為哉！

擊人之妙，全在於此。此之謂以柔克剛，以火剋水，仍是五行生剋之道也。

天一生水。水外陰而內陽，外柔而內剛，屬腎。其以柔進，如水之波流旋繞，不先尚其力，用其智也。地二生火。火外陽而內陰，外剛而內柔，在人屬心。水火有形而無質。天三生木，地四生金，則有形有質矣。天五生土，水火勢均者不相下。

言以火勝水者，以火之多於水者言之耳。彼以柔進，忽變而為剛者，是水之所生之木也。木，陽質也，即水中之陽性，因滋以成質者也。水與木本自一串，故柔變剛最易。以其形與質皆屬陽也。

上言以火剋水，蓋以火能生土，土能生金。火外明而內暗，陰性也。金，陰所成之質也。木在人屬肝，金在人屬肺。天下能剋木者惟金，金與火皆陰類也。所言以剛克柔者，是以火剋水，以金剋木也，是以其外者言之。火性激烈，金質堅硬，心火一起，脾氣動也。怒氣發洩於外，有聲可聽，金為之也。脾氣動，則我之肝與腎無不與之俱動。雖曰以剛克柔，其原實是以柔克剛。蓋彼先柔而後剛，我是柔中寓剛，內文明而外柔順，故克之。

若彼先以剛來，則制之又覺易。易何言之？如人來擊我，其勢甚猛，我則不與之硬頂，將肱與身與步一順，身卸下步，手落彼之旁面，讓過彼之風頭。彼之銳氣直往前衝，不顧左右，且彼向前之氣力陡然轉之左右，甚不容易，我則從旁擊之。以我之順力，擊彼之橫而無力，易乎不易？吾故曰：「克剛易，克柔難。」

界限

何謂界限？凡分茅胙土，設官分職，以及動靜語默，莫不各有界限。一適分，一失言，即過界，過界即與人有干涉矣。凡事如此，況拳乎？如人之行步，盡足可開二尺五寸，此勉強為之，非天然也。天然者，隨便行步，約不過尺一、二寸。上體之手，與下體之足趾齊，此即是界限。大約胳膊只展四五分，內精只用一半，足步只開尺餘。如此，則一身之上下左右，循環周轉，無不如意。蓋動不越界，如將士在本界內，山川地理，人情風俗，一一了亮於心，故進攻退守，綽有餘地。一入他人界裏，處處更得小心防護，稍有不密，即萌失敗之機。此君子所以「思不出其位」也。

打拳原為保身之計，故打拳之時，如對敵人，長進愈快。然又恐啟人爭鬥之心，故前半套多言規矩，不言其用。至後半套，方始痛快言之，以示其用之之法。然第可知之，不可輕試。如不得已，為保性命計，用之可也。

大約此拳，是個人自耍之勢。徒手空運，非有敵人在其前後左右也。自己下工夫，遍數愈多愈好。根未固而枝葉榮，況衛生保命之道，莫善於此。學者但先難可也。至於後獲，則當置之度外，不可以毫髮望效之，念中分吾專心致志之功。金針已渡，學者勉旃。

爭走要訣

兩人手交，各懷爭勝之心，彼此擠到十分九鳌地位，只餘一鳌。分勝負全在此一鳌地位。彼先佔據，我即失敗；我先佔據，彼亦失敗。蓋得勢不得勢，全繫於此。此兩人俱到山窮水盡也。

當此際者，該如之何？曰：必先據上游。問如何據上游？頂精領住中氣，手略提高，居於敵手之上，身略前侵，逼迫彼不得勢。力貴迅發，機貴神速，一遲即失敗，一迅疾即得勢。勢得則手一前送，破竹不難矣。如兩人對弈，棋到局殘，勝負在此一步；又如逐鹿，惟高才捷足者先得之；又如兩國興兵，先奪其輜重糧草，此皆據上游鹽腦之法也。

故平素打拳，全在一起一轉。所謂得勢爭來脈，出奇在轉關。本勢手將起之時，必先使手如何承住上勢，不令割斷神氣血脈。既承接之後，必思手如何得機得勢。來脈真機勢得，轉關自然靈動。能如此，他日與人交手，自能身先立於不敗之地，指揮如意。來脈轉關顧可忽乎哉！

太極拳　卷一

學拳須知①

一、學太極拳，不可不敬。不敬則外慢師友，內慢身體，心不斂束，如何能學藝。

二、學太極拳，不可狂，狂則生事。不但手不可狂，即言亦不可狂。外面形跡必帶儒雅風氣，不然狂於外必失於中。

三、學太極拳，不可滿，滿則招損。俗語云：天外還有天。能謙則虛心受教，人誰不樂告之以善哉？積眾善以為善，善斯大矣。

四、學太極拳，著著當細心揣摩。一著不揣摩，則此勢機致情理終於茫昧。即承上啟下處，尤當留心，此處不留心則來脈不真，轉關亦不靈動。一著自為一著，不能自始至終一氣貫通矣。不能一氣貫通則於太和元氣終難問津。

①「學拳須知」是由該書「編輯者」陳椿元等人依據「原著者」陳鑫存留的草稿進行整理、修訂而成，其內容與「凡例」基本相同。

五、學太極拳，先學讀書，書理明白學拳自然容易。

六、學太極拳，學陰陽開合而已。吾身中自有本然之陰陽開合，非教者所能增損也。復其本然，教者即止（教者教以規矩，即大中至正之理）。

七、太極拳雖無大用處，然當今之世列強爭雄，若無武藝何以保存！惟取是書演而習之，於陸軍步伐止齊之法，不無小補。我國苟人人演習，或遇交手仗，敵雖強盛其奈我何！是亦保存國體之一道也。有心者，勿以芻蕘之言棄之。

八、學太極拳，不可藉以為盜竊搶奪之資，奸情採花之用。如借以搶奪、採花，是天奪之魄，鬼神弗佑，而況人乎，天下孰能容之！

九、學太極拳，不可凌厲欺壓人。一凌厲欺壓即犯眾怒，罪之魁也。

十三勢分節

第一勢：金剛搗碓，只一勢，言太極陰陽之理皆具。

第二勢：攬擦衣、單鞭、金剛搗碓，共三勢，太極生兩儀也。繼以金剛搗碓，旨不離宗。

第三勢：白鵝亮翅、摟膝拗步，共二勢，兩儀生四象也。白鵝以起其勢，摟膝拗步象乾、坤、坎、離四卦之位。

第四勢：初收、斜行拗步，共二勢。四象生八卦，斜行象兌、震、巽、艮四隅之卦。

第五勢：再收、前堂拗步、演手捶、金剛搗碓，共四勢。本其蓄精，以至出精，終於復歸太極原象。

第六勢：披身捶、背折靠、肘底看拳、倒捲肱、白鵝亮翅、摟膝拗步，共六勢。其中倒身法、背身法、屈身法、退行法，此皆勢中變格，無不具。

第七勢：閃通背、演手捶、攬擦衣、單鞭，共四勢。是倒轉身法，以歸平垣身法。

第八勢：左右雲手、高探馬、左右擦[①]腳、中單鞭、下演手、二起腳、獸頭勢、踢一腳、蹬一跟、演手捶、小擒拿、抱頭推山、單鞭，共十三勢。雲手，橫行法；左

①該書「左擦腳」、「右擦腳」，在拳理論述中既有「插」字，也有「擦」字，依據「左右擦腳合詠長短句」和「左、右擦腳四言俚語」的論述，本次改版將書中「插」腳的插字統一改為「擦」字。

右擦腳，踢蹬皆言足法；下演手，伏身法；二起腳，飛身法；抱頭推山，合身法；中單鞭，手足齊用法；踢蹬，二大轉身法；小擒拿，偷步法；獸頭勢，護頭護心護膝法。以上十三小勢，是與群敵交手，大戰一氣，承接不能割斷，無間可停，故共合為一勢。

第九勢：前昭①、後昭、野馬分鬃、單鞭、玉女穿梭、攬擦衣、單鞭，共七勢。前後昭，是前後相顧手法與眼法；野馬分鬃，分披身法、速進步法；玉女穿梭，右轉身法、平縱身法；單鞭，氣歸丹田平心靜氣法。以上七勢亦是交手法。

第十勢：第二左右雲手、擺腳、一堂蛇、金雞獨立、朝天蹬、倒捲簾、白鵝亮翅、摟膝拗步、閃②通背、演手捶、攬擦衣、單鞭，共十二勢。擺腳是橫腳打法；跌岔是低身法；金雞獨立、朝天蹬，是高身法、用膝法。以下七勢皆重出，不必再贅。共十二小勢，亦是一氣相連，不可割斷，故合為一勢。

第十一勢：左右雲手、高探馬、十字腳、指襠③捶、青龍出水、單鞭，共六勢。十字腳，即十字靠也；指襠捶者，制命法也；青龍出水，跳躍進身法，不必轉身，亦是縱法。

第十二勢：鋪地錦、上步七星、下步跨虎，共三勢。鋪地錦，展右腿坐地身法；

上步七星，前進上步法；下步跨虎，上下相顧身法。以上三小勢為一勢。

第十三勢：擺腳、當頭炮，共二勢。擺腳，是倒轉身法、上挒下打法；當頭炮，是護臉護心法。以上合之共十三勢，始以文象起，末以武象終。

無極象圖

無極者，一物未有也。太初以上，渾渾穆穆，混混沌沌，所謂大混沌者，即此時也。學者上場打拳，端然恭立，合目息氣，兩手下垂，身樁端正，兩足並齊，心中一物無所著，一念無所思，穆穆皇

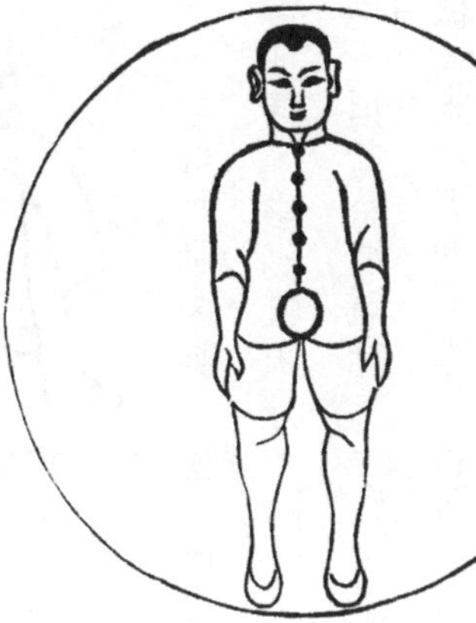

①原版中既有「招」字，也有「昭」字，依據前昭、後昭引蒙講義，「何為前昭」「何為後昭」的拳理論述，將「招」字統一改為「昭」字。

②原版本為「悶通背」，顯係編排失誤，今將「悶」字更正為「閃」字。

③原版本「指襠捶」的「襠」字和「襠要開圓」的「襠」字，多為「月當」字，也有以「當」字代為「襠」字，本次改版統一更正為「襠」字。

皇，渾然如大混沌無極景象。故其形無可名，名之曰「無極象形」也。

太極象圖

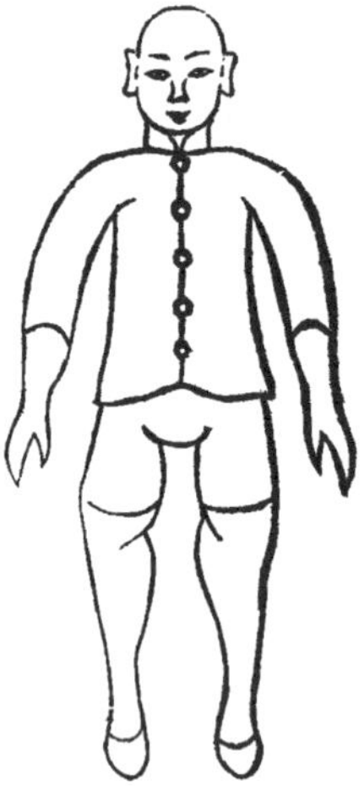

太極者，生於無極也。謂太極已有形聲乎？曰：未有也。未有不曰「無極」而曰「太極」，何也？然太極雖無形聲，而幾朕已兆，如碩果之仁，生機將動未動，特生機未足，而未出乎核之外耳。不然，天地何自而生乎？是大混沌後，陰陽雖未分，而分之機已動，一至於分，則清氣上升而為天，濁氣下降而為地。但此時清氣猶未上升，濁氣猶未下降耳，故謂之為太極。是前人上推陰陽五行之機，未生天地，無可名稱，名之曰「太極」，而要陰陽五行已俱備矣。

打拳上場後，手足雖未運動，而端然恭正之中，其陰陽開合之機、消息盈虛之數已俱寓於心腹之內。此時一志凝神，專主於敬，而陰陽開合，消息盈虛特未之形耳。時無可名，亦名之曰「太極」。言此以示學者，初上場時先洗心滌慮，去其妄念，平心靜氣，以待其動，如此而後可以學拳。

第一勢　金剛搗碓（一名護心拳）

左手腕朝上，與鼻準上下相照
左肘沉下，須得輕輕擎住意
心貴和平，心平則氣靜，心平則氣和
左肩鬆下，不可上架
目不旁視，旁視則分心亂志
周身精神全繫於頂，故頂勁領起來，是在似有似無之間
耳不可有所聽，勿聽則心專
項端直
右肩鬆下
右肘沉下，不可稍有上架意
右拳落左掌中，去胸五六寸
氣皆歸於丹田
腰勁貴下去、貴堅實
左膝微屈，不屈則襠不開
左足與右足並齊，端正平立。僕參、大鍾、隱白、大敦皆微用力踏地
腎囊兩旁謂之襠，貴圓貴虛，不可夾住
右膝微屈，不屈則襠不開

平素打拳，因地就勢，不必拘定方向，而守一定之位置。但北辰、北斗皆在北方，學者宜心向之，仰承天機，人之中氣乃有真宰。故畫圖以面北背南、右東左西定為準繩，以示規矩。

立天之道曰陰與陽，立地之道曰柔與剛，立人之道曰仁與義。足容重，手容恭，頭容直，目容肅，坐如屍，立如齋。

孔子曰：「非禮勿視，非禮勿聽，非禮勿言，非禮勿動。」打拳時，執事敬，自然周中規，折中矩，而視聽言動，皆在規矩中矣。

未打拳時，心平氣和，渾然一太極氣象。將打拳時，神恬氣靜至手足，動時方能躁釋矜平，運我太極拳中自然之天機而從容中禮（拳皆有天理自然之節文）。

禮曰：惰慢之氣不可涉於身體，一涉惰慢，動作必溢規矩之外，百病叢生矣。

禮主於敬，樂主於和，能敬能和，然後能學打太極拳。

或曰：太極拳，一藝也。如子之言，立規太嚴，雖聖賢，用功不過如是。一藝之末，奚必然哉？余曰：不然。打拳，亦所以修身正衛性命之學也。孟子曰：「不以規矩，不能成方圓。」

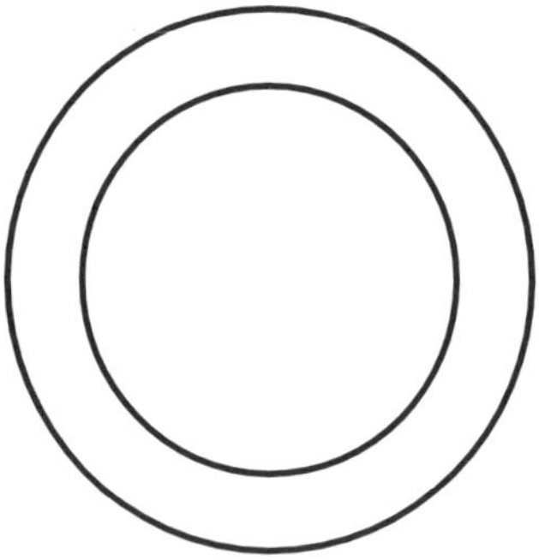

打拳之道，自始至終不外一個「敬」字。能敬則專心致志，自無鴻鵠之射繞亂胸中。至於拳中法律，一一皆詳如下。

左陽右陰圖

此第一勢手足運轉圖。左手屬陽內圈，左手與左足所運之圈；右手屬陰外圈，右手與右足所運之圈，非更迭轉實，一齊運動。左手略先右手略後，左手在內右手在外，機之動，陽先陰後，運之勢，陽內陰外。

此圖如萬物陰陽交合之意，陰陽一端之用。

運動氣機圖

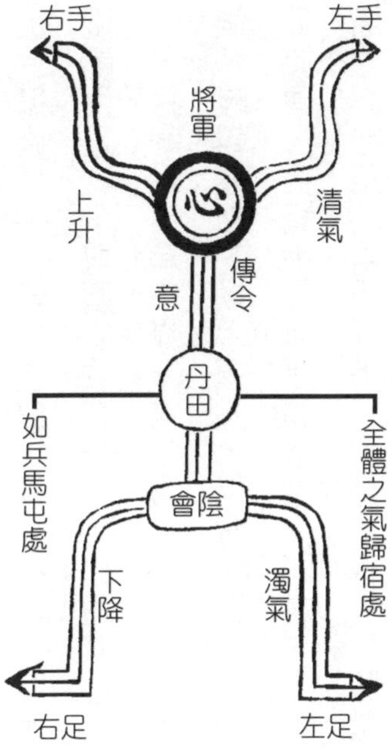

孟子曰：志者，氣之帥；氣者，體之充。心如將軍，氣如兵，將軍一出令，則士卒皆聽命。清氣上升行於手，濁氣下降行於足，氣皆行到指頭乃止。氣之上行、下行似兩橛，其實一氣貫通也。

手足纏絲勁圖

氣機行於肱內，皆纏絲勁，言手而足在其中。

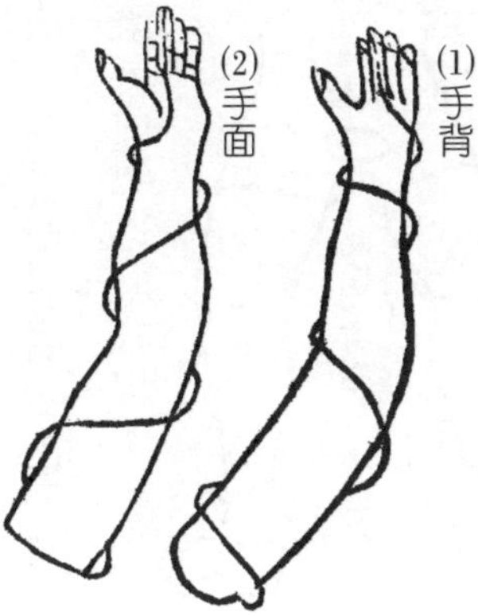

(1)此形內勁由肩臂而行於指甲。

(2)此形內勁由指肚而收於腋肩臂。第一圖是出勁，第二圖是入勁。

(1)胳膊勁由心發，行於肩，過肘至指，此是順纏法。由骨至肌膚，由肩至指，出精也。(2)由指至肩，倒纏法。所謂入精者，引之而來，使敵近於我也。

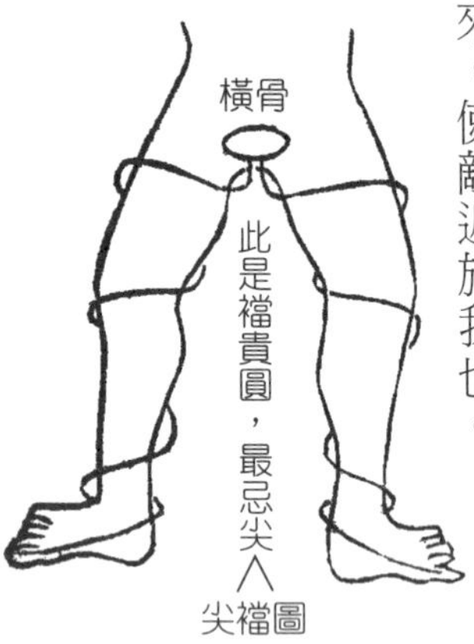

兩腿之勁皆由足趾領起，上纏過踝、過膝，至大腿根。兩腿根間謂之襠，即會陰穴也。運動足後跟，踏地漸至趾、通谷、大鍾、外腓以及隱白、大敦、厲兌，實實在在踏於地上。

何謂金剛搗碓？金剛，神名。鋼如精金百鍊，堅而又堅，其手所持者，降魔杵也。搗碓者，如穀之在臼，以杵搗之。右手將捶如降魔杵，左手微屈如碓臼，既取其堅剛沉重，又取兩手收在一處，以護其心，故名。

打拳以鼻為中界，左手管左半身，右手管右半身，各足隨各手動之。心身不可使氣，輕輕運動，以手領肘，以肘領臂，手中之氣僅僅領起手與臂而已，不可過，過則失於硬。上體手如何運動下體亦隨之，上下相隨，中間自然皆隨，此為一氣貫通。上場立必端正，兩手垂下，兩足並齊，兩膝微屈，襠勁要開要虛，襠開然後心氣發動。

先以左手領起左足，往前進半步；遂以右手領起右足，右手自下由左手外繞一圈上去，兩手套住如轉環轉一圈，右手落在左手掌中，手與心齊，一齊停住。右手與右足皆虛虛籠住，左手與左足皆實實在在踏於地上，如土委地。百會穴領其全身，要使清氣上升，濁氣下降。清氣如何上升，非平心靜氣不可。濁氣必下降至足。一勢既完，上體清氣皆使歸於丹田，蓋心氣一下，則全體之氣無不俱下。

太極拳自始至終，獨此一勢是正身法，端而肅，實而虛，柔而剛，上下四旁，任人所感，皆足以應之，此所以領袖群著而為之首。理實氣空，圓轉自如，渾浩流行，絕無滯機，每一勢完，仍歸到渾然一太極氣象，絕無跡象可尋，端緒可指。外似停止而內無間斷，此太極之所以為太極也。

兩大腿根要開，襠開不在大小，即一絲之微亦算得開。蓋心意一開，襠即開矣。不會開襠者，腿雖岔三尺寬，不開仍然不開，是在學者細心參之。

打拳之道，不外一圈，圈有正有斜有左有右，有緩有急有陰有陽，有有形，有無形，皆因現在所運之勢而循環不已。蓋人得陰陽之氣以生，是吾之身，即太極之身也。以無形之太極，宰有形之太極，人皆知之。至以有形之太極，行吾無形之太極，而反矯揉造作，不因其自然而然。何也？是徒知練氣，而不知自然行止也。又如人之目，晝則開，夜則合，一開一合，皆太極自然開合也。拳中一起一落、一闔一闢，何莫非從太極來乎？人但習而不察耳。

打拳何嘗不用氣？不用氣則全體何由運動？但本其至大至剛之氣，以直養無害焉已耳，世人不知，皆以為柔術。殊不知自用功以來，千錘百煉，剛而歸之於柔，柔而造至於剛，剛柔無跡可見，但就其外而觀之，有似乎柔，故以柔名之耳，而豈其然哉！且柔者對乎剛而言之耳。是藝也，不可謂之柔，亦不可謂之剛，第可名之為太極。太極者，剛柔兼至而渾於無跡之謂也。其為功也多，故其成也難。人但必有事焉，而勿正心，勿忘，勿助長也，則得矣。

自初勢至末勢，所圖者皆有形之拳。惟自有形，造至於無形而心機入妙，終歸於無心，而後可以言拳。可見拳在我心，我心中天機流動，活潑潑地觸處皆拳，非世之以拳為拳者比也。此是終身不盡之藝，非知之艱，行之惟艱。所圖之勢，皆太極中自然之機。氣也，理也，氣非理無以載；理也，氣也，理非氣無以行。氣不離乎理，理不離乎氣，理與氣，一而二，二而一者也，千變萬化，錯綜無窮，故終身行之不能盡，學者勉之。

心為一身之主，腎為性命之原，必清心寡慾，培其根本之地，無使傷損。根本固而後枝葉榮萬事可做，斯為至要。

總論

純陰無陽是軟手，純陽無陰是硬手，一陰九陽根頭棍，二陰八陽是散手，三陰七陽猶覺硬，四陰六陽顯好手，惟有五陰並五陽，陰陽無偏稱妙手，妙手一著一太極，空空跡化歸烏有。

每一勢拳，往往數千言不能罄其妙，一經現身說法，甚覺容易。所難者工夫，所尤難者長久工夫。諺有曰：拳打萬遍，神理自現。信然！

取象

金剛搗碓一勢，陰陽合德，其胸中一團太和元氣，充周四體，至柔至剛，實備乾健坤順之德。當其靜也，陰陽所存，無跡可尋；及其動也，看似至柔，其實至剛，看似至剛，其實至柔，剛柔皆具。是謂陰陽合德，故取諸乾坤。

金剛搗碓

其一，金剛搗碓斂精神（已伏寂然不動，渾然全體意），上下四旁寓屈伸。變化無方當未發（言開合、擒縱），渾然太極備無身。

其二，一生無事養太和，錦繡花團簇簇多（喻拳之機趣橫生）。天上金剛攜玉杵，善降人世大妖魔。

其三，不是金剛降魔杵，妖妖怪怪誰敢阻？大開大合歸無跡，美大聖神方可許。

其四，外保君王內保身，全憑太極真精神。此中甘苦都閱遍，不愧當今絕妙人。

其五，先左後右不為奇，一動一靜是圍棋。圍到山窮水盡處，突然一勢判雄雌。百會（在頭頂）、隱白（在足大指）、大敦（在足二指）、厲兌（在足三指）、竅陰（在足四指）、至陰（在足小指）、通谷、大鍾（皆在足後跟，八者皆穴名）。

第二勢　攬擦衣

周身一齊合住勁，且周身骨節各處與各處，自相呼應而合，如手與足是也。每一勢自有賓主，如此勢，右手與右足是主，左手與左足是賓每著全在心胸，用心太過，失之拘束，不用心，失之懈怠。是在有心無心之間，一主以敬，方能得平中道，運勁咸宜。

臀骨翻起，前襠合住，後臀自然翻起。

腰為上下體樞紐轉關處，不可軟亦不可硬折其中方得。

後肘外方內圓，肘尖與左肘微向前合住勁，不可相背，神情合方得。

肩壓下，不可上翻。

項豎直，不可硬。

頂勁上領，意思如上頂破天，不可用氣太過

眼看住前手中指，中指的也，故必視此，不可旁視，令散渙無著。人之一身運用全在一心，而傳神全在於目，故必凝神注視。勢右手為主，左手是賓，右手發端眼必視之。眼隨右手而行，至右手停止，眼必注於右手中指甲。五指肚要用力，此前後手運畢歸宿處，故必用力。此時運動，手似停止而其中運動之靈氣實不停止，一停止則其氣息矣，即與下一勢隔開。此即天地陰陽運轉不息，曾二氣之在吾身獨可息乎哉？惟不息，故氣越運越實，至運到十分滿足，則下勢即發起。此即陽極陰生、陰極陽生之意。

左腿彎不可軟。

足後跟踏實。

足五趾用力踏實抓住地。不如此，則上體搖動。

腳步相去一尺五六寸遠，丁不丁、八不八，而要後足趾微向裏合，與前大不同，如此立住方穩。

襠要圓，圓則穩

前足如八字撇，五趾踏地要實。

臁骨與後臁一齊合住。

右膝與左膝合住勁，前腿如撐，後腿如蹬。

自華蓋至石門要虛，虛含住，不可令橫氣橫於胸中。

胸間鬆開，胸一鬆全體舒暢，不可有心，亦不可無心。

肘尖沉下，微往外翻二分，微彎此與後肘合住勁。

手掌側住。

前手從右肋先繞一圈，從鼻外運過，至九分展開而止。中間胳膊似直非直，似彎非彎，與後手一齊起一齊落，以中指為主，與後手一齊合住勁。

內勁運行圖

攬擦衣自發端至終止中間沿路運行內勁圖

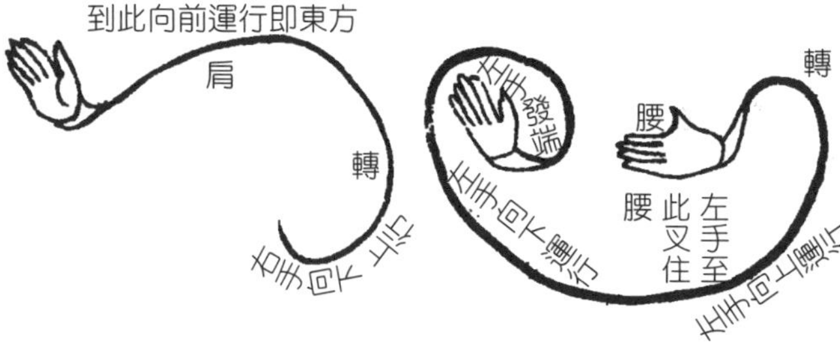

此圖以面向北論

左手在西，右手初運，左手亦隨之。先轉一小圈，然後自下而上轉一大圈，涉下至左肋，叉住腰。凡人自幼用右手居多，用左手少，故左手較右手稍笨。打拳凡於左手，雖不當令，亦宜格外留神，必使左右手一齊運動、轉圈，氣力方能勻停。

中間似彎，如新月形，用螺絲勁纏於骨之外、肌膚之間。右手與右足運法同，右手、右足、左手三處運動，獨左足不動。

肩沉下，肘尖後往前合，手背朝上，四指在肋前，大指在肋後。

此右手已成之勢內勁圖

右手以中指為主，五指相依，勿令散開。肘尖向南，肘彎向北，胳膊微彎三四分，內勁似停不停，中指領左右四指，往則合住勁，近與右肩為呼應，遠與左手為呼應。

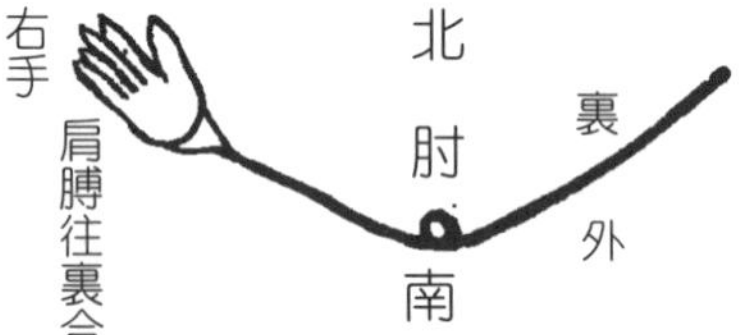

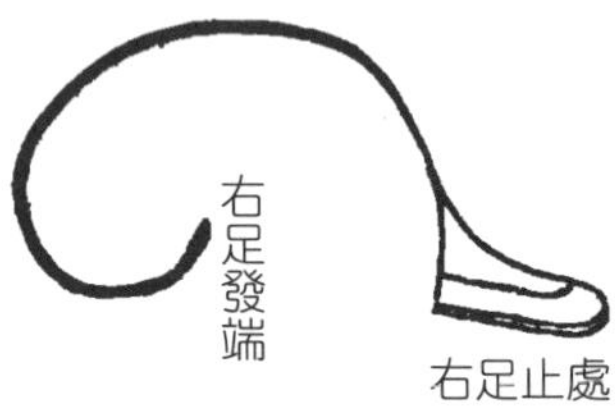

右足隨住右手運動，右足趾亦先畫一小圈。

何謂攬擦衣？攬者，如手攬物；擦者，如手挨著；衣者，上衣。形如以左手攬物，挨著衣服。言左手叉住腰，肘微向前合，大指與後四指叉開，手從上腕斜下，其意似往下按，手掌向後叉住腰。左手屬陽，肘屈似陰，是謂陰中藏陽。右手從上腕自上往右、向下而左繞一圈，再往上，然後向右徐徐而發，越慢越好，高不過鼻，低不過肩，手走到九分而止。內勁不前不後，由中而行，後則擘，前則合，皆不得中。勁以中指為主，中指勁到，餘指勁皆到，皆由心中發起，越乳過腋，入肩膊內骨中，由骨髓充肌膚，徐徐運行。迨其勁行到指頭肚，然後手與手合，肘與肘合，肩與肩合，膝與膝合，足與足合，說合則兩半個身上下一齊合住，當中襠勁開開，又要合住，是合勁寓於開勁之中，非開是開、合是合，開與合看成兩股勁。右手動，右足繞一圈，隨著右手一齊運動，一齊行止。右手將停，右足踵先落地，由腓及五足趾依次落地，放成八字勢。以兩足論，右足在前是主，是賓中之主；左足在後是賓，是主中之賓，以右足是左足留守不動故也。右腳虛，左腳實，是為前虛後實。

以一足論，亦是前虛後實。腳趾腳掌要摳住地，湧泉要虛，不虛則趾不著地，用不上力，是為前後實、中間虛。腿勁由足大拇趾上行，外踝向裏纏，斜行而上，過三里越膝逾血海至大腿根。左腿內勁纏法亦然，兩腿勁同往上纏繞至會陰（穴名）兩陰卵中間中弦而止。蓋兩勁對頭是其結穴，此處是腿勁歸宿。腰勁稍往下降，降至此腿根，撐開襠，勁自圓。腰中要虛，一虛則上下皆靈。

胳膊大腿皆用螺絲纏勁，斷不可直來直去，一直則無纏綿曲折之意。無纏綿意，不惟屈伸無勢，即與人交手，亦不能隨機應變，妙於轉旋。轉關不靈，在我先覺輸人一籌，何以制勝？即令硬氣可以勝人，人自心中不服。

此圖上已圖之，言之最詳，但學者不用功則已，一用功，心即忘之。故不憚再圖，煩言以曉

之，欲令其默識（去聲記也）心通，念念不忘也。由肩外纏至中指甲，是進行勁；由中指過手背外往裏纏，退行至肩，是引勁，由遠而引之於近。初發用進行勁，裏收用退行勁。下體腿勁自足趾至腿根，進行退行皆由足上行。與胳膊異者，是自己用功，確不可移。如此，至於與敵交手，敵來侵我，先引後進，亦是確不可移。須記，右手運到九分時方停，神氣更貫十分滿足，此處最難形容。由起至止，須慢慢運行，能慢儘管慢，慢到十分功夫，即能靈得十分。惟能靈到十分火候，斯敵人跟不上我，反以

我術為奇異，是以人之恒情也。殊不知是先難之功之效也。又全體先斜後正，外斜內正。斜者，其形正者，其精以心中之中氣運乎四肢之中，是人所不見、己我獨知之地，須時時神而會之，久而自明。手足用動，要束而不散，束則神聚而凝，散則神渙而惰。總之，官骸皆聽命於心，心一敬謹，手足自然如法而行。肩要壓下，肘要沉下，右手領住，左手叉住腰，胳膊屈住，是乃此著最要形勢。眼神隨右手運，如此著，右手當令，眼神只隨住右手，右手運到地位，眼神即注在右指甲上，此中指即眼視之標準。肩膊頭骨縫要開，始則不開，不可使之強開，功夫未到，自開時心說已開，究竟未開，必攻苦日久，自然能開，方算得開。此處一開，則全胳膊之往來屈伸如風吹楊柳，天機動盪，活潑潑地毫無滯機，皆係於此。此肱之樞紐靈動所關，不可不知。右手與肩平，不可太低，亦不可太高，低則中氣運之難，恐運不到，高則揭膀胳膊無力，總以得中為貴。頂精領起來（頂精，心之中氣領如提起）。頂精何在？在百會穴，其意些須領住（領是領其全體精神，令其不偏不倚）就算，不可太過，過則下繃上懸，立不穩當。此是一身關鍵，中氣之所通者，不可不知。中氣上通百會，下通二十椎。此處一通，則上下皆通，全體之氣脈胥通，自無倒傾之弊。腦後二股筋是佐中氣之物，二筋之間其無筋處，乃中氣上下流通之路。下行脊骨之中，至二十一椎止，即前後任督二脈，亦皆是輔吾之中氣。中氣最難名，即中氣所行之路處，亦最難名。無形無聲，非用工夫久不能知也。所以不偏不倚，非形跡之謂，乃神自然得中之謂也。即四肢中所運之中氣，亦即此中氣之旁流，非另有一中氣。此處不偏，而後四肢之中氣皆不偏。雖四體形跡呈多偏勢，而中氣之流於肢體中者，自是不偏。此意第可神而明之。項要端正豎起，如中流砥柱，不前不後，不左不右，不至倒塌方得此勢。右手運行，以右為主，為其向右應敵也。右手屬陰，其運行者，陰中之陽，而其所以運之者，有宰之者也。左手拳屈，左足不動，轉於右手，為賓，而其實為賓中之主，為其留守全體之根基也。左手屬陽，其運行之勢似陽中之陰，而其所以為陽中之陰者，有主之者也。以理論之，陰陽互為其根，不可分為兩橛。即以右肱論之，右半身皆屬陰，其內勁由肩外纏至於指甲，由指甲外往裏纏。陰陽似屬兩勁，其實一時並起並落，足見陰陽互根之妙。何以見之？如對敵時，敵以手來，我以手引，即引即打，非即引之後而後擊之於此，足證陰陽互為其根之實。

拳之一道，進退不已，神氣貫串，絕不間斷。嘗見人之耍拳，上著未完，即欲停止。一停止，其氣斷，其神散矣。即不然，此著未完，即欲打彼著，及打彼著，仍然未完，而更欲打下著之下一著，如此躁心，何能細心揣摩，而知其內勁之起落、精神之充足乎！欲速者恒犯此病，故終無成功。打拳不惟著中情理，當潛心默會。即上著之終，下著之始，其接骨鬥筍處是為過脈，於過脈處當思如何血脈貫通，不令間斷。蓋上著之終，必待神氣十分滿足而後方結得住。當結上著時，上勢已足，餘神流於界外，是下著之機已動於上著之末，而後下著接住上著而起，是為構。構者，下著之筍與上著之筍相接而合者也。非但合之以勢，宜先合之以神，神氣與上著無間，方為善於起始。所謂得勢爭來脈，來脈得勢以下，勢如破竹，無不得勢。此是最關緊處。

以上所言，往往重三疊四、絮語不休者，恐人未詳其故，故如此。

特標左手倒轉

左手運行轉圈，如攬擦衣、摟膝拗步、初收、再收、披身捶、肘底看拳、指襠捶、下步跨虎，皆是倒轉圈法。然初收、再收與肘底看拳，左手近上，轉圈稍易；攬擦衣左手居中，與鳩尾平在左肋中間，其轉圈頗難；指襠捶轉圈甚微；下步跨虎，左手轉圈與攬擦衣同。以上所言，皆用纏絲精行之，且是倒轉圈，故難猶是手也；右手倒轉甚易，故於左手倒時標之。至於左手右轉，自覺容易，不必再贅，細玩前散畫圖自明。

取　象

如攬擦衣一勢，陽左陰右，陽屈陰伸，有內陽而外陰、內健而外順意，故取諸泰，此右手之象。至於左手，先畫一小圈，然後左手自上而下、而左，上行而右、而下至腰盤，屈如圈，外方內圓，手叉住腰，有潛龍無用之象。據左手本位成象論之，是個靜象。靜極必動，自然之理。故左手已伏七日來復之機，右足隨右手運行，左足不動，以固根本。

四言俚語

一陰一陽，法象昭彰。屈者為陰，伸者為陽。陰陽互用，天道所藏。動靜無偏，乃爾之強。

七言俚語

世人不識攬擦衣，左屈右伸抖虎威。伸中寓屈何人曉，屈內寓伸識者稀。襠中分峙如劍閣（取其圓意），頭上中峰似璇璣（喻中氣也）。千變萬化由我運，下體兩足定根基。

第三勢 單鞭

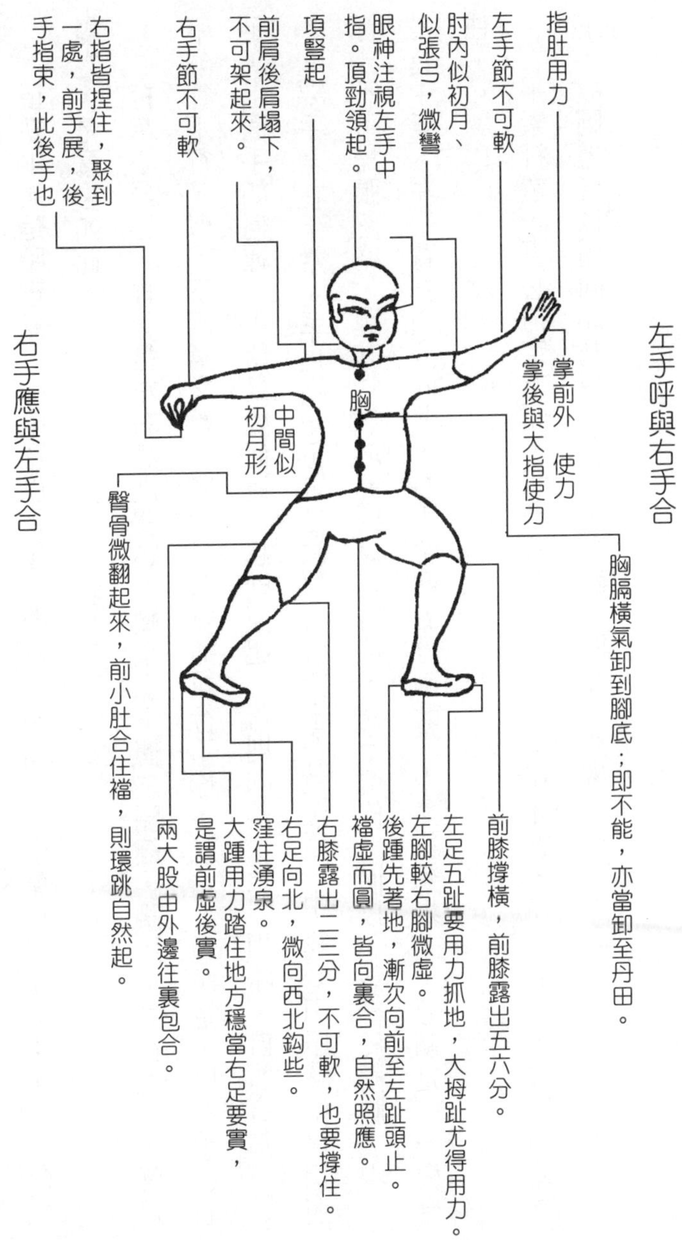
左手呼與右手合
指肚用力
左手節不可軟
肘內似初月、似張弓，微彎
眼神注視左手中指。頂勁領起。
項豎起
前肩後肩塌下，不可架起來。
右手節不可軟
右指皆捏住，聚到一處，前手展，後手指束，此後手也
右手應與左手合
掌前外 使力
掌後與大指使力
胸
中間似初月形
胸膈橫氣卸到腳底；即不能，亦當卸至丹田。
臀骨微翻起來，前小肚合住襠，則環跳自然起。
前膝撐橫，前膝露出五六分。
左足五趾要用力抓地，大拇趾尤得用力。
左腳較右腳微虛。
後踵先著地，漸次向前至左趾頭止。
襠虛而圓，皆向裏合，自然照應。
右膝露出二三分，不可軟，也要撐住。
右足向北，微向西北鈎些。
窪住湧泉。
大踵用力踏住地方穩當右足要實，是謂前虛後實。
兩大股由外邊往裏包合。

頂勁中氣是股正氣，心中意思領起，即行到頭頂上，中氣自然領起來，非有物以提之，是意思如此。

打拳心是主，脊骨是左右身之關鍵，腰是上下體之關鍵。腰以上氣往上行，腰以下氣往下行，似上下兩奪之勢，其實一氣貫通並行不悖。以左手領左足，以右手領右足，上面手如何運，下體足如何運，起則並起，落則同落，上下相隨，自然合拍。

要手全在手掌，手指領起周身運動，足隨手尤其緊要。中氣必由胳膊中徐徐運行，不可慌張忽略，順其當然之。則運其自然，勿令偏倚，而以心氣行於兩肱之中，是為中氣。左手背一二分向北，右手背四五分向北，中氣行到指，十分滿足，一齊合住。

平素打拳，不必拘定方面，而畫一定之準，北斗在北方，司天造化，宜以向北為主。故圖畫皆以面向北為準，右東、左西、面北、背南，以定方向。

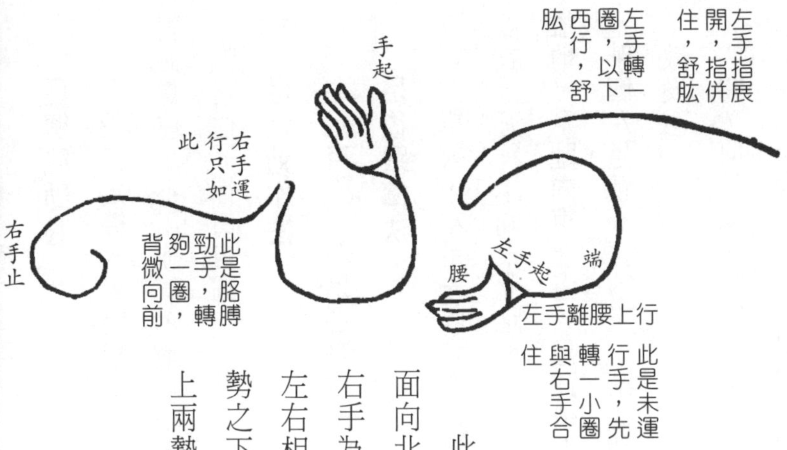

此圖就上圖面向北，圖之以右手為主，此為左右相合，是上勢之下、下勢之上兩勢間過脈。

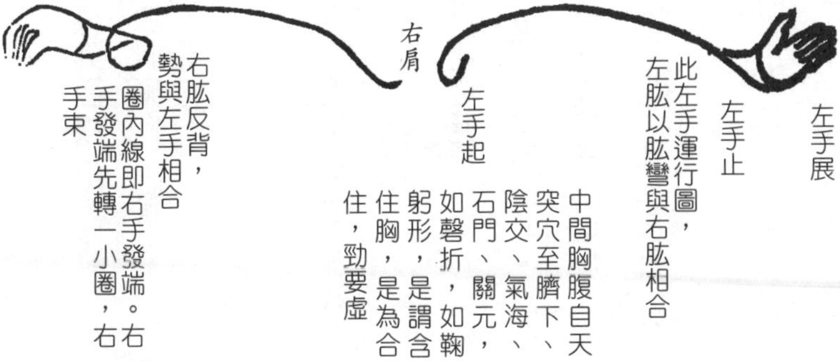

中間胸腹自天突穴至臍下、陰交、氣海、石門、關元，如磬折，如鞠躬形，是謂含住胸，是為合住，勁要虛

此圖仍以面向北圖之，故左右與上同。

足纏絲勁圖

大股自足纏至大股根，其勁由外往裏纏，纏到腿根，兩腿勁對頭瓤住，不用硬氣，兩膝向裏一合，足五趾皆向裏合，腿上下自然合住，襠口自圓。

足之動作法

左足自先至右足邊點住趾，然後再往西邁開，兩足相去尺五六寸。

足後跟擰法

如單鞭，左足先收到右足邊，足趾點地，再往西發行，不必再贅。至於右足，攬擦衣足五趾本向東北踏地，至左足向西開步，落時足趾向西北。將落未落時，右足不離地，足趾向東北者，足踵依地一擰微向北、西北、西者，偏於北方之西，故云。右足趾與左足趾一齊落下，踏住地。左足亦是踵先著地，漸次至趾，與右足合住勁，方不散渙。

問：何謂單鞭？曰：兩手不在胸之前後，而在脇之左右。左右肱展開，其勢似單弱，其勢如鞭之毒；兩肱展開又如一條鞭，故名。此勢以左手為主，左手上行與臍

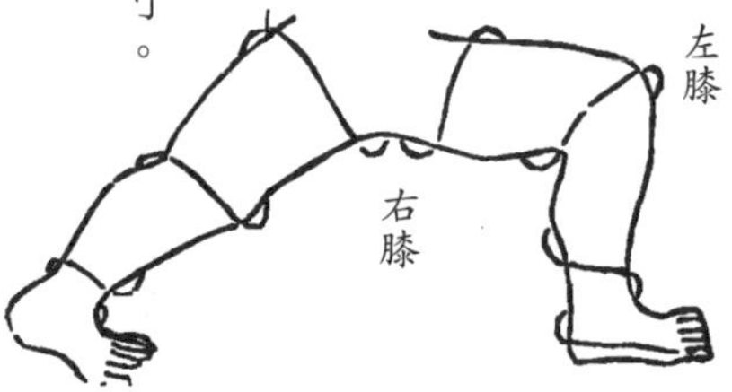

左右股右法圖

平，外往裏轉一小圈；右手從後往前亦轉一小圈，左右一齊合住，神氣呼應如兩人照臉說話。然後左手從合處領起，左半身自下而上轉向西，漸漸西行至八九分時方止。當手未展手未停時，眼神隨住左手，至左手停時，眼神注於左手中指，不斜視。至於中氣纏法與攬擦衣，右手右肱同襠合之時，左腳在左者先收到右腳邊，腳趾點住地，預為下腳運行設勢。及運動時，左腳隨住左手一齊西運，上面左手將停，左足踵先著地，循序漸進，運到左足大拇，與左手一齊停止（形似停而神不停）。此左半身上下相隨，左足伸展，各因其人之大小，約不過二尺以內。至於右手合時，右手先轉一圈，左手起發向西運行，右手腕在後，右手從後向前再轉（轉上聲）一圈，胳膊徐徐作反背勢。與左手順勢展開不同，右手不惟胳膊勁反背且微向東行，手背又得往前合，右手東行，左手西行，似有兩分之勢，其實寓兩合之神。右手所以反背者，為下著伏脈也。至於右手五指束住不展開者，恐人在後突然捋住指頭，背折其節，眼在前視，不顧照後，束之以防其患。胳膊纏勁，由後前纏到右指頭止。右腳雖不動，視右手運行以為擰轉在前，足趾向東北者。今則右手一動，右足踵著地，擰轉趾向北西落住（言北西者，偏北者多，偏西者少），此右半身上下相隨。

為人說法，不得不條分縷析，而要不得視為五分四裂說，合則周身一齊扣合住方佳。至於周身骨節如左右肘、左右肩、上下各處，名目相同者各自一切照臉合住，不必再言。不明者，視圖自喻後，仿此身法，總歸端正，不可偏倚。骨節鬆開，胳膊如在肩上掛著一般，運動似柔而實剛，精神內藏而不露，此為上乘。

拳家以躬行為主，但先難而已，不可預期後獲。妄念橫胸，拳藝不能長進。至成時敵人怎來怎應，不待思想，自然有法。未交手時，誰知敵人從何而來！誰知敵人擊我何處！但依著何處，即以何處（此是本地風光，最難最難）引而擊之，時措咸宜，莫名其妙，真不思而得，不免而中也。然而未成者不能也。問要到何時算成？曰：此中層級終身閱不盡，但以目前粗疏者言之，大成則九年，小成則七年。至於精妙，亦終身不盡之學。學者或學一二年，或學三四年，淺嘗輒止，終是門外漢，旨味未之嘗耳！存先獲心者，吾知無所問津，蓋不能循序漸進不已，亦猶不以規矩不能成方圓。學貴有恆，躬行為難。

單鞭七言俚語

單鞭一勢最為雄，一字長蛇亙西東。擊首尾動精神貫，擊尾首動脈絡通。當中一擊首尾動，上下四旁扣如弓。若問此中真消息（即線索），須尋脊背骨節中。

長短句俚語

蓋世無雙一條鞭，打進不忙。敵因我左手在腰肘且屈，乘其不防，來侵西疆，竊逞其剛強。豈知我弓弦一卸，屈而必張，打得他無處躲藏，反受災殃。非是別有奇方，但憑得周身空靈，一縷中氣隨勢揚。哪怕他（是我養有素），求勝反敗不自量（言敵人來擊），洋洋灑灑當地見短長。此所謂陰中藏陽（肘屈為陰，肱伸為陽）。

單鞭取象

打拳，心中一物無所著，則最明；胸中包含一切，外面空空如也，內文明外順柔，有離中虛象。氣歸丹田，理實氣空，上虛下實，有坎中滿象。四肢舒開，中氣行得十分滿足，氣勢盛足，有泰極象。氣足難於轉移，變化不易，有否之象。然以成手處之不處，此大人處否而亨。二爻變而為坎，中氣存於中也；五爻變而為離，虛靈含於內也。以虛靈之心養剛中之氣，雖否何害！此所謂素患難行乎患難，不貪打人，物來順應，故有休否之象。具此四德，拳術盡矣！

攬擦衣、單鞭，兩儀也。兩儀交則四象生矣。自太極生此兩儀，以下生生不窮，萬象森列莫可形狀，全在用功者身體力行，細心揣摩，日久自知。拳名太極，豈虛語哉！實天機自然之運行，陰陽自然之開合也，一絲不假強為。強為者，皆非太極自然之理，不得名為太極拳。

第四勢　金剛搗碓

在此則為第二個金剛搗碓，在拳次序則為第四勢。

正身法

拳中獨此勢與單鞭、摟膝拗步、野馬分鬃、倒捲肱、上步七星捶，皆是東西南北正身法。

七言絕俚語

第二金剛面向西，周身輾轉（展者轉之半）手足齊。虛實分明君須記，莫教紛紛亂馬蹄。

左虛右實，為白鵝亮翅設勢。此中意趣，莫割斷神氣，神氣不斷，血脈自然流通。

第一勢金剛搗碓面向北，此金剛搗碓面向西。如何面向北者轉成面向西？如上勢單鞭，左手在西，右手在東，待中氣十分行足時，似停不停，左手領住，意似向上，右手亦領住，意似向下，中間兩肩往下一鬆。兩肩鬆時，左腳趾向北。上勢足趾向正北，本勢足趾向正西，因圖畫不易，故專言之，閱者宜知又當諒之。左右足本非八字形勢，今則腳趾微起，腳後跟依地不離本位，往西一擰大踵，使左足趾轉過來向西。待左足由外收到裏邊，即時左手向下由外往裏轉一圈，落到胸前，手摳住如碓臼，手腕朝上，以待右手。當左足後跟擰（擰扭也，搏轉也，如船捩舵）時，左手初起向裏，右手即一齊發動向下、向身右邊過，由下而上捋住捶下，落到左手腕中勞宮處。左足趾扭向西時，面與身轉向西矣，故面向北者轉成面向西。何以再打一金剛搗碓？人窮反本，如第一勢金剛搗碓，太極之原象也。勢既窮於單鞭，故仍歸原勢，以便下勢變化形體之運動發生，故再以金剛搗碓繼之。

七言俚語

前已立過金剛勢，今復重行得毋同。彼則臉面端向北，此則後脊轉向東。上接單鞭非無故（窮則反本，又是上勢下勢之過脈著），下開白鵝格外雄。能會此身轉移法，神機變化在其中。

第五勢　白鵝亮翅

左手隨住右手領起，左腳亦繞一大圈，左足隨右足至右足邊，與右足去三四寸，足點住地（言左足五趾點住地）。是虛步，為下勢伏脈，二手相去尺二寸。

頂勁領起來

眼神看住右手，與之同行，不可旁視。

此勢以右手為住

先以右手領起，右足向右邊（即北方）繞一大圈，右足向右開步，不過尺四五寸。

胸間勁亦若隨住右手與左手，先從右向下而左、而上，至右繞一大圈。

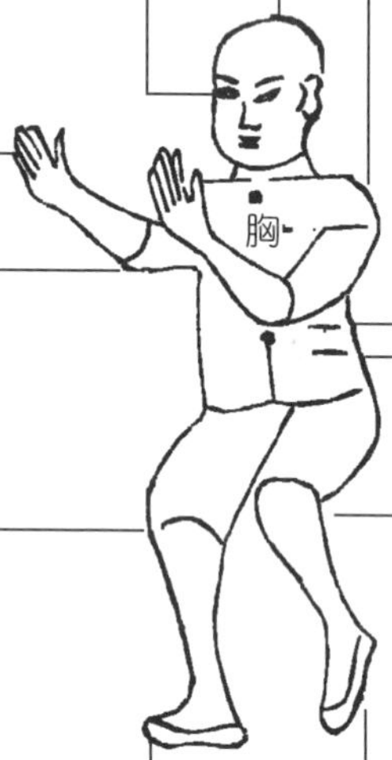

右肘沉下

左肘沉下，腰勁搔住。

右膝屈三四寸

左膝亦屈三四寸

左足此未成著時，中道方運行，形勢漸運漸行至右足邊，與右足相去或二三寸，或三四寸。右足五趾點住地，此成勢也。白鵝亮翅是摟膝上半勢，摟膝是下半勢，兩勢合之方成一勢。

右足至右邊踏住地，當足未著地時，足隨手繞一圈。

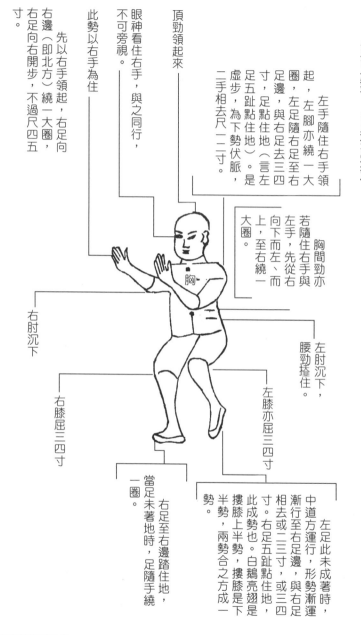

此引勁也。

　左手隨右手起止。右手起，左手亦起；右手繞圈，左手亦繞圈；右手停，左手亦停，如夫唱婦隨意。

　右手從右乳前，去乳七八寸遠，向下、向左上行，由左向右，視右足所開步之大小以為起止。上下一齊運行，故彼此相顧。

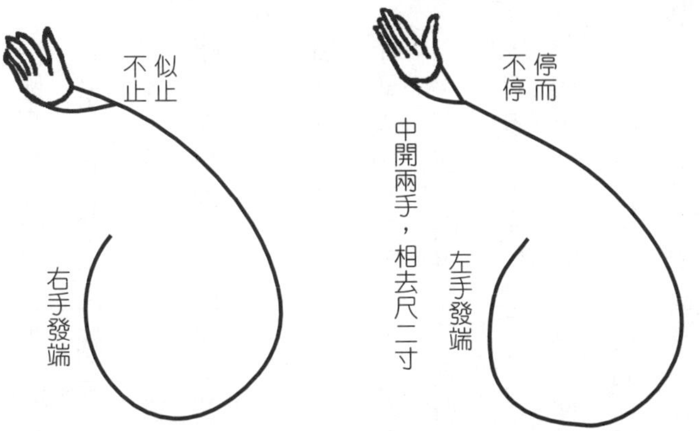

　中間一畫，陰陽二氣合一，即中氣也。亦是自右發端，向下而左、而上、而右，至右勁對頭方止。其勁視右手之起止以為起止，此即太和元氣周流無間。觀此圖，內勁運行自可默會其意。

足運行圖

白鵝亮翅以右手為主，左手為賓，足亦然。左足隨左手右運，右足向右立，定住腳步，然後左足繞向右。運行手能並運，足不能並行，並行則仆。足趾點地虛立。

開步向右去，隨住右手勁一齊向右運動，右足趾平踏向西北方止。

如以打人論

如敵人制我右肘，即以右肘向左引之，回而擊之；制我左手，左手在左，即以左手向右引而擊之；制我左右手，即以左右手向右引之此勢，但形引勁，未說到擊人處。

此與下一勢界限分處，此勢以引足為止。學者多性躁，未下工夫先好打人，不知侵到何處，即以何處引擊，不拘定格，聊舉一二以示之。不輕言，恐起學者躁心，不下工夫，故不輕言。前圖宜用意默會，切勿淡漠視之耳。

何謂白鵝亮翅？如白鵝之鳥舒展羽翼，象形也。以右手領住左手，先下降至左脇前，去脇七八寸許，先繞一圈畢，再以左手領住右手，斜勢由下逆行而上，向右邊去，只繞大半個圈，如鵝展翅之形，似停不停；右足向右行，亦繞大半個圈，開步約一尺有餘。右足趾向北，平實踏地；左足隨右足行到右足邊，腳趾點立於地，亦伏下勢開步之易。左足虛、右足實，中間胸向北西（解見前）。胸中內勁如太和元氣旋轉，先自右向下，向左逆行而上，從左而右轉夠一圈，與手足一齊停止。右手過首在右，距右耳尺許；左手隨右手運行至鼻前，左手斜朝上，去臉七八寸許。左手與右手相去一尺餘，眼看住兩中指，頂領項直，沉肘壓肩，胸含住，屈膝開襠，左足虛倒立，右足平踏地。此勢雖名為一勢，實半勢為其鈍，是引進落空（去聲）意，且儘是開意無合意，必與下勢合成一勢，大局方得停住。

取象

此勢有比之意。左手隨右手運行，胸亦隨右手轉圈，比之自內柔順中正。左足隨右足運行，合觀之，有外比之象，有顯比之吉。此勢以左隨右，上下皆然。但引而不擊，得下卦坤之柔、上卦坎之剛中意，故取諸比。上下相隨，剛來而下柔動，而說隨，故又取諸隨。君子以嚮晦入宴息，但引而不擊，可也。

七言俚語

其一

閑來無事看白鵝，右翅舒展又一波。兩手引來捼（挪）峰勢，奚殊秋水出太阿。

其二

元氣何從識太和，右輾（輾者，轉之半）兩手弄秋螺。北方引進神機足，亮翅由來有白鵝（人之涵養元氣，如鵝伏而不動，以養精神）。

前題五言絕，不是蛾眉月，摩來肖逼真（兩肘彎屈，胸如鞠躬），弓彎何不發，一發倍精神。

第六勢　摟膝拗步

此勢面向正西，有太和元氣氣象，又合伏羲八卦乾、坤、坎、離四方正位。左肘微扭作反背，後手束住腕向上，外方內圓，用纏絲勁，手落後脊骨上。

左肩沉下，勿上架

頂勁以中氣領起全身

眼看住右手中指

右肩沉下

右肘撐開，外方內圓，側樞住手，落在胸前。中指以鼻準為的，用纏絲勁自肩纏到手，中氣行到中指頭方為運足。右手去胸尺四五寸遠，柔住勁，不可稍留硬氣。

胸如鞠躬，向前微彎，四面包涵住。

腰勁塌下，尻骨微泛起，小腹自然合住勁。

左膝撐開，用纏絲勁自內踝往外裏纏，纏到大腿根，合住勁。

左足踏實。

尻骨環跳蹶起來，裏邊腿根撐開，襠自開，兩膝合住，襠自然圓。

右足踏實。

右膝外撐裏合，纏絲勁纏法與左腿同。

胸腹寬宏廣大，向前合住，中氣貫住，上下全神，實有睟面盎背氣象。久用，其功到是境地，自然知其神情。即至其境，亦但可以意會，不可以言傳也。

左手恐閱者不見沿路所運之形與所倒轉之圈，故亦圖在前令人見，其實左手在背後腰間，不可誤在前。

《靈樞・衛氣行篇》曰：「衛氣之行，一日一夜，五十周於身。晝日行於陽廿五周，夜行於陰廿五周。」平旦陰盡，陽氣出於目，目張則氣上行於頭（循精明），下足太陽膀胱經、手太陽小腸經、足少陽膽經、手少陽三焦經、足陽明胃經、手陽明大腸經，所謂一日而主外者如此。夜則行足少陰腎經、注於手少陰心經、

此手從上下來倒轉一圈落胸前

手太陰肺經、足厥陰肝經、足太陰脾經，亦如陽行之廿五度而復合於目。所平旦人氣生者，即上行於頭，復合於目者，是也。打拳每一勢，陽氣一動一周身，至於靜，一靜一周身。即心之一念動，陽氣即一周於身；一念靜，陰氣即周於一身，無間斷時。以全體論，背後為陽，胸前為陰；胳膊、手背為陽，手彎、肘彎為陰；面為陽，腦後為陰；上半體為陽，下半體為陰；膝為陽，腿肚為陰；左手、左足為陽，右手、右足為陰；足面為陽，足底為陰；氣為陽，血為陰；六腑為陽，五臟為陰。此官骸陰陽之辨。

以中氣之運於內者言之，引勁為陰，出勁為陽，屈為陰，伸為陽，開步為陽，收步為陰，足點趾為陰中之陽，足平踏為陽中之陰。又如胳膊背面本屬陽，攬擦衣之勁由右手指引而至肩，形陽者，勁反為陰；胳膊肚本屬陰，其用勁由心運到指頭，形陰者，勁反為陽，且一齊並運，此所謂陰中藏陽，陽中藏陰，一而二，二而一。即胳膊之引勁為陰，一轉即為陽勁，此所謂陽根於陰；胳膊肚向外運行之勁，忽然收縮，陰根於陽，陽藏陰中，陰藏陽中，此所謂互為其根。又半引半進、帶引帶進、即引即進、以引為進，陰陽一齊並用，此所謂道並行而不悖，非陰陽合德不能。心機一動手即到，快莫快於此。

至於中氣歸丹田之說，不必執泥，但使氣降於臍下小腹而已。若細研之，丹田非氣之源，何以獨言歸此？此不過略言大意而已。若究其源，周身元氣皆出腎，腎水足則氣自壯。養於胃，胃得其養則氣亦壯；藏於肝，肝氣一動，逆氣橫生，氣不得其平；涵泳於心，心無妄念則心平者氣自和肺，主聲，實鳴之以心，心機何往，不必聲，出諸口而心先喻也；壯於膽，膽則無前氣亦隨之運於脾，是經多氣少血，聞聲則動，動則運化不已，心一動脾即動矣。佐以大腸，大腸多氣少血，且為傳道之官；又輔以小腸，小腸在前臍上，後輔脊，滓穢不存，濁氣去而清氣來矣。以上經絡皆有益於拳，故及之。若專言腎，腎者，作強之官，技巧出焉。是經少血多氣，藏精於志，精神之舍，性命之根。腎有兩枚，枚各兩系，一系於心，一上通於腦，氣之所生，實始於此，歸宿必歸到此。至於命門，實兩腎之間氣所出入之門，故曰命門。拳之言腎，言其出入之原，故不必再說命門。

上勢白鵝亮翅，兩手舉而在上。待內勁行到十分充足，兩手即平分而下，右腳扭正向西，左足往左開一大步，二尺有餘，足趾亦向正西方踏實。當平分下降時，右手從右膝摟過去，由下向右上行，轉向左，轉一大圈落在胸前，手側橘住手腕朝左，手背向右，手指並住，斜而向上與鼻照，左手從左膝摟過去，往下由左上行，復轉下向後倒轉一圈，是反背勁，手落在後脊中，與腰平，停住；右手亦是倒轉一圈，右手與左手一齊運行，一齊停止。雖右手落在胸前，左手落在身後，中間腹背如隔一架山，而右手一呼，左手一應，前後神情自然貫合。右手在西，西坎之正位，人之血氣流行，如坎水周流無間；右手在前，顧住前面，上下人不敢侵犯；左手在東，顧住背後，人亦不敢從後突然侵犯。所以然者，東方屬離，離中虛。

打拳者，左手在後，極虛極靈，物有挨著即知，即能隨機應之。不惟手，即背面全身儘是虛靈，此左手在後非無著也。左手在後，束住指，恐人捋住指背節折之，故束以防患。左肘在南，南，乾之正位。乾，健也，如乾，剛中凜然，不敢冒犯。左肘居南，右手在北，北，坤之正位。坤，順也，順理順勢，以應萬物。《易》曰：「美在其中，而暢於四肢，發於事業，美之至也。」右肘深得其意矣。北方雖有勁敵，何懼之有？至於頭耳，能聽敵來之聲，眼能視敵發之色，頭能前後左右觸之，且左右手又能上行助之，此不愧乾為首、為圓之象。至於足，左來則左擺，右來則右擺，踢以御前，蹬以禦後。足屬震，震為雷，一舉足如疾雷不及掩耳。凡敵之侵我下體者，足之為功居多，足之為用大矣哉！諺所謂此勢六封四閉，誠然！

六封者，上下四旁皆封住，無門可入；四閉者，左右前後嚴以閉之，無縫能擊，任其虛來、實來、偏來（言敵以偏形進）、正來（言敵以正形進），皆無虞也。

上勢白鵝亮翅純是開勁，本勢摟膝拗步純是合勁。上勢即下勢之前半勢，下勢即上勢之後半勢，一開一合，自成一勢。

前之白鵝亮翅，動也，其停處，靜也，是動中之靜；後之摟膝拗步，動也，其停處，靜也，合觀皆是一動一靜。前之靜是前半勢之末，屬賓；後之靜是殿全勢之終，故為主。上著為下著蓄勢，純是開，故為賓；下著即接住上著，左右繞罷一圈，全體一齊合住，上著下著一氣承接，勿令神氣間斷。上著即開中動靜，暫為賓，氣尚在四肢；多待下勢合住，然後氣歸丹田。此所謂動則生陽，靜則生陰，一動一靜，互為其根。

本勢取乾、坤、坎、離四卦

方位上已言之，此勢得乾坤正氣以運周身，外柔而內剛，實與乾健坤順相合。心屬離，腎屬坎，心之虛明，如離之中虛，氣之充足，如坎之中滿，乾坤以中氣相交，一變而成坎離，心腎交其氣，不相害而相濟，蓋亦反其本矣（乾以中畫交坤，得坤之中畫成離。坤以中畫交乾，得乾之中畫成坎，反本仍歸乾坤，未交本象）。蓋自天一生水、地二生火，言之似乎先水後火，然志雖藏於腎而實發之於心，心機一動，是心中先有是意，而後志帥命門之真陽，真陰從之。是志者，心之所、之氣、之帥也。如此著，陽氣該發動，心意一發，志即帥命門之真陽，由腎過氣海至心，運於四肢。至於動極靜生時，心意一靜，志即帥命門之真陰，由腎歸氣海，是以其用者言之。故離先於坎，離為主，坎為用也。況乾坤未闢，陰陽又在一堆混著，體用皆具，其用宜動則動，宜靜則靜，不可執滯。此著合上著論，則為合，合則合其四肢之神，不但既成之形也。既成之形，右手在前，左手在後，左足與右足相去幾尺，似乎不專謂之合。然合者，其形與神；不合者，其四肢之位置。不如此，則下勢之收無來龍矣！且名之為收，不放則何以收？此謂合中有開，合為開中之合也，故下著承接勢得此著。若為下著設勢，而實非為下著預先設勢也。實自白鵝亮翅後，兩手平分，或宜前，或宜後，足之宜開則開，步之宜寬則寬。其變化形勢、手足位置若似應該如此，實天機自然之作用，非人力所能為，人特順其自然之機，致以行耳。至合之時，氣必歸於丹田，亦動極自然該靜。太極循環之理不能強為更變，如人到氣力用完，該歇則歇，勢之所至，不得不然。此所謂一開一合，莫非自然。以下形勢，莫非順其自然之機，一開一合，但開合之形勢各有不同耳。雖然打拳不可先考此勢如何打人，不知拳中每勢四面八方皆能打人，但未至其時不能耳。吾素所謂拳者，權也，所以權物而知其輕重也。至耍成時，吾之一身皆是拳。權其所來之輕重，酌量應之，不拘方面，不拘力之大小，人所來者沒有不是的，但問我之素具備與不備功夫，成與不成耳。打拳原是備身法，身法有正有斜，有直有曲，有順有逆，有偏前有偏後，有偏左有偏右，有偏上有偏下，有在地上坐，有在空中飛，有束住，有散開，種種身法不可枚舉。而要以中氣行之。雖極倒身法，極歪身法，皆有中氣以貫之。此臨時以意會之，自知摟膝拗步，正身法也。上一勢即偏右身法，但可即現在身法以求其理，則得矣。至於手足運動，不外一圈，絕無直來直去。圈有正有斜，有順有倒，種種轉法亦各不同，當因其勢之自然者轉之，如上勢白鵝亮翅是順轉，摟膝拗步是倒轉，舉一反三，以示津梁。

長短句俚語

拳勢本無方，不必大開大合，與下勢斜行拗步一樣樁。右手在西北，左手在東南，左足在西南，右足在東北，中間大開襠，肱伸展，拗一步方才停當。我也曾仔細折量，兩手平分齊摟膝，右手側檽落胸膛，左手背後藏，兩足整齊向西方，旗飄整整，陣列堂堂。即此勢亦見自他，有耀放祥光，何必泥古式遵今式才能稱強？曾聽說舞劍妙術數孫娘（謂公孫大娘），玄妙豈有常？惟善是從皆無妨。此所謂變化無方得中行，是為津梁。

又

出腎入腎是真訣，纏絲勁要得身樁放正，不可搖曳，足踏穩，襠開圓，硬氣柔下。一樣不缺，元氣不脫，若合符節。

七言俚語

其一

兩手平分兩足開，右前左後護胸懷。中間只要身法正，何怕周圍一齊摧！

平分者，兩手自人中平分而下，兩足開者，左足開步，右足踵一扭便正身法。正者，身樁端正，無所偏倚，虛靈內含，故不懼他人推倒。此言有備無患。

其二

太和元氣運周身，普護兩膝前後心，眼神看住中指甲，四面八方任人侵。

其三

自從白鵝展翅開，扣合周身護官骸。只有一點真命脈，無妨出入任君裁。

命脈者，腎也，中氣之所由來也。動則出，靜則入，有定而無定，言不時變易勢，故陰陽二氣變易亦無定。

其四

一氣旋轉自無停，乾坤正氣運鴻濛。學到有形歸無跡，方知玄妙在天工。

第七勢　初收

左肘沉下，左手捽起在左腮邊，左腋撐開，莫貼住左肋，手背向外，手腕向裏。

眼看住指肚

頂勁愈要提起，囚住身，務使全身精神收在一處，勿令少散，散則身法愈小，難以禦敵；聚則前後左右皆可防護，況名之為收，引人來進之勢。

右肘愈往下沉，愈不可夾住，右手落在右乳之中，去乳七八寸許，手背朝外，兩手相去尺許。

左膝屈住，撐開勁向裏合，不可使硬氣，亦不可太軟，折其中而已。

左足收在右足邊，兩足相去四五寸，足趾點住地，是虛腳，為下勢伏脈。

右膝屈住，足趾向西，襠愈要開圓，瓤住勁，小肚沉下，胸向前合，腰勁磁下不可軟。

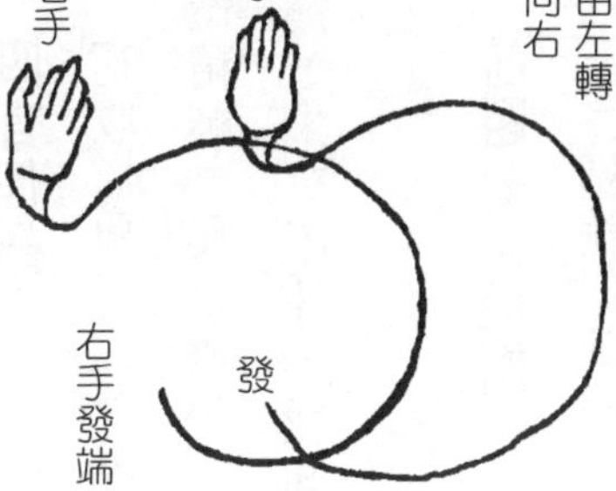

左手在背後，將所束之手展開，密住指，亦向左而前轉夠一圈，落在左乳前，手背朝外與右手似對面，但少分上下，左手高，右手低。

右手從胸前往上領，向左轉到右邊，肘下沉，手指在右耳邊，朝上捧起來，微斜向面，掌去口頰一尺。

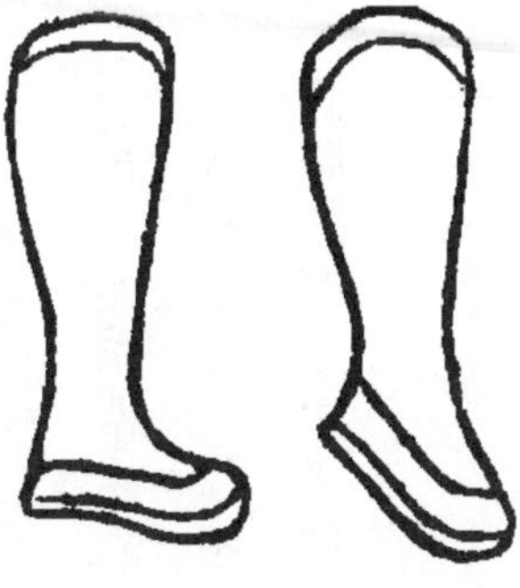

初收者，別乎第二收之名。上勢右手在前，左手在後，散而無紀。此則兩手收到胸前，取其形骸聚到一處，精神團聚不散，故名之曰收，亦承上啟下之過脈也。右手由下而左上行，由左而右轉一圈，落時手向裏斜而朝上。此人以肱來侵我，我即以右手迎之，及兩手兩肱相接，我以右手引人之右手，使之近我身。不如此，則人不前進，我不得擊之。右足抬起，往右轉一小圈，微向當中挪三四寸，平實踏地。右手初動，左手即隨住右手亦動，左手由後向左上行，由左而右轉一圈，落在胸前左乳外，去乳七八寸，去右手尺許停住。左手指斜朝右肩，手背亦向外，是以左手隨住右手也。是引人之右肱，令其前進來近我身擊我，彼視為得勢，方肯進步來擊。我以兩手引進，令其落空，是欲取先與之勝算也。至於左足，收在右邊，腳尖點住地，埋伏極好，不惟上踢能擊人，亦啟下勢之承接最為得勢。

初收形勢雖小而胸襟廣大，亦如天空地闊不可限量。而況頂勁上領，濁氣下降，中氣蓄住入於丹田，形雖小樣而氣宇宏暢，亦人所難測之勢。以現在言，是動中有靜；以將來言，亦靜中有動也，勿以形勢蝟縮而鄙之。

四言俚語

初收形象，大氣盤旋。如貓撲鼠，斂其毛羽；如虎咬人，先束其身；如獅搏象，全體精神。莫以形小，蝟縮如獼。一心靈妙，心手眼隨，說放就放，難當英銳。從來屈蠖，未有不伸，我知其意，難狀其神。待有妙手，曲繪其真，此圖死煞，不足傳人。

前題七言俚語

渾身蝟縮似純陰，陰中藏陽任人侵。徐徐引進人莫曉，漸漸停留意自深。右實左虛藏戛擊，上提下打寓縱擒。果能識得其中理，妙手空空冠當今。

五言俚語

文章貴蓄勢，打拳亦如是。竟欲後勝人，先由敗中致。

七言俚語

欲從開後（上勢是開）收（本勢是收）得好，惟有兩手圈轉小。一收即見精神聚，陡然一轉人不曉。不收不見放中巧，一收一放何夭矯。人說此勢猶嫌嫩，我謂斂形著最老。右掌向裏指朝天，左手亦收近乳邊。猛虎下山腹中枵，外若空虛智謀高。半虛半實誰能料？撲鼠君試看靈貓。靈描撲鼠先束身，一束即聚全精神。精神團聚周身健，旋乾轉坤手內存。穆穆皇皇學一個，大勇若怯機難尋。

取　象

兩手在上，如巽之二。陽在上，坤為腹三；陰在下，坤之象。坤下巽上，現卦也。觀有孚顒，若拳之中氣孚於中。《象》曰：「大觀在上，順而巽，中正以觀天下。」兩手收束以畜其勢，觀敵人如何來擊我，靜審機以應之。下卦坤，順也，順以從目之所向（巽為多白眼，善觀機勢）。巽借震，震為長子，長子帥師，心之剛性倡率四肢，二四合坤，亦以下體能順從上體，相機而動。坤作乾形，雖似弱而剛健實存於中，收束其身，法以畜勢，又有大畜之意。

蓋《易》理最活，取象亦最廣、最切。太極拳之取《易》或取卦名之義，或取彖辭，或取爻辭，或取大象，或取小象，或取卦中之一語，或取孔子之《繫辭說卦序》卦中之一句，或取剝、復、否、泰，陰、陽、消、長種種，取意不可枚舉，萬里畢具，萬象備呈，任吾所取，無不各如其意。此太極拳與易道相合，非穿鑿附會其說，實本太極發生也。觀其全體之一開一合，實陰陽自然之闔闢，不假強為有，莫知其所以然而然者，拳之為藝深矣哉！

七言俚語

手中日日畫太極，此道人人皆不識。陰陽消長自有真，全賴有心手內尋。所畫之圈有正斜，無非一圈一太極。奇正離合最有情，但看能明不能明。天機活動妙且深，樞紐輾轉在一心。果能識得拳中趣，三十六宮都是春。

第八勢　斜行拗步

右手在西北羲之艮方，文之乾方。

左手在東南羲之兌方，文之巽方。此勢取伏羲八卦艮兌震巽之方位，言必大扭身。上下手足不照方合拗步之說，方合羲之八卦四隅卦之方位，此是拳中又一樣身法，如《詩》之變風，非東向西向之常格。

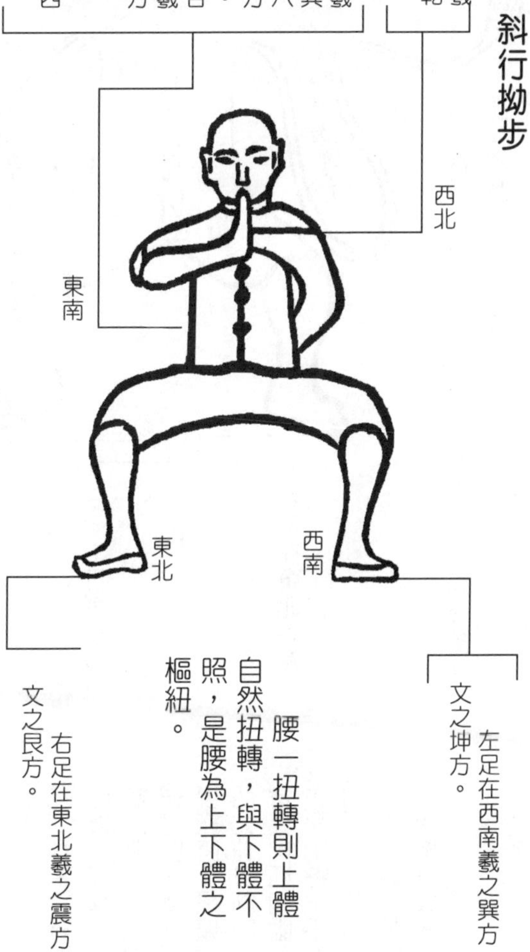

左足在西南羲之巽方，文之坤方。

腰一扭轉則上體自然扭轉，與下體不照，是腰為上下體之樞紐。

右足在東北羲之震方，文之艮方。

初上場面向正北，至第二金剛搗碓，面已轉向西方。及第一收，身已向西南。今之斜行拗步，胸向西南，眼看住西北之右手，此為扭一勢身法。

本勢身法雖變，而上下四旁骨節自相照應，與全體之開合，一以中氣貫之，自然全體上下一氣流通。形體雖變而義理不變，此所謂異而同也。

本勢身法最難畫圖以在紙上，圖畫未易繪其扭轉之形，而況形其內勁乎？內勁繞左手先倒轉肱，雖背勢勁亦自肘纏於指肚前合。

右手倒轉一圈向裏鈎時，內勁由裏外纏而至於指亦前合胸與前左右一齊合住。

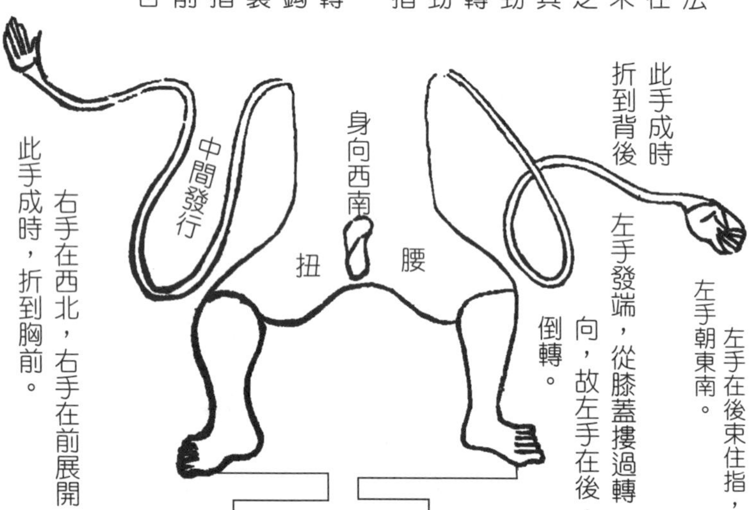
此手成時折到背後
左手在後東住指，左手朝東南。
左手發端，從膝蓋摟過轉一圈，隨勢向東南運，手背向西南，西南身之所向，故左手在後，手背亦向之。肱屈如初月形，微彎不直，圈是倒轉。
身向西南
中間發行
扭
腰
右手在西北，右手在前展開，指併住勿令散。
此手成時，折到胸前。
左足在西南者為前
右足在東北者為後

右手發端，亦從膝摟過亦轉一圈，隨勢向裏一鈎即向西北運行圈是倒轉至手往裏鈎時手是順住勁向西北運身向西南右手背亦向西南眼神注在右手中指左手先摟膝右手後摟膝右手在前左手在後發端時左先右後勢既成右前左後

斜行拗步

斜行者，東北向西南，左足先開一大步，右足跟一步，放在足前。未立定，左足再向西南再開一大步，約二尺餘，方才停住腳，不往前開步。左二步，右一步，連三步，斜而行也。拗步者，左足西南，右足東北，右手西北，左手東南，手與足扭一勢，左右手足不同方。當初收後，右手領住，左手與左腳微向後領一半寸，然後左手在上，左足在下，向西南方斜開一大步，約二尺許。左手向後倒轉，才轉少半圈，勢如房檐水往下流一般快。當左手倒轉摟膝向後時，右手即隨勢由上而下倒轉，並摟膝向後上行，而後、而前；當右手入後時，左手即已到前，右手轉夠一圈，用順勁由內向外纏肱而伸之於西北。右手背朝上，微向西南，前合左手。當轉夠一圈時，勁由腋發，上由外倒纏於內。手領胳膊，背折舒開，手往前合，束住指，指往下鉤一點，眼看住右手中指。右手伸開，四指相依，勿令散。

大指勢不能依住大指二節，亦與食指微依合，則上下一齊合住。蓋兩手各做各工，非左手運畢而後右手方起。左手到後，右手即從前起，左手轉前，右手亦從後轉到前，所到先後，甚無幾。至於伸肱之時，右手再順轉一圈，而後展開胳膊，左手向後展，亦沿路使手背胳膊背徐徐轉一小圈，背折舒開，頂勁襠勁足精，皆如前。內勁圖列於後。

右手左手皆轉兩圈，上圖未備，故再圖之，令人易曉。

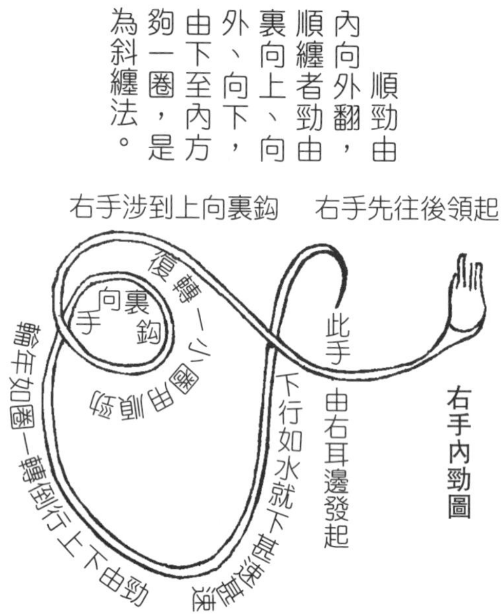

右手內勁圖

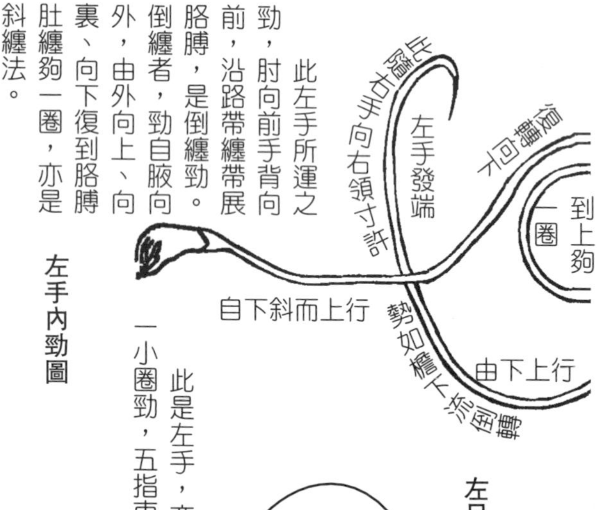
左手涉到上夠一圈
此是左手，亦倒轉一小圈勁，五指束住。

左手內勁圖

左足勁圖

斜行拗步，以艮、兌、震、巽取象

艮為手，右手在西北，文卦為乾。乾，健也；艮，止也。以手止物，使敵不能侵我，實以剛中之氣為之。左手在東南，兌為少女，為毀折。如少女性躁，能毀折物，敵人不敢干犯，懼傷也。

文王卦為巽，為風，手運如風之迅；為工，手妙於應敵，為多白眼，手在後而心則顧之。亦如手之能視物，來即知，不視猶視，非徒以白眼傲物，實應敵有餘也。為近利市三倍，人近我身多佔便宜，其究為躁。左手在後，動則不得不躁，此處一躁，則全身百骸皆來助之，況一手能以躁禦敵乎？左足在西南，巽為進退；左足在前，知進知退。

文卦為坤，為致役。左足能順上體為役使，多則力大。一足如眾力之大，以少勝多也。右足在東北，為震。震為雷，擊人如疾雷之不及掩耳；為龍，右足如龍之變化不測；為決躁，足不安於靜；為作足，言此足恒欲動作；為健，右足之力極健。

文卦為艮。艮為山，右足居東北，如山之穩；且為手，為指，能禁止勁敵後追；為黔喙，足之蹬人如鳥嘴啄物，以有骨力也。本勢手足位乎四隅，各據一角，吾心以中氣運於四肢，各得其宜。譬如用兵，主帥有謀有勇，三軍自能得勝。斜行拗步，奇兵也。奇而不離乎正，故能取勝。

七言俚語

斜腕吊踝真難看，此中自然有高見。妙手空空從何來，太極圖中貴善變。善變神機無滯形，功夫歸根在百煉。百煉真金金有光，金光閃閃如震電。此是功成最後境，當初誰是真先難。日日先難難無盡，難盡易來小神仙。

第九勢 再 收

左手手背朝上束住指，此為下勢伏脈，餘皆同。

右手手背朝外

左足趾點地是虛步，為下勢伏脈。

右足正腳平實踏地，是實腳，是主。

下腰勁尻微翻起，襠勁自然合住

內勁運行，欲其十分充足，未充足勁，猶運行一足，則下勢之機動矣。此陰極陽生自然之勢、自然之理。眼神看住右手，頂勁領胸要合，此是拳家要著，上下骨節各自相照。

上勢初收面向西南方，足亦向西南，左先右後，斜行三步，胸向西南停住此勢。自斜行拗步後再收，面向西北，神卻注於西方。拳打一條線，意欲將來下勢，必與前摟膝拗步地位相照，方為合法。右手順轉，左手一齊順轉一圈，右指展開並住，落右耳前，去身七八寸停住。左指束住落左膝上，去膝五六寸，去身七八寸，與右手一齊停，似停非實停住。

七言俚語

初收轉圈自然好，未若此圈十分巧（圈是周身轉，不但手足，而手足在外易見，故以手轉言之）。前所轉圈猶嫌大，此圈轉來愈覺小。越小小到沒圈時，方歸太極真神妙。人言此藝別有訣，往往不肯對人表。吾謂此藝甚無奇，自幼難以打到老。打到老年自然悟，豁然一貫神理妙。

回頭試想懶惰時，不是先知未說到。說到未入我心中，我心反覺多煩惱。天天說來天天忘，有心不用何時曉？有能一日用力尋，陰陽消長自有真。每日細玩太極圖，一開一合在吾身。循序漸進工夫長，日久自能聞真香。只要工久能無間，太極隨處見圓光。此是拳中真正訣，君試平心細思量。

詠再收承上啓下俚語

初收原接摟膝後，再收緊與斜行湊。一轉周身向前堂，遂搦捶頭演右手。

取象

此勢周身全屈，惟右手在上，指猶斜勢，肘亦屈，是以群陰害陽，僅存一息。眾小人害一君子，勢幾危殆，猶《易》之剝床。由足至腹，僅存碩果，生機未息，故取諸剝。剝卦中爻二四，為坤錯乾；三五，亦為坤錯乾，皆有剛中之德存於內。下體皆勁，何患危境？《象》曰：「山附於地，剝。上以厚下安宅。」言君子不剝其民，以自安其位。

第十勢　前堂拗步（前半勢）

前堂者，足向堂之前面去，上勢斜行，步位不正，茲則轉向正面也。

左足隨左手向裏、向外繞一圈，足往西北開一步，右手隨左手亦繞一圈，左足輕輕點住地，兩手如猛虎下山勢。

上勢取剝，此勢取復，陰極生陽。蓋碩果不存，則陽不生碩果；亡於上，則陽即生於下矣。況剝之中，爻皆坤，坤錯乾，陽未息也。故前勢手在上，如碩果，坤錯乾，如中氣

左手由裏而上、而外轉過來，五指向地，如水就下勢。

右手亦是由內向下、向外上行，由上向裏轉一圈，手往下刺，如瀑布泉下流勢猛不可當，銳不可禦。

腰貴大彎，隨左足開步，上隨左手運轉，側欞肩帶，上體往下刺，亦如瀑泉往下流，又如猛虎下山勢。

左足抬起順轉半圈，開步先使足趾點住地，待右足至而後平踏，如前有深淵，說回即收回，至虛至靈。

右足先是平實踏地，必待左足趾點住地，而後向前開第二步。

在中，左手與右手一翻轉，則陽生矣，即七日來復之象。此圖即陽之初動，有不遠復休復之象，第二步有頻復之象。

左足開步，左身隨左手大旋轉一圈，如車輪然，右手旋轉如左手。

此左手在前，順轉圈如瀑布水。左腳帶開步，手帶轉圈，即左腳亦隨左手轉圈，非直前開步。此右手與左手一齊運動，彼下此上，互相上下不停輟，更迭運行。左足開一步，左手摟膝，手轉圈；右足跟一步，右手摟膝，手順轉圈。

內勁圖

前堂拗步（後半勢）

第三步，由第二步右手摟膝才到下，左手即由後轉到前，用背折倒轉勁向後展開，倒轉一小圈，左足先左手偏西方開一大步，右手在後，搦住捶頭。

此著後手未抬起來，是畫前堂拗步界也。一抬起即入下勢，著裏氣勢到此，欲不抬而不能。

此是前堂拗步第二步，與下勢演手捶一氣運行，絕不停留，有中行獨復敦復象。

在拳純是浩氣，流轉於周身，勢不可遏。《象》曰：「雷在地中。」左手在前，或展開，或摳住指皆可。右手在後搦住捶，未演手先有欲演手擊人之勢，形如雷之伏於地中也。

歌曰

前堂須與金剛照，亦是拳中最緊要。纏法一切皆如前，觀圖自然會其妙。

其二

二次收來不須長，提回兩足在一方。上從下行開三步，下接演手在前堂。前堂拗步類斜行，轉向西北立中央。右下合上精神注，足平踏地似銅牆。

左手摟左膝，向後才順轉半圈，右手領住右足再跟一步，越過左前，右手乃是倒轉圈，右手摟右膝，此是第二步。

第二步左右摟膝圖

第十一勢　演手肱捶

前手是左手展開，即摳住亦可。
頂勁領住
背用中氣貫住勁，微扭一勢。
前胸合住
在後是右手，手背朝上合住勁，用纏絲法。
左膝屈住不可軟。
左足趾向西北，足後踵不掀起，要塌實踏地。
襠尤要虛，虛則回轉皆靈。
右膝微屈，愈不可發軟。
右足蹬住地，如用力蹬重物。
腰勁要下去，下去腰勁，兩膝撐開，襠合住要圓、要虛，自然下體又虛又靈又穩當，搖撼不動。

斜行拗步與前堂拗步步位之圖

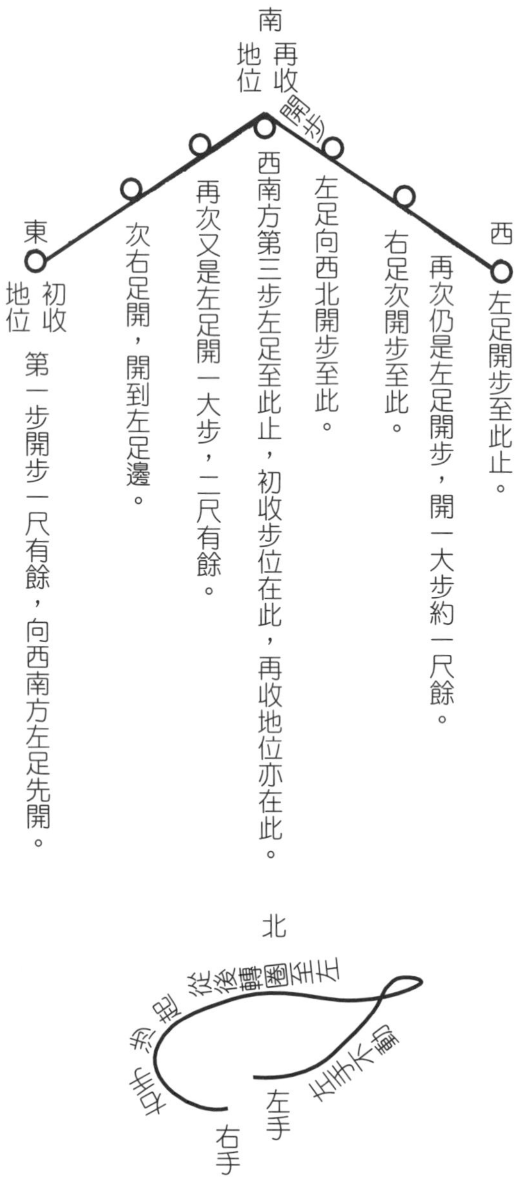

左手在前，微摳住手，手腕向西作右手應照勢。右手從下涉起，向上、向後、再向前，擊入左手腕中。右手背朝上，向下合住打，用力。然右手貪前擊打，不若兩手俱在左肋外，去肋七八寸遠，右手合住勁，用周身全力，用拿勁打，不露粗率方合法度。問此勁由何發起？曰：右足踏好，勁由腳後跟越腿肚，順脊上行，串至右肩臂轉過，由胳膊背面前運至手背，故合住勁打有力。然雖勁由腳跟起，其用本在心，心機一動，中氣即由丹田發出至手，周身全力皆聚於此。

至於擊人，則視人之遠近。遠則展開胳膊可以及人，近則胳膊不能展開，故用屈肘合捶打，極有含蓄，外面全不露形跡，被擊者即跌倒，此為上乘。蓋遠擊易，近擊難，故得多下工夫才能如是。

取象

上勢取復，陽之初生也。此勢取震，雷在地中者，終必發洩於外，震上震下，全身皆如雷不可近，而手其最著也。不擊則已，一擊則震驚百里。一右手進可擊，退可守，外可為一身之主勁。曰：震驚百里，驚遠而懼邇也。出可以守宗廟、社稷，以為祭主，其演手肱捶之象之謂乎？因是以取。

七言俚語

煉就金剛太極尊，渾身合下力千斤。勸君智勇休使盡，剩下餘力掃千軍。

第十二勢　金剛搗碓第三

右足先收回與左足並齊，面向西，再轉北，兩手循環輪如飛，左虛右實（言足也）。君須記之：金剛三搗方稱奇，頂起崑崙，襠開淵深，端莊隻身，臨神穆穆貌，皇皇氣象，渾淪虛靈具一心，萬象藏五蘊，寂然不動若愚人。誰知道陰陽結合在此身？任憑他四面八方人難近。縱有那勇猛過人突然來侵，傾者傾，跌者跌，莫測其神。且更有去難去，進難進，如站在圓石頭上立不穩，實在險峻。後悔難免隕，豈有別法門？只要功夫純，全憑著一開一合，一筆橫掃千人軍。

左手在胸前，由外往裏繞一圈，手微屈，腕朝上。

第十二勢金剛搗碓沿路左右手運行之路圖。

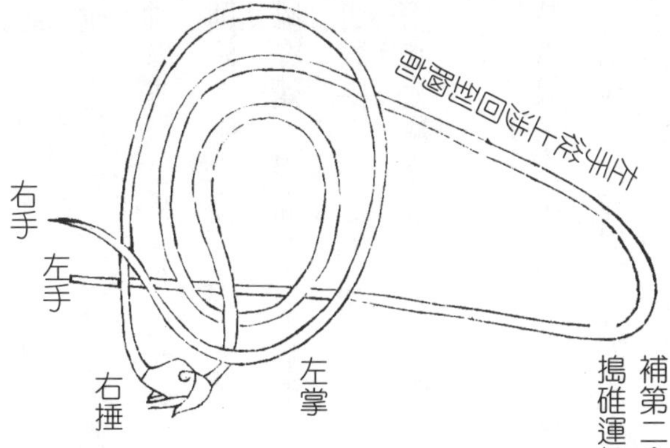
右捶亦從東方收回到胸，由左手外繞一大圈，右手捶落左手腕中。

補第二金剛搗碓運行圖

此第三個金剛搗碓右足運行圖。

左足趾向西北一扭轉，腳後跟足趾便回正。

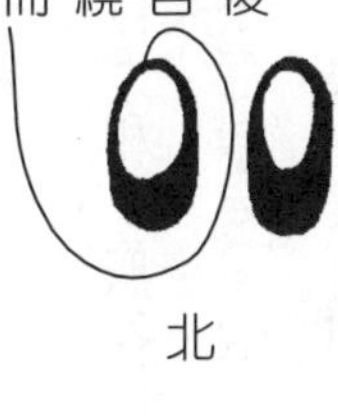
右足由後收回，自下而上繞一圈，而後落住，與左腳併齊。

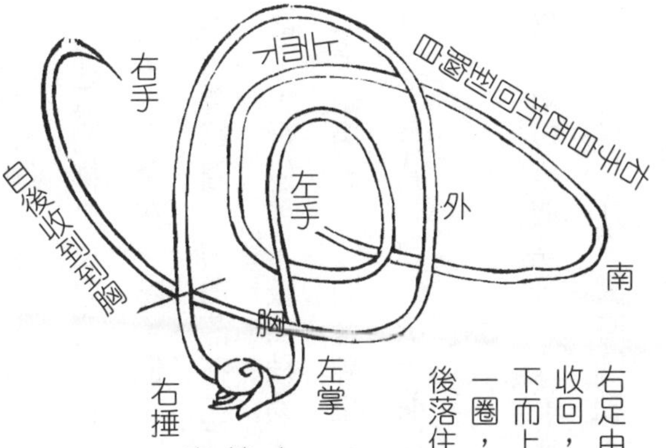
東
右手從左手外繞，與左手一齊繞圈。

金剛搗碓已有二，何又重之？蓋第二金剛上承單鞭，肱則大開，欲由開者合之，莫如金剛搗碓合之最易。故以金剛搗碓收合，亦取物極必反之意。此之金剛搗碓，上承演手捶，神氣盡散於外。然腳步雖大開，猶幸兩手聚在一處，但左腳後跟微一轉移向正北方，則兩手由上而下由裏而外復上行，一齊轉圈，右捶落在左手腕中，去身四五寸遠，右腳亦隨上邊而轉之。腳與手一齊落下，合住精，較前稍易，亦久散必聚，久開必合，實陰陽自然之闔闢也。故又繼之以金剛搗碓，一則全神集合，欲變勢自覺靈動；一則歸其太極原象，以見萬殊皆一本所發。至於內勁外法，前皆言之，不贅。

取象

上勢震驚百里，物莫能違，暢快極矣！故金剛搗碓取諸豫。人能保合太和，無往而不自得，此由豫之大有得也，而況有介於石不終日。凡事因時順動，不存躁妄，故能常處其樂。若未至其時，靜養天真，此拳之仍歸太極之原象也，渾渾穆穆，樂何如之？

第一金剛面向北，第二金剛轉向西，第三金剛仍向北，身法端凝莫側，收斂精神，別無他訣，心平氣和則得。

太極拳圖說　卷二

第十三勢　庇身捶前半勢圖

此圖是由金剛搗碓精行，即足後先將右足開一大步，約尺四五寸，然後將右肩狠往下下，右肩從右膝蓋下過去，方為合式。此所謂七寸靠，甚難甚難。今則未有能者，即此圖亦是。右肩已從膝下過去，泛起來勢，非肩正過膝時勢。至於手，或有先以右手摟膝，從東面轉一大圈，搦捶落在額旁，再以左手摟左膝倒轉一大圈，手落在腰，又住腰，此是一格。又有右手、左手一齊分下，右手向前，左手向後，兩手之落與上所言同。此又是一格，此圖從後格。

此圖是庇身捶前半勢運行身法，勢不可停留氣機，因有七寸靠打法，故圖以示人。

上半身在下，頂精中氣愈不可失，襠與腰下去，腳要用力踏地，固其根基。身法越近下越好，右肩幾欲依著地面，只有七寸高。如敵人在前面捺住吾頭，將右足入在敵人襠裏面，右肩依著敵人小腹，用肩力往上一挑（去聲），敵即飛起跌下。

左肘與右肘合住精，肘尖更得狠向前。
眼神看住左足趾
胸前為北身後為南
頂精領好，必以中氣下貫至尻骨。
左手與右手皆神若對臉，合住精，腰精下好微往西拆
胸要含蓄，用合精合住右肘與左肘合住精。
右手捶與左腰間左手合住精
東

節解

庇身捶乃回顧之法，身在西，眼在東，頭在上，眼在下。引蒙前半勢已言之矣，不必再贅。此是身法，身往東斜，腰向西折，前面易照顧，肩臂亦不必說。肩臂以下全憑心之靈明顧之。左足與右足合住趾，亦向東北蹬緊。襠愈要圓而虛靈，以備轉關敏捷。膝以下皆死煞，故全憑腰與襠轉動。右足與左足合住，趾向東北平實踏好。右膝與左膝合住撐好。打拳以北為上，故始終以北為主，此圖面向北。

庇身捶內精圖

此是正庇身捶成式圖。

右肘彎向前，與左肘尖向前者一齊合住精，中氣由後頂貫到脊骨二十一。

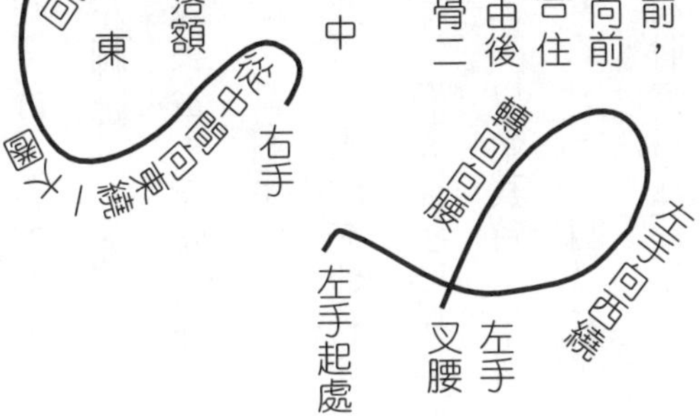

此圖名為背折靠，庇身捶後勢以足庇身捶餘意，非另外一勢也。

須用周身力反折，用肩打，非第肩力，而肩其聚精地也。用法：如敵人以兩手摟吾胳膊，引近彼身，勢幾前傾，吾肩膊正近敵胸，吾肩向外反折，回擊之。有此一法，故不憚。再以圖以發其蘊。

十三勢　庇身捶（一名披身捶）

何謂庇身捶？以捶護其身。何謂披身捶？以兩手從中間平分披下，又名撇身錘（撇，上聲，折也）。何言乎爾？以回折其身名之。此勢上承金剛搗碓，以右手領右腳，手向下行，右腳向東開一大步，身即隨步涉下泛起來，身撇住（即折腰之謂），頭回視左腳趾、右乳，向前向後各一半。身微彎，身雖斜而中氣要直。右腳尖向東北，右膝裏合，左腳鉤住趾，向東北，眼注於此。

身法：當右足開步，右肩向下，腰得彎且彎，能彎儘管彎。肩縱不能至膝下，即與膝平亦可，不能去地七寸，不必拘滯。

手法：右腳開步時，右手即由上而下轉向東，微向後二三分，倒轉繞到前頭，捋捶落額上，以衛其首。手背朝上，左手亦自上而下，向後倒轉一大圈，向前叉住腰無脇肢處，二、三、四、五四指叉腰前，大指在腰後依住腰，以助腰力。屈住肘，肘尖向前與右肘彎合住精，右手與左手合，右肘與左肘合，項往後扭，頭往上提，胸含住，腿根不可挾，襠要開圓。膝與膝合，足與足合，周身一齊合到一塊兒，神氣不散，方能一氣流通，衛護周身。

庇身捶是敵在身後制我，我以肩臂胳膊背敵，依我何處，即以何處反折擊之。又有人從東方來，將近吾身，身即住後稍退少許，右肩轉過精來，右胳膊屈住，右手捋捶向敵人小腹上猛伸胳膊，以捶擊之。此庇身捶，以捶衛身，以捶擊人，又一格也。

庇身捶後演手捶七言俚語

右肩往後退幾分，轉過精來又一捶。此捶專向小腹打，一擊中的便傷人。

庇身捶七言俚語歌

庇身捶勢最難傳，兩足舒開三尺寬，兩手分開皆倒轉，兩腿合精盡斜纏。右拳落在神庭上（上星穴下，在顖門下），左拳叉（去聲）住左腰間。身似側臥微嫌扭，眼神戲定左足尖。頂精領起斜寓正，襠間撐（膝撐開）合（精合住）半月圓（似月半彎之勢），右肩下打（下，往下下）七寸靠，背折一靠更無偏。右手撤回又一捶，此為太極變中拳。

身背面為陽，胸腹為陰，左右手用倒轉精，是由陽而合於陰也。至於用臂折精擊人，是右轉精，由陰轉陽而以陽精擊人。庇身捶勢既成，合住精，靜也；用臂反折回，動也，是由靜而之動。總之，由肩而下，右手倒轉圈，身亦隨之倒轉，背折靠；右手順轉圈，身亦隨之順轉，是為上下一氣。背折靠，右手是順轉圈，左手是由後自下而上至前，是倒轉精，不如此，不能與右手一順運行。此必然之勢，亦理之自然該如此，不然，則兩手反背不能相助，氣亦不順故也。至於肩臂後縮，以捶擊人，以手背捋捶腕，往下合打人，由陽而合於陰陽精也。未縮肩之前，靜也；至捶往東面向下擊小腹，動也。是亦由靜而之動，既動之後，靜復生也，動靜循環，豈有間哉！吾所謂一動一靜，一開一合，足盡拳中之妙，非心有權度，未易立於不敗之地，因敵所來而應，皆取勝。

取象

此勢右手在上，左手在腰，右肘尖向東，左肘尖向北，右足在東，左足在西，氣海向北，華蓋扭向西北，眼在上，視卻在下，天庭向西，足趾皆向東北，上下皆有相離之勢，故取諸離卦。體外強，中虛有，手足皆勁，而心體虛明，能照全體之象。九二：黃離，元吉。《象》曰：「黃離元吉，得中道也。」拳能明乎中正之理，奚往不宜？上九：王用出征，折首，獲匪其丑，無咎（背折靠，即出征之象也）。

第十四勢　披身捶末尾向下打指襠捶圖

講義上已詳明，但未繪其形象，故繪圖，令人一閱便明。

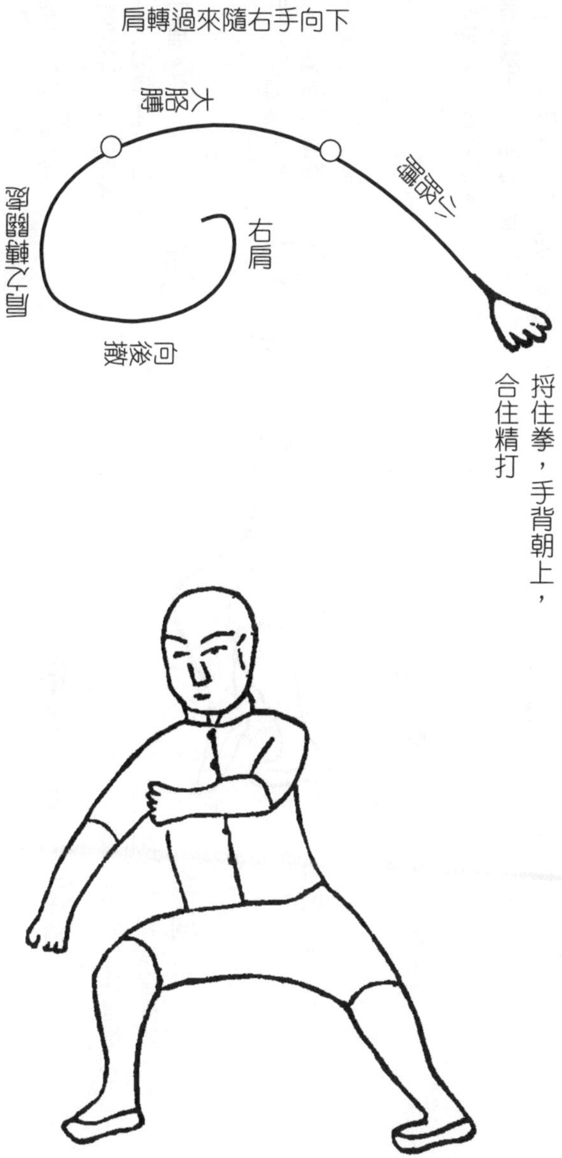

第十五勢　肘底看拳

胸要含住精，又要虛

右肘屈住，五指伸開相依，眼看住左肘下右手捶。

提肛全在頂精，故頂精一領而周身精神皆振。

敵人之來，必先有風。急者其風大；緩者，其風微，即無風亦必有先兆。敵人在前，眼能視之，其或在右、在左、在身後是即先兆。試思彼不在前面而在左右與後，心存叵測，惟憑耳聽心防。

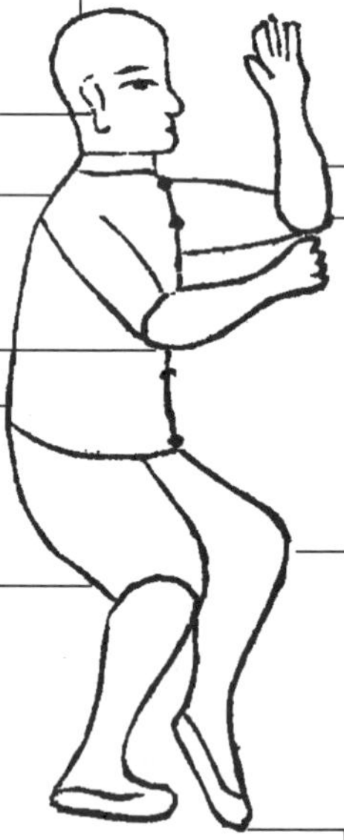

左膝屈住、撐開，合住精。

足趾點住地是虛腳，為下勢伏來脈，襠開圓。

右足平實踏地

右膝屈住、撐開，與左膝合。

腰精下去

肘撐開，外方內圓。

右肩塌，下手捋捶。

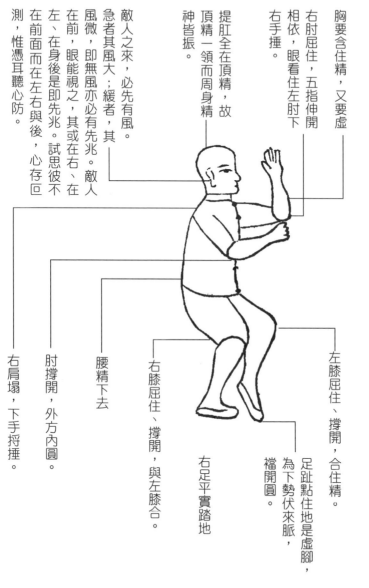

肘底看拳老式

此是手從東方收回，沿路所走之形。

右手
此是胳膊已成之勢
右手拳在肘下
左手叉腰處

先大人傳與吾者，必令左右一齊並起、一齊並運，右順左逆一齊轉圈、一齊合住，並停住手捧起領住。

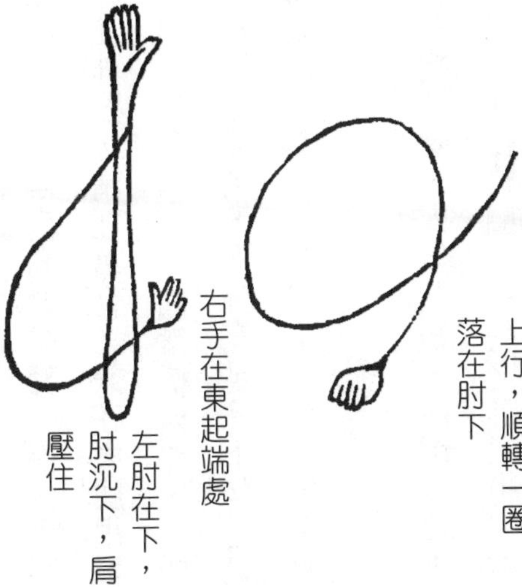
右手在東
右手由東向下再上行，順轉一圈落在肘下
此右手倒轉一圈手涉到上

新式內精圖

何謂肘底看拳？以右手捋拳落於左肘之下，故名。先以右足趾向東北者，用腳後跟，不離地，一擰轉，使足趾向西，微偏北一二分，平實踏地。左手自上斜下，先自北向南，再自南轉回北，倒轉一圈。胳膊屈住，手展開指，相依朝上，肘在下。左足從西收回，收到右足邊，去右足五六寸，左膝屈住，膝蓋與肘尖上下相照，膝向外開，精往裏合，腳趾點住地，先為下倒捲肱伏其來脈。右手自南向北順轉一圈，仍歸至南。捋住拳落左肘下，眼看住拳，右膝屈住，膝往外開，精往裏合，訣在大腿根撐圓，大腿內股上邊往裏合。如此不惟合住精，襠亦圓，頂精領住，腦微偏西北，顖門微向下一二分，胸合住，跡似停氣卻不停，必待內精徐徐運到，十分充足。下勢之機躍躍欲動，方能上勢與下勢打通，中無隔閡，一氣流行。不但一勢如是，拳自始至終每勢之末皆如是。

肘底看拳，左手為陽，右手為陰，手背為陽，右腕為陰，人人共知，何用多贅！但左手自下而上倒轉，由向外而內繞，是由動之靜也，非徒繞圈，由動之靜已也。右手由東收在上，順轉一圈涉下去，拳落在肘之下，亦是由動之靜，亦非空繞一圈，由動之靜已也。蓋左手倒轉，其精由指肚發起，向下而外斜纏、轉回，不論圈數。斜纏到腕，即由腕外往裏斜纏，亦不論圈數，纏到左指肚止，如此方能與右手合精。右手順轉，其精由指甲向下至裏，由裏向外斜纏至右腋，即由腋轉回，由內而上、而外至下，斜纏至指甲止，與左手合住精。欲合住精，須用纏法，不用纏法外形似合住，其實內精未曾合住。故吾謂不徒手轉圈，實心氣之在左右手中運動纏繞，無一間停止。至所謂靜者，在拳中不過較於動氣息稍靜耳，非停止之謂，天地陰陽豈有停止時哉？如夏至，一陰生陰，靜也。至陰生之後，何嘗有一時不長哉！又如人之坐臥寢寐，身之靜時也，而一呼一吸何嘗或間？功至此，規矩粗有可觀，特未活耳。再能進進不已，以至活動，則更進一層。室中奧妙，詎難窺哉！孟子曰：「大匠誨人，必以規矩」，規矩者，方圓之至也。以之誨人，是則大匠所能也。至於巧，大匠不能使，惟在學者。苟至於巧，則是遵規矩而不泥規矩，脫規矩而自中規矩，而要志不可滿，滿招損。諺有曰：「天外還有天，一滿即招損。」能遵規矩，不失其正，雖成敗利害有所不計。

取象

此勢形骸似不聯屬，手則有展開，有捋拳；足則相去雖數寸遠，而有平踏，有顛立。且五官百骸皆有踻束之形，實具習坎、入坎之象，故取諸坎。然曰：「剛柔相濟終有謀，出險之時坎中滿」，人之心理畢具，中氣歸於丹田，有上坎下坎之象。《經》文：「習坎，有孚，維心亨，行有尚。」《象》曰：「習坎，重險也。」如吾身入重險之中，水流而不盈（如吾之謙能受益），行險而不失其信，維心亨乃以剛中也（言吾心中有實理，而又以中氣存於丹田，亦以剛中），行有尚往有功也（言吾有此浩然剛中之氣存於中，何往不宜），天險不可升也（言天降之災拳莫能禦），地險山川丘陵也（言人之所侮，任憑何地皆能禦之），王公設險以守其國（言拳之有備無患，何有於險），險之時用大矣哉（言拳之時措咸宜，無可無不可）！中爻震言陽氣伏於下，震為龍手之變化，猶龍震錯巽。巽，順也。素患難行乎患難，順時而行二變，為坤錯乾。外柔而內剛，拳之形雖若跼蹐，而乾坤正氣常自舒暢，何懼坎之不能出？耍拳耍到窄路，能自固守不失；遇寬路，遊行自若無滯礙矣。本卦上坎下坎，言中氣實而又實也；錯離，言心之明而又明也。

肘底看拳四言俚語

左肘在上，右拳在下，胸有含蓄，側首俯察。左足點地，右足平踏，兩膝屈住，襠中闊大。神完氣足，有真無假，承上啟下，形象古雅。

前題五言俚語

也肖獮猴象，仙桃肘下懸（桃喻拳）。敢看不敢食（言拳之不可摸，恐被擊也。），靜養性中天（屈身自處，以待來者）。

第十六勢　倒捲紅

此老式也。胸去地二尺，今人皆不能，故稍變其勢，避難就易。然其活動處較勝老式，故特圖之，以示老式之原樣，恐失傳也。

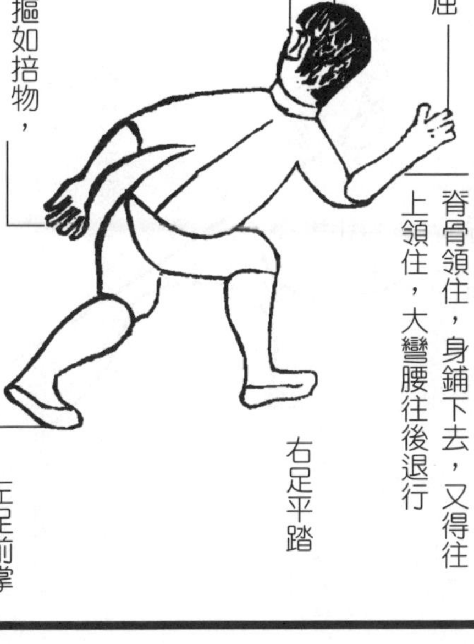
右手涉到上面，肘微彎，指微屈
此大鋪身法，頂精愈得領好眼神看住左足，不然恐履非所履，以致立不穩當，故眼神住此。
左手在後，胳膊微屈一二分，指微摳如掊物，退行法腳往後倒退行開大步。
脊骨領住，身鋪下去，又得往上領住，大彎腰往後退行
左足前掌著地用力

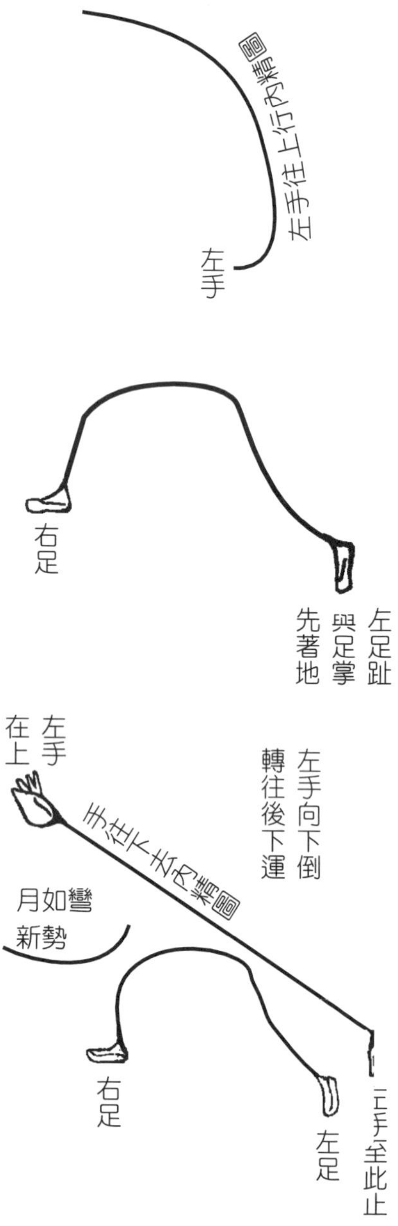

倒捲紅從肘底看拳地位退行，自前向後至白鵝亮翅止，必待左腳在後方止。此是倒捲與下勢分界處。

此倒捲紅左半身倒轉圈內精所運圖式，右半身手往後倒轉圈，內精與左手同。左手從左面繞一大圈涉上，至頭前上邊。

倒捲紅

何謂倒捲紅？足退行，手從上往下倒轉，往後倒而捲之。紅者，不留情面盡力擊之，故名倒捲紅。指肚精由內至下，由下至外，再由外上纏，復至內，是倒纏精，是斜纏法。自腋斜纏至手，復由手纏到肩裏邊，復由肩裏邊由內而下、而外、而上至內，斜纏至指肚，此是半圈身法。

足法皆是隨手法倒纏，退行之形。左手在後，由後到前，則右手到後；右手由後倒轉到前（前即面前，其位在上），則左手即倒轉到後（後謂身後，其位在下）。左手到上，右手到下，右手轉回到上，左手即轉到下。手以足之退行為的，左足退行一步，約有三尺許，左手亦倒轉一圈，左足在後，左手亦在後，迨至右足退行在後，左手與左足皆在前矣。右足退行到後，右手也是隨住右足倒轉一圈到後。右足右手在後，則左手左足到前；左手左足到前，則右手右足到後。左右手一替一回，互為前後，更迭運行，圈圓如車輪運轉，但車輪一齊向前運，此則兩手更迭往後行。

取象

此勢退行，胸腹在前，坤為腹卦，取諸坤。坤言「先迷」，足向後退行，不知著於何地，是先迷也。曰「後得主」，言足向後退行，足得住地，是足有主也。《經》曰「利象」，曰「後順得常」，是足已得地，手亦隨之，有常度也。《初爻》「履霜，堅冰至」，言退行，如履霜堅冰至，當預防後患。《二》曰「直方大」，言倒捲退行，心中之氣，直以方也。「不習無不利，地道光也」，言雖退行無妨也。《三爻》「含章可貞」，言胸有成竹，正而固。曰「或從王事」，言不得已而軍退自守，是無成有終也。《五爻》「黃裳，元吉」，《象》曰「文在中也」，言腹中條理分晰，美在其中也。雖退行倒捲，無所傷害。《上六》「龍戰於野」，言退行，而以手倒捲，戰也。曰「其血玄黃」，如勁敵在前加以兵刃，而後退行倒捲而戰，能保必無傷害乎！六象曰：以大終也。陽大陰小，坤錯乾，以剛中之道，終其事故。曰「利永貞」，蓋坤至柔而動也，剛至靜而德方，故退行無虞。《六五》「君子黃中通理，正位居體，美在其中，而暢於四肢，發於事業，美之至也」，倒捲退行，美亦如是。左手隨左足，右手隨右足，上下相隨，有是隨卦意。彖辭動而說隨，故再取之。

詠倒捲紅長短句俚語

簾看珍珠倒捲，正氣貫住中間。陰陽來回更換，隨機左顧右盼。退行有正無偏，一氣相貫，似兩個車輪旋轉。莫仰首遙瞻，莫顛腿高懸，仔細看看兩面左右手，真信得太和元氣倒轉，十分圓。

五言俚語

舉足皆前進，此勢獨退行。兩手如日月，更迭轉無聲。

第十七勢　第二個白鵝亮翅

又展白鵝右翅開，虛擎兩手護懷來，沉肘壓肩蛾眉肖，一點靈機在心裁（左右手往北上，不可直率，其意如蛾眉之彎，又如初三初四之月。右足繞半圈向右開步，左足隨之應敵。能預定其理，不能預定其勢，故在臨時隨機應變，宜引在，引在自己斟酌）。

五言俚語

上承倒捲紅，下接摟膝勢，靈機只一轉，右引自不滯。

上下纏絲精與一切法律，皆與前白鵝亮翅同。
左足去右足三五寸遠，足趾倒點於地，是虛步，為下摟膝拗步設勢。
右足向右開步，指向西北，平實踏住。

左足到後，右足在左足邊，足趾點地，即以右足向外繞半圈，開一步，左足隨右足到右面，與右足相去數寸，足趾點住地，伏下勢脈。上勢左足在東不動，右足點於其側，故此勢即以右足向右開步甚易。此右足虛立，即此勢之來脈。此勢左足在左[1]，足趾點地，為下勢向左開步之易也。勢勢承上啟下，皆如此，餘見第一白鵝亮翅。

取象

本勢左手從右手運，左肘從右肘，左足從右足，猶《兌卦》之二比三、三比四、四比五意，故取諸兌。心與腎在內，猶二與五之剛中也。手與足在外，猶兌之三與上，柔外也。以心之誠接物以柔外，雖柔，說中實剛介，是謂說以利貞。《彖》曰：「順乎天而應乎人。」以心運手，順勢轉圈，有天道焉，上兌也；腎藏志，以足從志，亦順勢轉半圈，有人道焉，下兌也。初爻和兌，二爻孚兌，四爻商兌，上六引兌，內以誠心商榷，外以柔順之氣引人之進，是以剛氣伏於柔中也。是勢純是引進之精，故取說諸兌，而又專取引兌之象為主。又人以心為主，四體從之，猶比卦之九五

①原版本為「此勢左足在右」，依據拳勢、拳理將「右」字更正為「左」字。

居尊，有剛德而眾爻之比輔相從也。《彖》曰：「比，輔也，下順從也。原筮原永貞，無咎，以剛中也。不甯方來，上下應也。」此勢四體從心而運官骸，皆悅以順從，故又取諸比，而要皆以乾坤正氣行之也。

第十八勢　摟膝拗步

摟膝拗步，右手繞到前，虛虛籠住，左手繞到後束住手，亦虛虛籠住，右手去胸尺餘。左手去背六七寸，中間腰微彎，合住胸，有包羅萬象，有得乾坤正氣象。心平氣和，凝眸靜視右手中指，襠精撐圓，亦要虛。兩膝合精，兩足大趾向裏裹，腳底前後皆要用力，平實踏住地，其餘一切法律皆如第一摟膝拗步。

左足手精皆倒轉，外往裏纏

取象

上之摟膝拗步，取乾、坤、坎、離方位，然猶未盡其意。拳當功力，既熟，端正恭肅，敬其所事，不敢自滿，有謙謙之意，故又取諸謙。謙者，有而不居之義。山至高，乃屈而居地之下，謙之象也。止於其內，收斂不伐；順乎其外，而卑以下人謙之義也。《象》曰：「天道下濟而光明，地道卑而上行。天道虧盈而益謙，地道變盈而流謙，鬼神害害盈而福謙，人道惡盈而好謙。」謙受益，人能卑以自牧，自有休休有容氣象，形呈於外，合二爻鳴謙貞吉。右手在前，左手在後，左足微前，右足微後，二足相去二尺有餘。而其心一以恭敬運行，雖其身有分裂之形，而心卻有主，又合三爻勞謙、四爻撝（偽，萊註，裂也）謙之意，不矜不張，局度雍容，雖曰習武，文在其中矣。五爻利用侵伐，上六鳴謙，利用行師，自是拳中內含之意。果能謙，以居心何處不宜，豈但摟膝拗步哉！而摟膝拗步愈不可放，故又取諸謙。

第二摟膝拗步六言俚語

前有摟膝拗步，今又摟膝拗步。非是好為多事，除此不能開步。白鵝手皆在右，此則右前左後。橫開襠有一尺，任人四面來侮。此身全仗虛靈，官骸無所不顧。況兼謙謙不已，君子何憂何懼？任爾奸巧叢生，自是剛柔素具。謙卦，艮下坤上。艮為手，能以手止物。艮綜震陽，在兩足。坤，順也；錯乾，健也，故言剛柔悉具。震為足，故言足。

第十九勢　閃通背前半勢

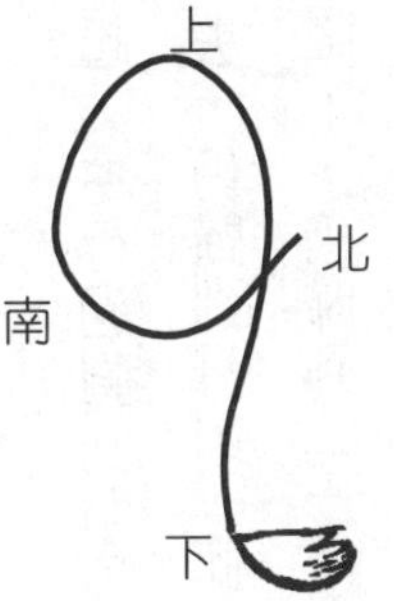

右手運行圖

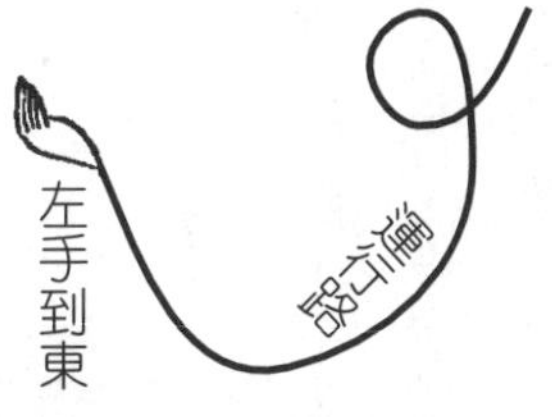
初起
西

左手運行圖

右足方向西開步，右手即向南而北轉一圈側欞住手向襠中涉下去，頂精領好中氣通脊骨下二十一節。

左手隨右手亦繞一圈，左足退行開步到後（東方），左手從上涉下復自下涉上到背後，此是半勢圖非停留勢。

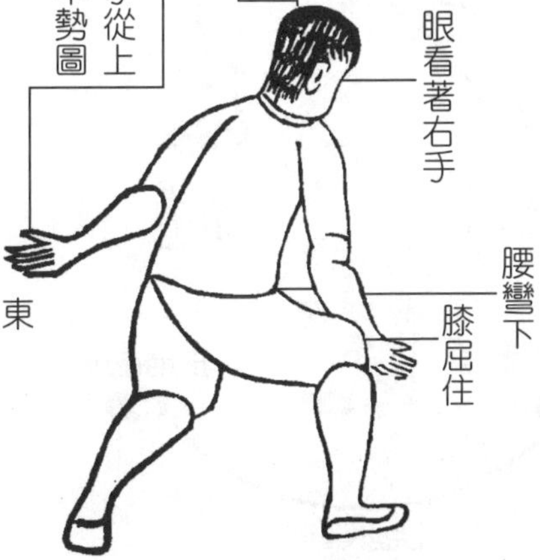

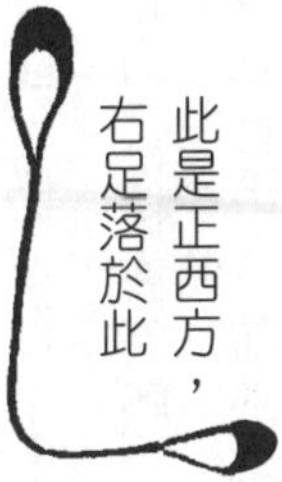
此白鵝亮翅足指向西北襠下即裏面

右足先往裏收不落地，向正西開六七寸足方踏住地。

左足向東方開二尺許平踏住地

右足收到西方，視前圖如何收法。

左足由西到東

左足落東地位

閃通背中截圖

前右腳在西，此則左腳從右腳前倒轉步，過右腳二尺餘，落在西方亦不停留。一勢未成，如何能暫停？閱者莫誤內精。前勢腰彎下時，中氣從背下二十一節起逆行而上，過頭頂前涉下至丹田，此執中氣由丹田發起，逆行過胸到頭頂，越腦降下，復至下，二十一節接住，仍逆行，上過頭頂降下去，仍歸到丹田。此督脈逆行接住任脈，下去轉回；任脈逆行接住督脈，逆行到頭頂降下，仍歸到二十一節，復自下逆行，上過頭頂降下，歸到丹田。前勢督脈逆行，任脈順行，只轉一圈；此勢任脈逆行，接督脈過頂，順下至二十一節即轉回。督脈復逆行，上過頂涉下，接住任脈，順降下歸丹田，是任先督後，轉一圈，復督先任後，又

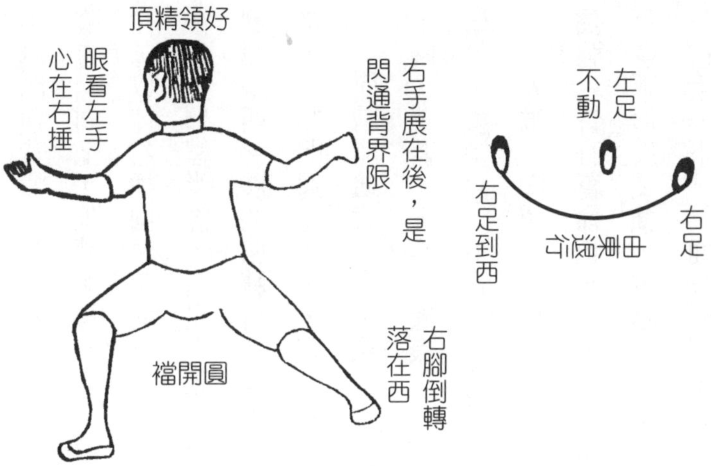

轉一圈，是中截一勢，而脈督來回轉兩圈也。

閃通背末節圖，其界限只到此，以下是演手捶。內精任脈從前襠下過後，督脈接住，與中氣逆行，徐徐上去，越腦至頂百會穴，內精逆行，界限只到此止。此圖合前二圖，共三圖，為一勢。

左手有欲應後之右手，將前進步打捶之勢，胸要合住，此亦未停之勢，必待演手捶畢，而後稍一停留，即打下勢。左腳不動，但後跟一擰轉，足趾向西者轉向東，此左足在東方之故，因右足涉在左足之後也。此圖是後手，已為下演手捶設勢，故捋住捶已入演甲裏。

閃通背是倒轉圈，左足只起，初向西開一步，在西不動，但管擰轉腳後跟，右腳從西倒轉到東，再從東倒轉到西，看倒轉一圈，右手隨住右足運行，獨起。初右手涉下，是順轉精至手涉起，往後皆是隨右足倒轉，用倒轉精。左右手於閃通背彎腰時，左手在後（東方），內精由手倒纏到腋，及左足到西，左手精由腋自內向上，外轉順纏到手，及左足倒轉到東，左手亦在東，猶是順纏到手，虛虛領住，以待右捶向東擊而應之。起初閃通背右足在西，右手亦在西，右手由上涉下，身涉起，倒轉半圈，右足在東，右手用倒纏精，亦在東。及右足倒轉至西，右手亦隨身倒轉至西。展開胳膊捋住捶，捶與腰平，左手在前與肩平，是為閃通背。左右手之正格，是為閃通背兩手一定不易之界限。

何謂閃通背？以中氣由心下降過臍到丹田，復由丹田與任脈逆行而上，越臍、越上腕、華蓋、天突、廉泉至承漿（下嘴唇），督脈接住，逆行水溝、人中、素髎（鼻準），越神庭、上星、顖會、前頂以至百會，下降越後頂、強門、腦戶、風府、啞門、大椎、陶道、身柱、神道、靈台至陽筋、緒脊、中懸樞、命門、陽關、腰俞以至長強（皆脊背俞也），再至會陰極矣（是前任脈、後督脈下面兩脈起端處）。中氣由百會下通於長強、會陰，是謂通背。閃者，如人摟住後腰，前面腰向前猛一彎，頭與肩往下一下，後面長強與環跳（即大腿外骨）往上用力挑其小肚，往上一翻，敵自手散開，顛倒，從吾頭上閃過前面，仰跌吾前矣。此之謂閃通背。

身是倒轉圈，右手至上，隨之倒轉，以右手為主。手隨身轉，實隨足轉，右足所落，右手隨之。

右手運行圖

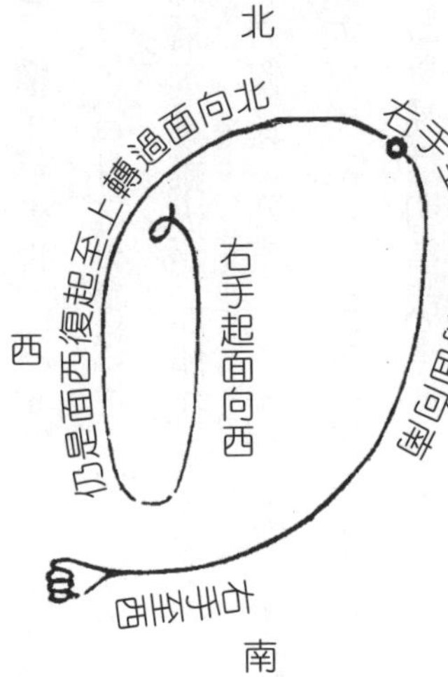

左手亦隨身倒轉圈。

左手運行圖

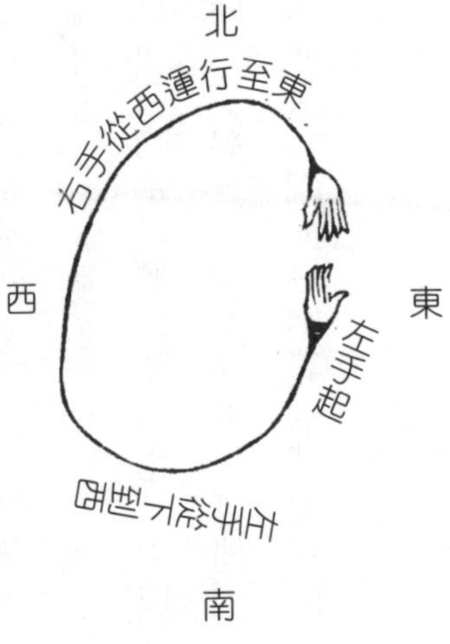

取象

本勢頭在上而向下，面向西倒轉，向北而東，又自東倒轉，面向南大轉一圈。轉者由此轉過彼拳中大轉身法。倒轉又屬陰，大過，巽下兌上，長女，少女皆陰象，故取諸大過。初爻、上爻皆陰爻，猶手足之居上下兩頭，柔順以聽命也。中爻二、三、四、五皆乾道也，如吾心以剛健之德運乎四體。又乾錯坤，剛柔相濟，雖大轉身，四體聽命皆無礙也。故九四：「棟隆，吉」，言浩然之氣充足一心，是以大象言君子以獨立不懼，無害也。《彖》曰：「大過，大者過也」（在拳只取其大意，如船篷過角之過），言身之大轉過也；曰「棟撓，本末弱也」，喻手足；曰「剛過而中」（喻心之正氣，身雖大轉而能得其中道也）；曰「巽而說行」（喻手足順以聽命也）；曰「利有攸往，乃亨」（喻拳之無轉不利，常亨通）；曰「大過之時大矣哉！」易理至活至大無所不包，天下何事能出其外？吾之取乎。大過者，因大過字義取其大意而已，敢以易理明拳哉！

閃通背五言俚語

銅碑壓住背，通身用住氣，臀骨猛一翻，頭顱往下趁，任有千斤重，能使倒落地。

第一閃通背七言俚語

其一

前人留下閃通背，右掌劈下大轉身，右腳抽回庚辛位，周身得勢勝強秦。

其二

肩臂何由號閃通？督至長強是正中。從下翻上為倒精，敵閃到前在我躬。

其三

起初演手捶向西，此處緣何獨轉東？勸君有力休使盡，要防猾敵從後攻。

其四

自古世事各不同，耍拳豈有一樣行？一著自有一著勢，休教局外笑不通。近身屈肘用努力，去遠何能不展肱？況兼敵人來無定，運化全在一心中。自從閃通大轉身，一波三折妙入神。禹門流水三級浪（閃通一變一擊），詎少漁人來問津（敵又從東面來也）。東來東打原無樣，只此一擊定乾坤。人說此中多妙術，浩然一氣運天真。

第二十勢　演手捶

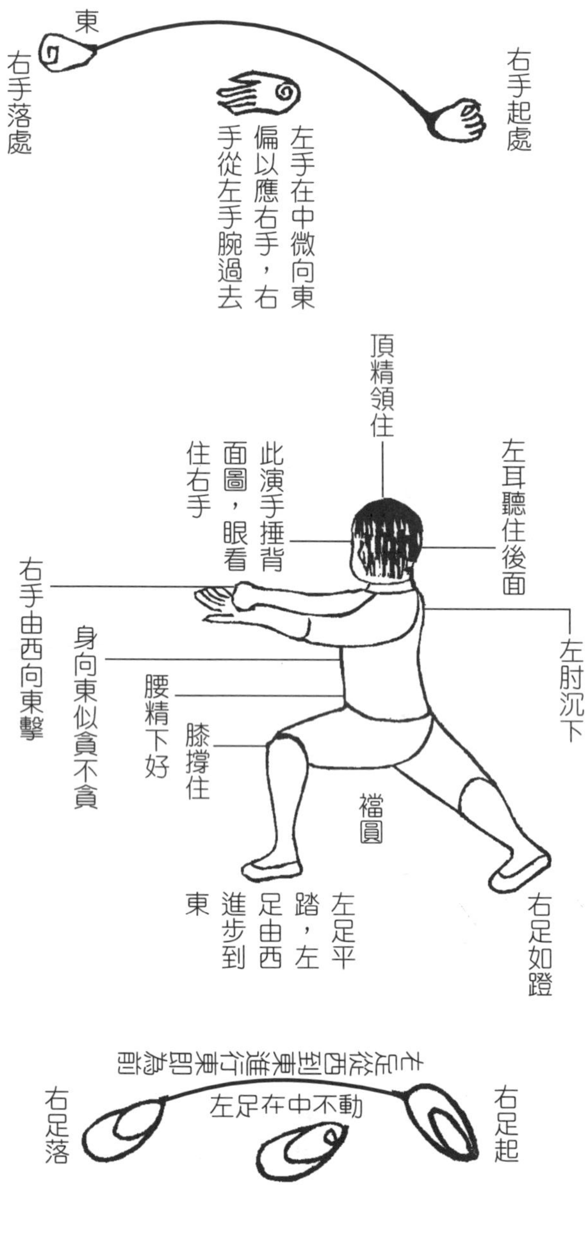
右手起處
左手在中微向東偏以應右手，右手從左手腕過去
東
右手落處
頂精領住
左耳聽住後面
此演手捶背面圖，眼看住右手
左肘沉下
右手由西向東擊
身向東似貪不貪
腰精下好
膝撐住
襠圓
右足如蹬
左足平踏，左足由西進步到東
右足起
左足從西到東進行東即為前
左足在中不動
右足落

引蒙

閃通背右足在東不動，左足由西起步過右足前進①，步落到右足之東。閃通背右手在西，由下設上，合住捶向東擊。左手展開手，右捶摩擦過去，右捶向東擊，左肘微向西霸，內精由丹田下過襠後再由長強逆行到百會，降下至肩。前進運至右捶，周身精神俱聚於捶方有力。左右足踏地，穩重如山，在地上莫能搖撼，方為有力。

取象

本勢精神聚於右捶，有《萃卦》「初六，若號一握」之象（萊註：言有孚之心）。若孚於前，而以右手握拳，斯為有孚之至。且《經》言：「萃亨，利有攸往」，故取諸萃。此勢右足從後前進一步，是一小過角，故又取小過。右捶由後向前擊，如山上之雷迅不及防，其進比鳥飛還迅，此右捶取小過之象也。右捶不軟弱，故又取大壯利貞之象。《彖》曰：「剛以動，故壯（右拳純是剛中之氣貫於捶，故

①依據起勢面向北的要求，原版本「左」「右」皆反，故將「左」更正為「右」，將「右」更正為「左」。

壯）。」《象》曰：「雷在天上，大壯（右拳如天上之雷，一擊如雷之霹靂一聲，不及掩耳）。」《初爻》「壯於趾，征凶（右足落於東不再動，此所謂足趾有力，再行則凶，不再行則吉）。」大壯，乾下震上，以剛中之氣運之於捶，貞正而固，故二曰：「貞吉」；《象》曰：「九二，貞吉」，以剛中也。

第二演手捶七言俚語

其一

忽然有敵自東來，右拳即向東面開，右足進步休寬緩，乘興來者仰面回。

其二

舉足前進向東摧，拳力如風又如雷（言其快也）。問爾緣何進一步？為因下勢伏胚胎。

第二十一勢　攬擦衣

五言俚語

東方甲乙木，右肱伸莫屈，
似直似不直，敵來不敢入。
右手展向東，左手防西觸，
中氣運於心，一發莫比毒。
何況進如風，疾迅誰能敵？
形骸與人同，用法只我獨。
不是別有方，只為中氣足，
靈明在一心，巧處亦不一。
只要能中行，雞群見鶴立，
我為學拳者，竅道皆指出。

面向北圖

上下左右身法，一切如第一攬擦衣，不必再贅。至於承接法，右手收回再展開，右足收到左足邊，趾點地，然後從西向外繞半圈，向東展開。左足但擰腳後跟指向北，在本地不動。右足從東收到西，再從西繞半圈落到東方。

右手法

右手從東收回到身邊，再繞向脇，再展東，連收帶轉共繞一圈。

取象

此象取小畜、大畜兩卦大意。《小畜》曰：「自我西郊（言右手自西而向東也）。」《彖》曰：「小畜，柔得位而上下應之。」右手屬陰，六四為陰爻，乾下巽上，乾內巽外，陽剛在中，上下運之，以應右手，以應六四之陰，曰小畜。《彖》曰：「健而巽，剛中而志行（言右手得陽之助方能伸展，右手以二之剛中運之，故伸）。」《象》曰：「風行天上（言右手如風行天上，迅也）。」《初爻》曰：「復自道（言右手在下，轉而至上以落於東，亦復自道也）。」《上九》「既雨既處，尚德載（巽為風雨，為陰，右手為陰，以右手運中氣，其迅速如風，則陰散矣。上九變坎為輿下，三爻為陽，德以輿載之。言右手以中氣運乎手之內也）。」曰「月既望者（言右手中氣之足，猶十六之月光，既圓滿有可望也）。」二爻「牽復」。九五「有孚攣如（言右手雖屬陰而陽氣皆牽連，以貫於肱內）。」大畜，乾內艮外。艮為手，以右手運行止物，必得剛氣行乎其中。乾錯坤，剛柔相濟。艮綜震，震，東方也。右手由西而展之於東。震為足，左右足平穩踏地。《彖》曰「剛健篤實（言拳之中氣充足）」；曰「剛上而尚賢（言右手之用，便於左手，稍賢於左手）」；曰：「能止健，大中也（言右能以一手止敵之強，得中道也）」；曰「利涉大川（言大川能涉，則無往不利矣，右手如之）。」《上九》「何天之衢，亨（何去聲）。」《象》曰「何天之衢，道大行也（畜之既久，其道大行）。」以中氣運於右手，得其道而大行，無纖悉阻礙。

第二十二勢　第二個單鞭

四言俚語

靈氣何生？生於一心。中氣何歸？歸於兩腎。心動志（腎藏志）從，運我四肢。氣行骨中，充於肌膚。功久則靈，其靈無比。依著即知，自然有應。不即不離，沾連黏隨。如蠅落膠，有翅難飛。此中之妙，微乎其微。

面向北圖

頂精領住
眼看中指
東
西
左手從臍與右手合畢，然後從東向西展開，沿路有纏線意，用順纏精
右手在東不動，從後倒轉一圈
襠開圓
左足收到右足邊趾暫點住，與右足一合向西展開。
右足在東方，足後跟隨擰轉向西北。

第二單鞭

右手從下向後轉，向北繞一小圈，左手從裏向北轉南，亦繞一圈，然後兩手照臉合住。右手順住精往西展開，左手用倒轉精向東展開，東住五指，兩肱慢彎，不直不曲，似新月形。頂精領起，襠圓，腰精下去，勢到成時，氣歸丹田，手與手合，肩與肩合，膝與膝合，足與足合，眼看左手中指，心則前後、左右、上下皆照顧住，勿懈。

取　象

第一單鞭取坎、離、否、泰四卦，此勢取象亦如之，觀前取象之說自知。

七言俚語

第一單鞭面向北，二次單鞭仍向北；前之單鞭承金剛，此承演手與分別；各勢來脈自不同，非徒手足位向東。一點靈氣從心起，上入青天下入地。此氣行於手足中，不剛不柔自雍容。下接雲手是去路，即是雲手之來龍。八體（頂、襠、心、眼、耳、手、足、腰）關緊君須記，人力運成奪天工。

第二十三勢　左右雲手①

單鞭左手在西，即以左手領起右手，右手運到東，而左手即從上而下收回至左乳前，去乳五六寸。當左手初領時，肩即鬆下。右手從東初（因單鞭右手在東，故起於此）收至右乳，順轉而上，向東轉回，來復轉到右乳邊，轉一圈。

①原版本二十三勢名稱為「右運手」，依據目錄第二十三勢拳勢名稱將「右運手」更正為「左右雲手」。

右雲手圖

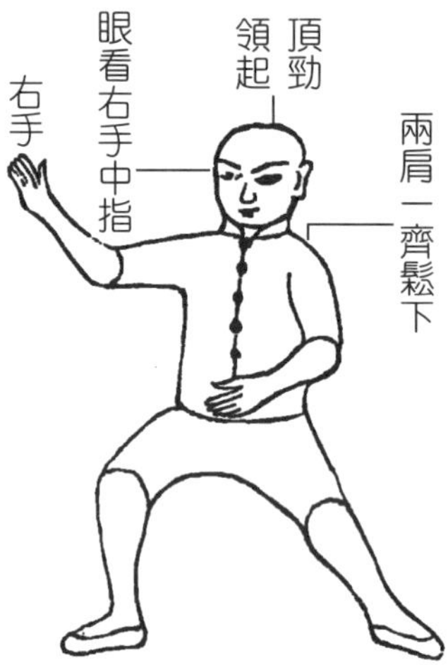

左雲手圖

左手在西，西領足。左手從下而裏收到左乳，上行向西轉至西方，是順轉圈。此時右足適收回至右乳邊矣。

左足在西，待右足展開收回左足，即由西收到右足邊，轉半圈，仍落到西方。

左雲手

左足在西，左手收回，左足隨左手轉一圈收回，與左乳上下相照，指向正北。右足收到左足邊，再向東運一圈，落到東方平踏，指向正北。

左足展開在西，右足轉半圈收回至西，與右乳上下相照。左手運半圈至西方，則右手即從東由下轉半圈往裏收回到右乳邊，去乳五六寸或七八寸。

右手與右足從東收到右乳，復運到東，看轉一圈。左手即從西起，下轉半圈收到左乳邊，不停左手，即由左乳上而順轉半圈至西方，是左足向西又開一步矣。右足即從東收回到右乳邊，下面右足隨右手自下轉半圈，收到左足邊，去左足六七寸遠。右手到東，左手即到左乳邊；左手運到西，右手即收到右乳邊。左足向西慢彎，開步到西，右足即由下轉收到左足邊，右足由左足上運，前進到東，左足即從西下運，收回到右足邊。一替一回，更迭轉圈，不拘一定數目，大約皆有兩三圈（三圈，左足向西開三步，右足隨之跟三步），去第三個金剛搗碓地位約一步有餘，以留下勢高探馬地位。

二足更迭，轉機不停留，左足向西開一步，右足隨之。雖亦開一步，然右足將至左足邊，復自上轉回五六寸方才落地，如此方見運行無直步。每左足開步，右足隨之，皆如是。兩足向西運行，面向正北，足則橫行而西，非向正北開步，如右手順轉一圈，前半圈中氣由腋裏邊向外斜纏到指，後半圈自東回來，精自外斜纏到腋下，左手亦然。至於足，如右足前半圈由腿根內向外纏到趾回來，自外向裏纏至腿根，左足亦然。

面向正北圖

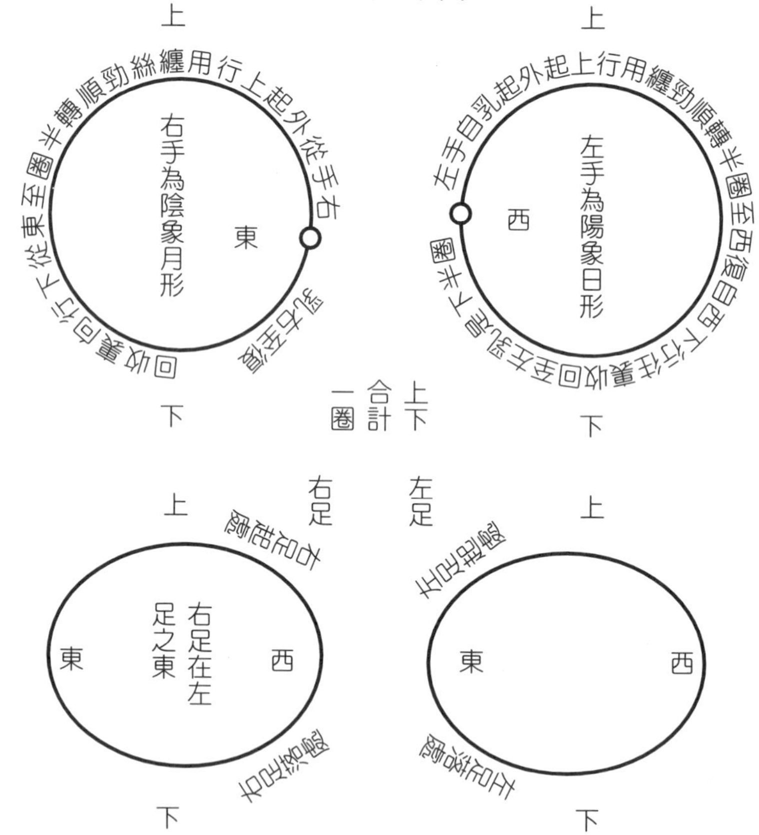

取象

左手為陽，《象》曰：右手為陰，象月。乾為天，為首。手從頭過，如日月之麗天。《彖》曰：「日月得天重明，以麗乎天。」《象》曰：「明兩作離，大人以繼明照四方（猶拳之以左右手照全體）。」初九：「履錯然，敬之，無咎（錯，交錯東西為交邪行為，錯拳之開步如之，要以敬為主）。」合住懷，胸中要虛合，離中虛，離錯坎。腰精下去，氣歸丹田，合坎中滿，故取諸離。兩手既如日月，又如雷風（恒卦，巽下震上。巽為風，震為雷），兩手迭運不已，無間斷，有恆久意。恒卦。《象》曰：恒，久也。日月得天而能久照，蓋言天地之道恒久而不已也，利有攸往，終則有始，故又取諸恒（九二：悔亡，能久中也。六五：恒其德。功皆似之）。

運手五言俚語

雙手領雙足，左右東西舞。先由左手領，右手隨西去。右足亦收西，兩手與眉齊。兩手去尺餘，內外（纏皆內向外）轉徐徐。中氣貫脊中，不可歪一處。右足收回時（是臨終不舞），左手至西住。

七言俚語

兩手轉環東復西，兩足橫行步法奇。來回運氣恒不已，雙懸日月照乾坤（離恒胥有關切）。

第二十四勢　高探馬

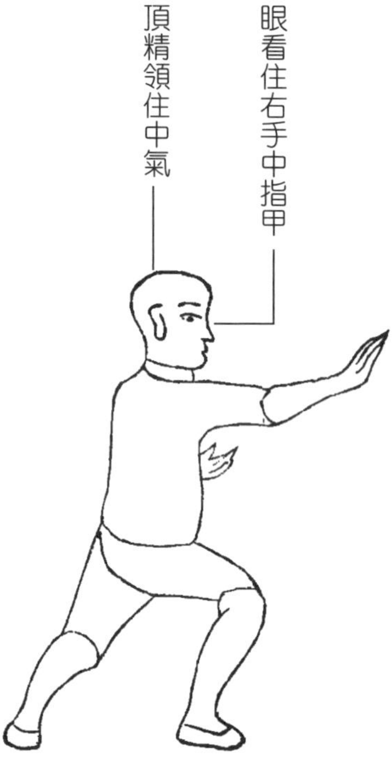

運手面向北，此圖面向北轉成面向南，此老式也。左手領住，右手從東繞一圈再領住，左足向後拔一步落到東面，面即向南矣。右手隨左手向東繞一圈，轉回到西，身扭過在前。右手在前，手背朝上展開。左足隨右手向東繞圈時，右足先後開一步後踵轉移指向西南，左足再退行一大步，落在右足之東。

右足隨右手到東。右足先向後退行，落住腳，右足後跟一扭轉，足趾向西南。

何謂高探馬？如馬高大，騎之，而以手先探其鞍轎也，故名之。運手，兩手在西，敵人以手來侵我左胳膊，我即以右手領住，左手引之，使進。欲使敵進，必先以右腳往東退一步，待引足，然後即以左手向西折回而擊之，此手之所以轉一圈也。當引之時，右手在東，右腳隨右手退一步，在東落地，用後踵擰轉，指向西南。左腳即

左右手內精運轉圖

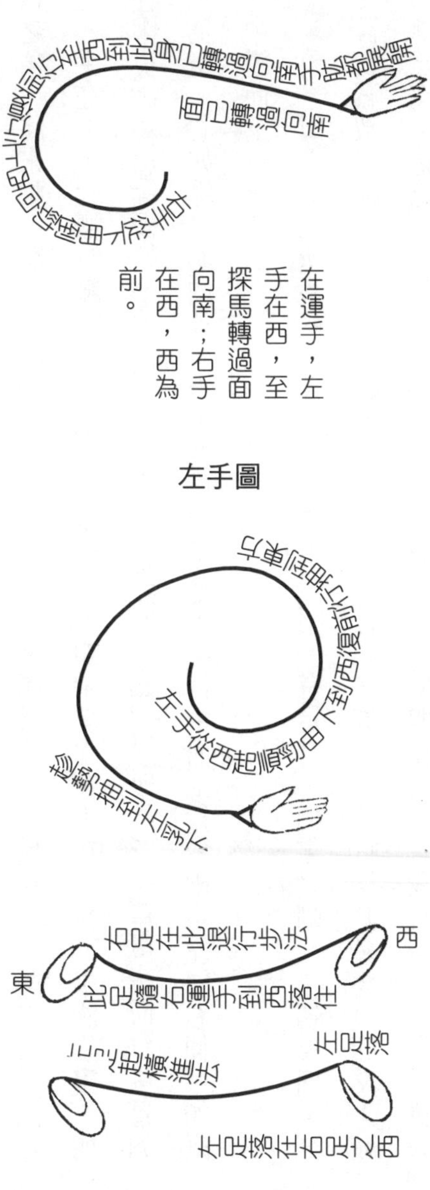

在運手，左手在西，至探馬轉過面向南；右手在西，西為前。
左手圖

退行一大步，過右足之東落地。右腳①是實腳；左腳②是虛腳。上邊左肘回擊，即扭過身向南，左手即抽回，落於左乳下，手腕朝上，去胸二三寸，護住胸身。即從西面扭轉向南，右手與肱即向西展開，手腕朝下，與左手腕相合，如整鞍探馬勢。右手是順

①原版本為「是實腳」，依據拳勢拳理要求補充為「右腳是實腳」。

②原版本為「右腳是虛腳」依據拳勢、拳理要求，將「右」字更正為「左」字。

轉精，左手是倒轉精。

取象

此勢右手在前，又在上，左手在後，又在下。胸有含蓄，極虛。手在外而實，心在內而虛，有離象。兩足前虛後實，襠圓，膝開而合。震為足，上二畫象大股、小股，下一畫象足合。震下離上，噬嗑卦也，故取諸噬嗑。要拳不能不擊人，不擊人不能衛身，何用之？頤中有物，曰噬嗑（手在上，下未擊人，先有擊人之勢，如頤中未有物之象。將來擊人頤中，有物矣）。《彖》曰：剛柔分（言足在下，屬震，是剛在下也。手在上，大概為離。然離上下兩畫皆陽，如拳之手在下在上也。中間陰畫，如心在中央，極虛極靈），動而明（手足欲動而心先明以命之）。雷電合而章（足如震，為雷。心如離之明內外，上下各自成章），柔得中而上行（兩手左屈右伸，如離之得中道而上行）。

《象》曰：雷電噬嗑（言人之有心如電之明，有足有手如雷之剛）。初爻曰：滅趾（言我滅敵之趾）；二爻：噬膚滅鼻（言我打人之膚，而又打塌其鼻）；四爻：噬乾胏；五爻：噬乾肉（言我雖遇勁敵，勿慮也）。象取噬嗑，言我有噬嗑之具，雖未噬嗑，而內有噬嗑之心，外有噬嗑之形，將來必有噬嗑事，此特未之噬嗑耳。事有必至，理有固然，皆是預決之辭。拳取噬嗑，亦預必之意。又兩腿在旁，中間空，如離中虛；右手在上，兩脇在旁，如艮覆碗，離之中虛上行通心，心火象。以此心火一動，運於右手，是山下有火，故又取諸賁。《彖》曰：柔來而文剛（言以下體之柔來文艮之手），故亨。分剛上而文柔（本卦綜噬嗑。噬嗑上卦之柔來文賁之剛。艮，陽卦，喻拳。又分噬嗑下卦之剛。上而為艮），利有攸往，天文也（在天成象不過日月五星運行，一往一來，剛柔交錯，即天文也。在耍拳是賓意）；文明以止，人文也（蓋人文，人之文也，燦然有禮以相接，文之止也，而截然有分以相守，喻右手在上，能止能守）。

觀乎天文，以察時變；觀乎人文，以化成天下（言拳有心以運手，自能令人心服）。初爻：賁其趾（艮綜震，震為足，有趾之象。艮為手，言拳有手足相顧意）。二爻：賁其鬚（在頤曰鬚，在口曰髭，在頰曰髯，賁其鬚者，雖小處，亦顧）。三爻象曰：永貞之吉，終莫之陵也（高探馬人莫敢近）。五爻：賁於丘園（探之高，猶馬丘園也）。《象》曰：六五之吉，有喜也（人莫敢侵，何喜如也）。上九：白賁，無咎。《象》曰：白賁無咎，上得志也。天地間色即是空，空即是色，色色空空，空空色色，無生有，有歸無，何物不然，豈獨拳乎？豈獨拳中高探馬乎？藝至此，愜心貴當矣！

高探馬七言俚語

其一

八尺以上馬號龍，吳山獨立第一峰。只為欲乘千里疾，高探趙奢馬服封（伯益之後趙奢封為馬服君）。

其二

冀北空群得最難，形高八尺不易探。果能立勢超流俗，千里一日解征鞍。

第二十五勢　右擦腳

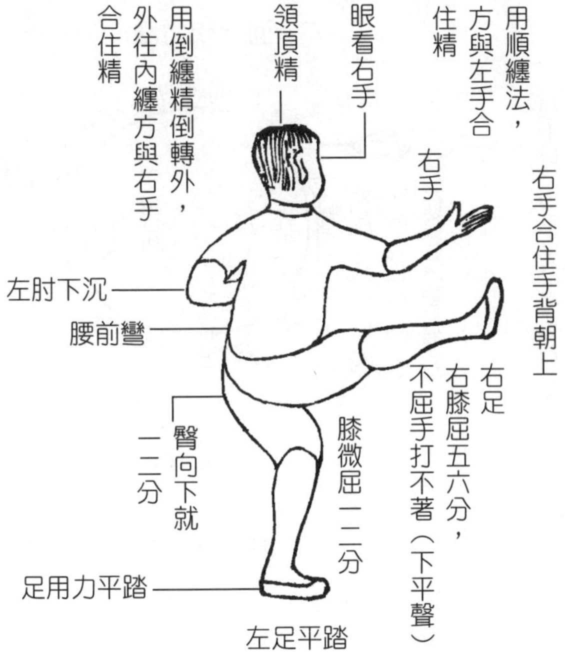
右手合住手背朝上
用順纏法，方與左手合住精
右手
眼看右手
領頂精
用倒纏精倒轉外，外往內纏方與右手合住精
左肘下沉
腰前彎
右足
右膝屈五六分，不屈手打不著（下平聲）
膝微屈一二分
臀向下就一二分
足用力平踏
左足平踏

第二十六勢　左擦腳

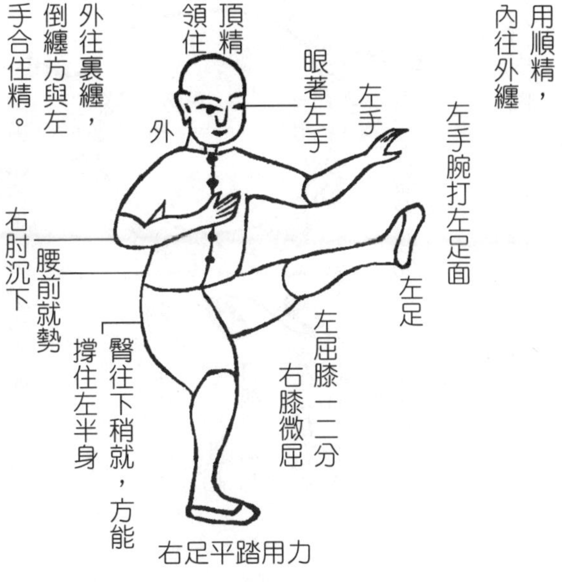
用順精，內往外纏
左手腕打左足面
左手
眼著左手
頂精領住
外往裏纏，倒纏方與左手合住精。
外
右肘沉下
腰前就勢
左足
左屈膝一二分
右膝微屈
臀往下稍就，方能撐住左半身
右足平踏用力

面向南方圖

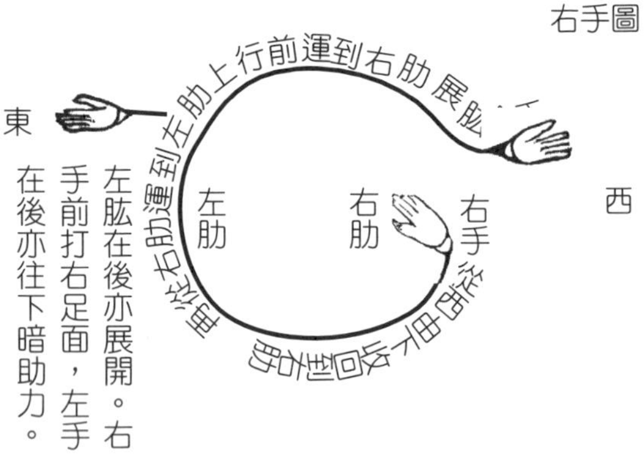
右手圖
西
東
右手
右脇
左脇
左肱在後亦展開。右手前打右足面，左手在後亦往下暗助力。

面向北方圖

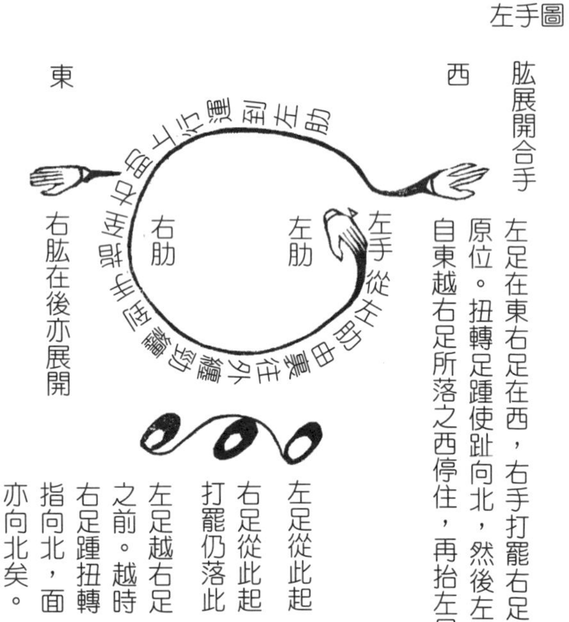
左手圖
西
東
肱展開合手
左手
左脇
右脇
右肱在後亦展開
左足在東右足在西，右手打罷右足落原位。扭轉足踵使趾向北，然後左足自東越右足所落之西停住，再抬左足
左足從此起
右足從此起打罷仍落此
左足越右足之前。越時右足踵扭轉指向北，面亦向北矣。

右手打右足。先將右手向下折回到左脇，上行向西，用順纏法打右足面。胸向前彎，臀往後霸下，就勢方能前後撐住，不至傾倒。左膝微屈，左足方能立穩。打罷右足，右足少往前移一腳遠（是右足既落地而後移之），足趾向北，左足挪到右足前，指向西北，落住腳，然後再抬起來。未打足時，左手亦從左脇上去，向前打左足面，亦用順纏精，腰往西彎，臀往下，就勢向東霸，然後左右方能撐住。頂精要領好，襠下膝屈，足在地者要實踏。

右擦腳取象

本勢以右手拍右足之面。震為足，右足踢人；艮為手，以右手助而禦敵，正意也。耍拳非真遇敵，拍其右足，預形禦敵之威也。足上踢，手下打，有益之意，故取諸益。《彖》曰：損上益下（言以手助足）；曰：自上下下，其道大光（言以右手自上下，下至右足順道也。故其道大光）；曰：利有攸往，中正有慶（言內以中氣運之，前彎腰，後臀霸，得其中正，故有慶。右足上踢，無不利也）。初九：利用為大作，元吉（右足貴有作為，以之上踢，大作也，吉之，至善者）。有夬卦：壯於前趾象。有四爻：臀無膚象（蓋右足前踢，臀必隨之。今乃令其後霸，且稍就下。無膚，不露其膚也）。

右擦腳長短句俚語

右手從左脇掏出繞一圈，手與心平，展開肱，左腳立定，右足踢起，不在頷下即襠中。能使人一時喪命凶，得不用且不用，未可以妄舉亂動。

左擦腳取象

右手方打罷擦腳，即倒轉回，面向北，復以左腳踢起，左手掌朝下，左手打之。上勢左足方獨立罷，今復以右足獨立。在下右足為陰巽，下斷亦為陰，巽下艮上，蠱卦，故取諸蠱。右股獨立，戰懍不定，不定而定，如樹木生蟲，幾難自持，而強為支持。《彖》曰：蠱，剛上而柔下（剛言左手，柔言右足）；曰：利有攸往（言利於打擦腳）；曰：終則有始（言此勢一終，下勢又始也），天行也（拳亦天理自然之運行也）。初爻：乾父之蠱（艮手在上，有父居尊，專於無為而有為），有子（言右足主立，左足主踢，服勞聽命猶巽之順），考無咎（言足能踢，手能打，猶父無咎也）；五爻：乾父之蠱，用譽（言以左足上踢有功，是用譽也）。總之，事雖有蠱、有乾之者，蠱自無，且有功。

左擦腳長短句俚語

右腳向北立定，左手也是從右脇轉回，手與心平，展開肱，左手合掌向下打，左腳踢上快如風。不偏不倚又踢在敵人襠中（敵非一人），當面見英雄。

右擦腳四言俚語

部位記清，面離分明，左足先横，右足跟定，右手左掏，向足打平。

七言俚語

其一

先將左足向南横（探馬面向北，左足先扭向南，右足扭向南面，故向南），上抬右足面展平。右手從左先繞轉，上打下踢兩相迎。

其二

面南左足定根基，右手下迎不煩思。渾身合住彎弓似，東嘬西打自相隨。

左擦腳四言俚語

面從南方，轉向北方。右足立定，左足飛揚。左手右繞，下打不妨。中氣貫足，乃爾之強。

七言俚語

再將右足扭向北，扣合全身自有力。左手右繞向下打，絲絲入縠方合式。

左右擦腳合詠長短句俚語

先將部位心記清，從北轉南兩足橫。左足先立定，右手從左繞一圈，然後右足踢起，右手向右足面打正打平。右足踢罷向北橫，左足而往前跟定。右足先踏正，左手從右脇順繞一圈，展開手，舒開肱，向左足面再打一聲。頂精領起，襠精下去，一勢一腳立分明。四面侵無驚，虎嘯風生手足迎，太和元氣練得精，靈明如轉睛。動靜合輕重，心存恭敬，實體力行，循序漸進，十年乃成。到爾時氣息紛爭，意無滿盈，方知道拳家有權衡。

第二十七勢　中單鞭

左手打罷左腳，身從北而西倒轉回，面向南，左足立到東面，足趾點住地，左右肘皆屈住，忽然左手向東右手向西，一齊展開。名為中單鞭，一名雙風貫耳。謂兩肱展開時，左右手速從耳邊過，如有風貫於耳中，故名。當左右肱展開時，左足即向東蹬一腳，腳往東蹬，身往西霸，使其東西用力，相停得其中正，不至倒跌；右足在下，不至立不穩。要必頂精領好，右膝微屈，然後臀骨才能往下稍就一點，身才能往

上半勢圖

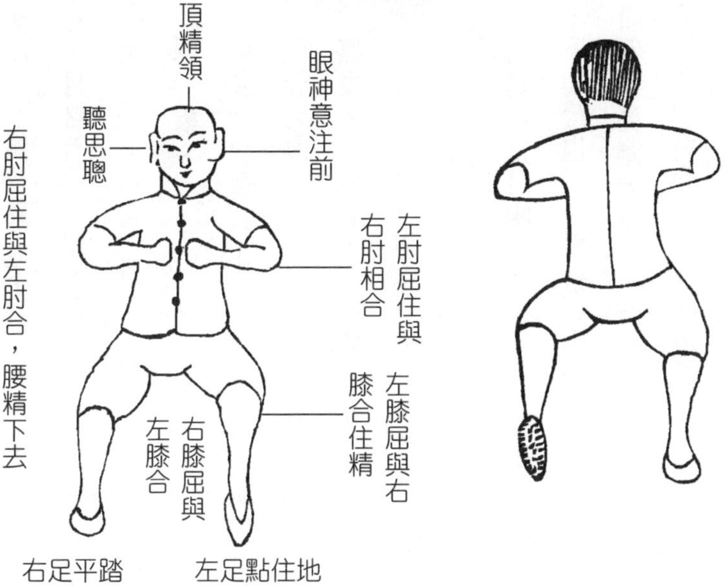
頂精領
眼神意注前
聽思聰
右肘屈住與左肘合，腰精下去
左肘屈住與右肘相合
左膝屈與右膝合住精
右膝屈與左膝合
右足平踏
左足點住地

下半勢圖

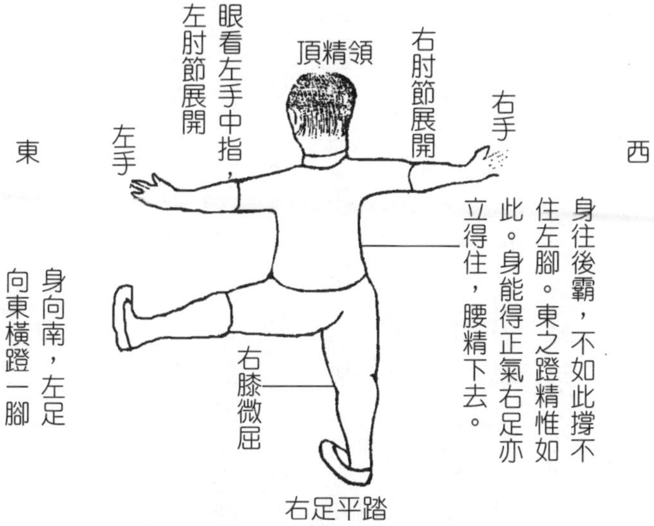
眼看左手中指，左肘節展開
頂精領
右肘節展開
右手
東
左手
西
身往後霸，不如此撐不住左腳。東之蹬精惟如此。身能得正氣右足亦立得住，腰精下去。
身向南，左足向東橫蹬一腳
右膝微屈
右足平踏

西霸住。不偏於東，不偏於西，中立得住，凡事皆然，能權得中，自然合宜。然權無一定，身雖有偏，用力相停，能以中立，是謂得中，是謂權之無定，卻自有一定，不可移易，在人自會之耳。

取象

乾為首，頭在上，頂精領好，眼神注於左手，又兼注於左足所蹬之地，兩肱展開，如乾之剛。震為足。右足立住，左足東蹬，如雷之疾。震下乾上，是為無妄，故取諸無妄。無妄者，至誠無虛妄也。凡事盡其在我，而於吉凶禍福皆委之，自然有所不計。《象》曰：剛自外來，言大畜上卦之；艮來而為，無妄之。震，震動也（左足東蹬，震之動也）；曰：動而健（言足蹬，極其剛健）；曰：剛中而應（言乾健之手，隨其左足以應之）；曰：大亨（言左手、左足皆利也）；曰：以正（言宜蹬則蹬，不妄蹬也。且東蹬必中要地，得其正也）；曰：天之命也（言東蹬亦理，勢之自然而然，莫非天命）；曰：有攸往（言蹬非徒蹬，有為而蹬，即經言無妄之往）；曰：何之（對面便是有所蹬處）；曰：天命不佑（對面便有，蹬所宜蹬，擊所宜擊，天即佑之）；曰：行矣。心存以敬，運以中氣，何往不可？初爻：無妄往吉。《象》

曰：無妄往右，得志也（言誠能動，物無不遂心，即手擊足蹬之謂也）。四爻象曰：可貞無咎，固有之也（言單鞭可蹬可擊，亦可不擊不蹬，以其養之有素也）。

內　精

攬擦衣右肱本伸，必與左肱合畢，然後左手拉開單鞭，中單鞭，兩肘皆屈住，如裹鞭炮（以我之肱裹人之肱，向外展，外擊人）。忽然用順精一齊展開，此是大同小異。左足蹬，亦是用順纏精合住。蹬右足，亦是用順纏精合住，方能立穩。

中單鞭七言俚語

其一

身法端莊正無偏，左右（手與肱）齊舒（伸展也）列兩邊。左足向東蹬一腳，全憑一木上沖天（震為木，為足，右足獨立在下）。

其二

兩手忽聚而忽散，浩然元氣貫中間。右足下伏如基礎，為看左足半空懸。

第二十八勢　擊地捶

身仄欞住，右肩在下，左肩在上
左手在後、在上，顧住背後
六四：艮其身。身即胸與背也
九三：艮其限。限即腰也
二爻：艮其腓。腓，足肚也，此是右足。
非真擊地，言敵人被蹬在地而又趕兩步以捶擊之。
上九：敦，艮吉。言敦而全體皆在其中。左右肱與肩手自不待言矣。
後頂、後腦戶更得向上領足，面雖向下而心卻在背後。
眼看住右拳
腦戶
後頂
六五：艮其輔。輔，口輔頰之外也，言輔艮而口之合可知。
初爻：艮其趾。左膝屈住在左脇乳下。
右手必擊著地面捋拳

中單鞭，左足向東蹬畢，左足落下，即向東開一步。右足越過左足，向東再開一步。左足再越過右足，向東再開一步，右膝去左乳僅二三寸。不如此，則腰未彎下，右手不能向地面打一捶。右手擊地，手背向東，是為合住捶打陽精也。手法：左足蹬畢，開步落地，左手即隨之倒轉一圈，右足①越左足向東開步，右手亦隨右足倒轉圈。待左足再向東開步，左手倒轉一圈，左手落到左脇上時，右捶即向地面上擊一捶，此謂下演手捶。左足臨終開步時，膝大屈住，膝去乳甚近，腰大彎下去，後頂更得往上提住，勿令神廷、承漿向下，即令後頂提領，面不向下，即已向下七分矣，而況後頂領提不足乎！此關係最緊，不可不知。下邊襠口更得撐圓，腳步更得踏穩。此大鋪身法，背高於臀不過數寸（言身彎下，背之平，前後高下不過五六寸）。不如此，人有捺背即傾倒矣。或從東提耳，亦即俯偃於地。故襠要撐開，足要踏地。至於心，純用在頭背上與右腿彎。

昔吾少時

先大人嘗以此勢將身設下，教吾弟兄二人捺住脊梁，上下盡力使氣。只覺先大人一扭身，吾弟兄二人一齊跌倒。爾時即悟機關全在於腰，上邊頂精一領，下邊襠精開圓，兩足實在踏地，中間腰精一扭轉，任有多人亦捺不住，況吾弟兄兩人乎？此所謂中氣貫足，物來順應，物莫能違。

①原版本為「右手」越左足向東開步，依據拳勢、拳理將「右手」更正為「右足」。

內勁

左手圖：左足蹬時，東開第一步，左手用倒勁倒轉一圈。

右手圖：右足向東開第二步，右手亦隨步倒轉一圈，用倒轉勁。當左手轉夠一圈，右手由上半圈捋拳向下擊，只轉一圈。

左足向東再開一大步，落住。腰彎下，左手隨左足用倒轉勁轉一圈，左足落地，右手乘腰彎下向地擊一捶。

上半圖

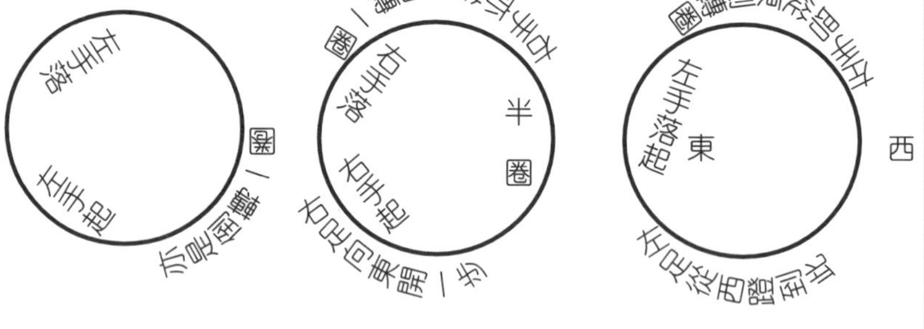

下半圖

左手圖

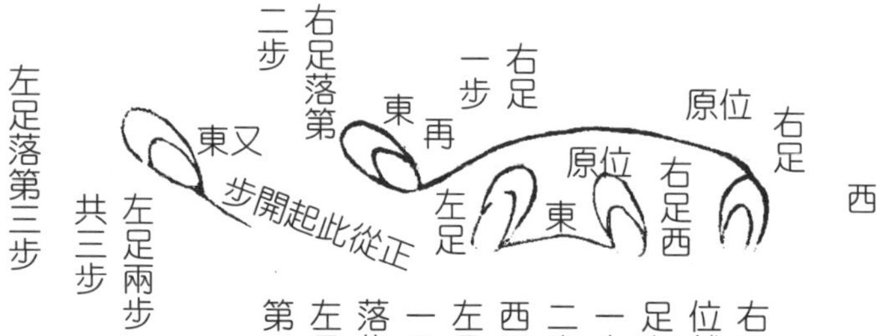

右足自原位越過左足向東開一步是第二步，從西而東。左足先蹬一足向東落住。左足落地第一步。

左足先蹬一腳，開一步，待右足繼開一步畢，左足再往東開一大步，則是一連三步。當左開第三步，右手才轉下半圈，待左手到後，右手即捋住拳，向東與頭頂齊，下擊足，過頭七八寸，亦可從西而東下擊。此是右手上半圈。

取象

本勢全體向下，獨左手在上，猶在後。其餘右手與左右足皆在地，止而不動，故取諸艮，是由動而靜也。至靜極，復動矣！動靜循環，自然之理。拳即此二氣，一動一靜，循環不已之妙用。艮下艮上，為艮卦（艮者，止也。一陽止於二陰之上，陽自下升極上而止此，止之義也。其象為山下坤土，乃山之質。一陽覆冒於二童，濁在下，亦止之象）。艮其背，不獲其身，行其庭，不見其人，無咎（萊註：本卦綜震四，為人之身，故周公爻辭以四為身，三畫之卦，二為人位。故曰：人庭則前庭也，五也。艮為門闕，故門之內中間為庭。震，行也。向上而行，面在上，其背在下，故以陽之畫初與四為背。艮，止也。向下而立，面向下，其背在上，故以陽之。盡三與上為背上二句，以下卦言下二句，以上卦言，言止其背，則身在背後不見其四之身，行其庭則背在人前，不見其二之人所以一止也。間既不見己，又不見其人也。辭本玄妙，令人難曉。孔子知文王以卦綜成卦辭說，一行字，一止字重一時字）。《彖》曰：艮，止也。時止則止，時行則行，動靜不失其時，其道光明。艮其止，止其所也，上下敵應，不相與也。是以不獲其身，行其庭不見其人，無咎也（以卦體、卦綜、卦德釋卦名。卦辭言：所謂艮者，以其止也。然天下之理無窮而夫人之事萬變，如惟其止而已，豈足以盡其事理哉！亦觀其綜，何如耳！蓋理當其可之謂時，時當乎艮之止，則立時當乎震之，行則行，行止之動靜皆不失其時，則無適，而非天理之公其道，如日月之光明矣，豈止無咎而已哉！然艮之所以名止者，亦非固執而不變遷也，乃止其所止也，惟止其所，當然之理，所以時止則止也。身辭又曰：不獲其身，不見其人者，蓋人相與乎！我則我，即能得其人，我相與乎。人則人，即能獲其我。今初之於四二，之於五三，之於上，陰自為陰，陽自為陽，不相與，應是以人不獲乎？我之身而我亦不見其人，僅得無咎而已，豈右時止時行，豈止無咎哉？八純卦皆不相應與，獨於艮言者。艮性止，止則固執不遷，所以不光明，而僅得無咎。文辭專以象言，孔子專以理言）。《象》曰：兼山，艮，君子以思不出其位（兼山者，內一山，外一山，兩重山。天下之理，即位而存。父有父位，子有子位，君有君位，臣有臣位，夫婦亦然。富貴有富貴之位，貧賤夷狄患難亦然，拳之耳目手足頭身亦然。有本然之位，即有當然之理。思不出其位者，正所以止乎其理也；出其位則越其理矣）。初六艮其趾，永貞，吉（艮綜震，震為足趾之象。初在下，亦趾之象。咸卦亦以人身以漸而上。初六陰柔，無可為之，才能止者也。又居初，卑下不得不止者也。以是而上，故有艮趾之象。占者如是，則不得輕舉冒進，可以無咎而正矣。然又恐其正者不能永也，故敎占者以此）。《象》曰：艮其趾，未失正也（理之所當止者，曰正，即爻辭之貞也。《爻辭》曰：利永貞。《象辭》曰：未失正。見初之止，理所當止也）。六二：艮其腓，不拯其隨，其心不快（腓者，足肚也，亦初震足之象。拯者，救也，隨者，從也。二比三，從三者也。不拯其隨者，不求拯於所隨之三也。凡陰柔資於陽剛者，皆曰拯渙卦。初六用拯焉，壯是也。二中正八卦，正位艮。在三兩爻俱善，但當艮止之時，二艮止，不求，可三；三艮止，不退，聽於二。所以二心不快，中爻坎為加，憂為心病，不快之象也。〇六二居中，得正比於其三，正於其腓矣。以陰柔之質求三，陽剛以助之，可也。但艮性艮止，不求拯於隨，則其中正之德元所施用矣！所以，此心當不快也。故其占中之象如此）。《象》曰：不拯其隨，未退聽也（二下而三上，故曰退。周公不快，主坎之心病而言。孔子未聽主坎之耳，痛而言）。九三：艮其限利其夤，厲薰心（限者，界限也。上身與下身相界限即腰也。夤者，連也，腰之連屬不絕者也。腰之在身，正屈伸之際，當動不當止。若艮其限，則上自上，下自下，不相連屬矣，列者列絕而上下，不相連屬，判然其兩段也。薰與熏同，火煙上也。薰心者，心不安也。中爻：坎為心病，所以六二不快，九三薰心，坎錯離，火煙之象也。○止之為道，惟其理之所在而已。九三位在腓之上，當限之處，正變動屈伸之際，不當艮者也。不當艮而艮，則不得屈伸，而上下判隔列絕其相連矣。故危厲而心不安，占者之象如此）。《象》曰：艮其限危薰心也（不當止而止，則執一不能變通。外既離斷，心必不安。所以危厲而薰心也）。六四：艮其身，無咎（艮其身者，安靜韜晦，鄉鄰有鬬而閉戶，括囊無咎之類是也。六四以陰居陰純乎，陰者也。故有艮其身之象。既艮其身，則無所作為矣。占者如是，故無咎）。《象》曰：艮其身，止諸躬也（躬即身也，不能治人，不能成物，惟止諸躬而已。故爻曰：艮其身。《象》曰：止諸躬）。六五：艮其輔，言有序，悔亡（序者，倫序，輔見咸卦注：艮錯兌，兌為口舌，輔之象也，言之象也。艮其輔者，言不妄發也。言有序者，發必當理也。悔者，易則誕繁，則支肆，則忤悖，則違皆悔也。咸卦多象人面，艮卦多象人背者，以文王卦辭艮其背故也。〇六五當輔，出言之處，以陰居陽，未免有失言之悔。然以其得中故，又有艮其輔，言有序之象。而其占則悔亡也）。《象》曰：艮其輔，以中正也（正當作止，與止諸躬止字同，以中而止，所以悔亡）。上九：敦艮吉（敦與篤行之篤字同。意時止則止，貞固不變也。內有敦厚之象，故敦臨敦復皆以土取象。上九：以陽剛居艮極。自始至終一止而不變，敦厚於止者也，故有此象。占者如是，則其光明何吉如之）。《象》曰：敦艮之吉，以厚終也（厚終者，敦篤於終而不變也。賁、小蓄、蠱、頤、損、蒙六卦，上九皆吉者，有厚終意）。擊地捶右手捋拳依地，肱展開，艮下卦之一陽，右足趾踏地，左足五趾踏地，象艮二陰爻，此艮下卦之象。上卦艮，上者枕骨通大椎以下二十一節，象艮之一陽；後臀兩分像一陰爻，左右脇支兩分，象第二陰爻，此艮上卦之象。吾之取象，猶不止此艮止也。以頂精領住，襠精下去，腰精用好，餘皆各止其所。蓋蹬時足開步，手倒轉動也。動極必靜，是時當止也。時止則止，是止其所當止也。止極必起，此先為下勢之起設勢。

擊地捶七言俚語（左腳蹬一跟，將敵人蹬仰臥於東，去吾甚遠，又恐其復起，故吾則必連三步，趁其未起來而又向其身再擊一捶，令其不復再起）。

其一

轉過臉來面向南，東蹬左腳看奇男（二句承上）。連三趕步腰腳健，深入虎穴用手探（取也）。

其二

放開腳步往前貪，已罷東蹬左足懸（已罷者，足已落於地），下擊一捶光制命，然後回身欲飛天。

第二十九勢　二起腳

右手下演手畢，隨地躍起，而以右手順轉一圈，即以手腕向右腳面拍之，或有以左手先領起左腳，左手左腳將下，右腳即飛起，而以右手倒轉一小圈，拍其右腳面。前法路近右足，當下演手畢，即回頭隨勢連身飛起，腳面掌平，右腳是主；左腳當下演手畢，為右腳設勢，先以左腳躍起，此腳是賓。身法心精往上一提，全身精神振

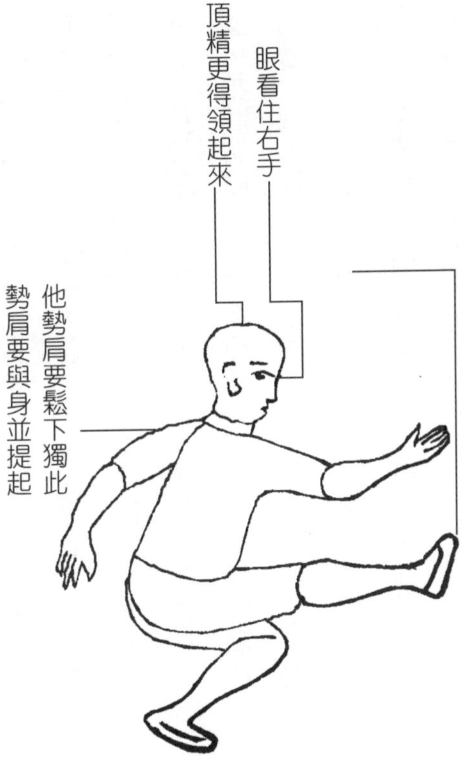
眼看住右手
頂精更得領起來
他勢肩要鬆下獨此
勢肩要與身並提起

奮，皆往空中聳躍，右足能高頭頂方合式，即不能與天庭齊，亦可再不能與肩平斯至上矣。左手當下演手畢，猛回頭時，右手順轉一圈，拍右腳，左手倒轉一圈，以助右手之精，如兵家設疑兵以助軍威，言手而肩與腳皆在其中。

何謂二起？左右二腳相繼一齊離地四五尺而躍起也，故名。踢二起。右手下演手捶剛栽下擊人，西面又有敵人從背後來犯我，即猛回頭，以右手自下而上、自南而北而下，左手亦自下設到上面，遂時自上下去。左腳即先踢起，以引右腳起勢。左腳將要下去，右腳即隨左腳升提，上躍之精亦往上盡力升提（升，往上去也。提，提精神也）。上踢腳面要平。此時右手在下不停，隨住倒轉之精自下速上合住手掌，而以右手拍右腳之面。待左右足相繼落地，其形尚未停住，下勢之機又動矣。二起之界至此，而足此最大之勢。因右手身法所轉之圈大，故其勢大，此最下一等踢法。然學者必先由此路為入門之始，等而上之，右手不用涉到右邊。當下演手畢，左手往上一起，右手即以之從東而西、復自西而下，向東而上而西轉一圈畢，右手拍其左腳，二腳躍起，亦是左先右後，此是中一等踢法。再等而上之，是上等踢法，頗難。當右手捋捶下栽，即時即以右手順勢用順精轉一圈，拍其右腳面，右手順轉一圈，左手卻用側精倒轉一圈，以助右手之精。至於足，亦是左先右後，然必左足先用力狠往上踢，而後右腳始能踢高。二起純是用全體升提法。二起畢，兩足立住而向南，右手在西，左手在東，如單鞭勢下。

內精

二起右手下等運行圖。

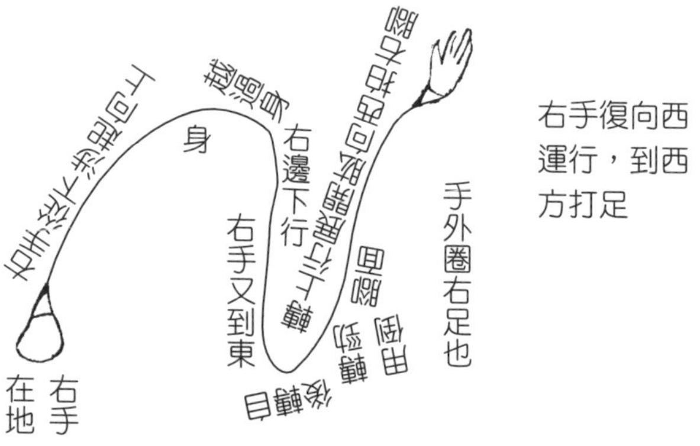

中等圖

原初面向下，涉上打罷，面向南立，不停。

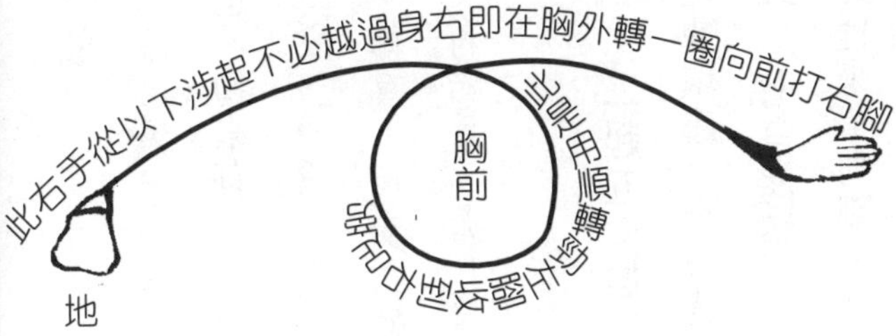

上等手法運行圖

踢二起上等打法，就外觀之，較中圖、下圖似易而實難，非久有功夫不能踢起來。且非親閱其境，不知蓋以本地風光不預設勢，故也。

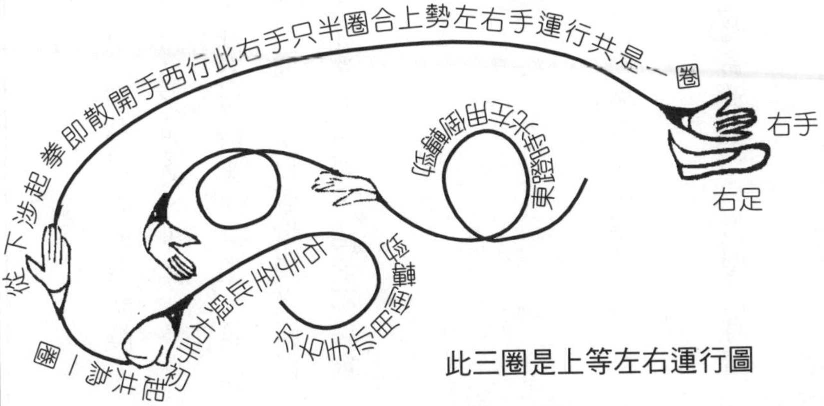

此三圈是上等左右運行圖

取象

本勢左足先起。震為足，震下，右足從後起；震上，合之則為震，故取諸震。震，動也。物未有久止而不動，兩足動而周身皆為之奮起，此震之初爻、四爻，陽一動，則二爻、三爻、五爻、六爻亦隨之而震動。上勢靜極，此勢有震來厲之象。足之所起者，極高，故又有乾卦飛龍在天之象。心精一領起來，而五官百骸皆隨之而俱起，故又有隨卦，隨，有獲之象。且從下演手捶奮然而起，如澤中有雷，隨能不震驚百里哉？

其一　二起五言俚語

二足連環起，全身躍半空。不從口下踢，何自血流紅？

其二　七言俚語

中氣提來膂力剛，連環二起上飛揚。若非先向東伏脈，西擊何能過鼻梁？

其三

飛龍在天不為好（龍之常事），澤中有雷難措巧（由地起高最難）。但憑此身熔煉久，先學魏讎一距躍。

第三十勢　獸頭勢

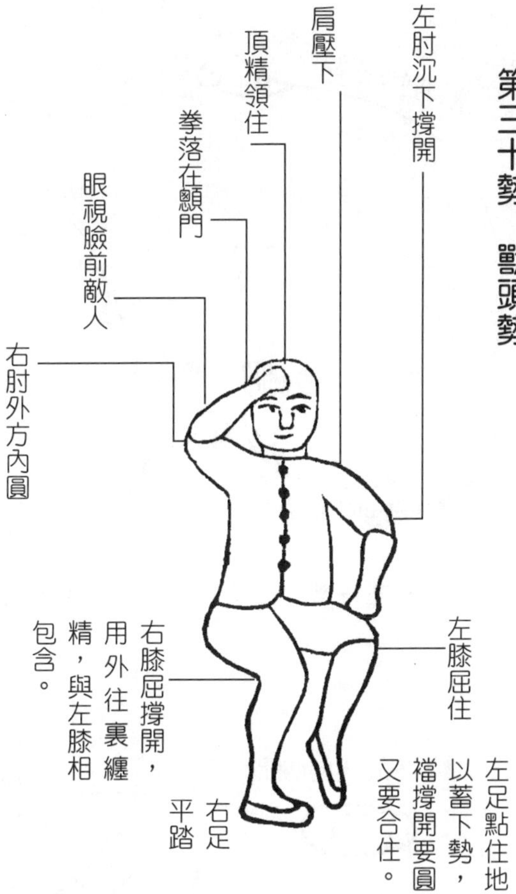

何謂獸頭勢？右拳在額，左拳在左膝上，中間瞪住眼而睒視之（睒：惡視，兒音標），其形兇惡如房上獸頭，故名。二起畢，左足先落下，右足向前開六七寸，左足再往前開尺許，然後左右手從左膝兩旁分下，用倒轉纏絲精纏到拳上。右拳落額上，去額五寸，在正額外。左拳落左膝上，去腹七八寸，去膝二三寸許。左足在西者收到右足邊，去右足五六寸，點住腳，為下勢伏脈。

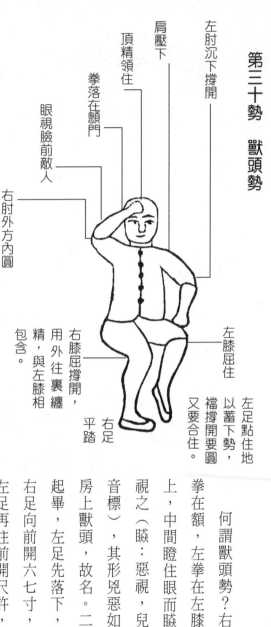

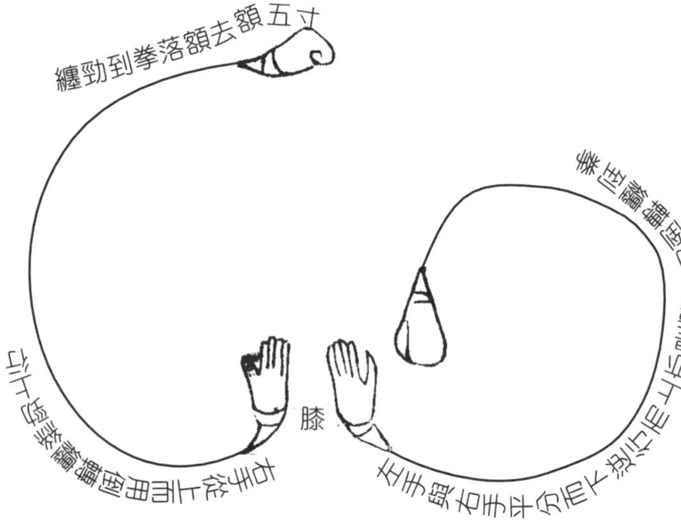

右手運行圖　　左手運行圖

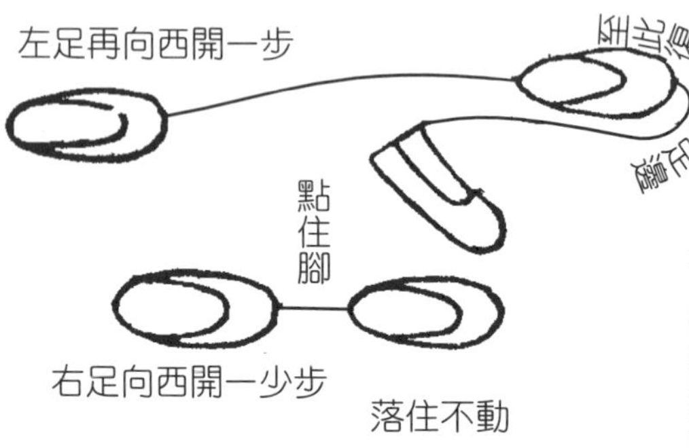

左足前進收回圖

右足前進開步圖

取象

本勢精神全聚於目，視敵人神情往來，觀其外即知其內，故取諸觀。觀者，以人觀我拳，則以我觀人，觀敵所來之路徑而乘便以應之也。《彖》曰：大觀在上，順而巽，中正以觀天下（言二目在面，大觀在上也。順而巽者，巽多白眼。視其大勢，順勢擊之。中正者，心平氣和以觀敵，是觀天下）；曰：觀天之神道，而四時不忒（天即天理，天機也。神道，路道。觀他人先機呈露所來之路道，而以四肢隨機應之）；三爻：觀我生（生，生命也）進退；《象》曰：觀我生進退，未失正也（兩人相敵，性命所關，外觀諸人，內觀諸己，知己知彼，百戰百勝，而一以中氣禦之，未失大中至正之道）；四爻：觀國之光。善觀色者，能禦小敵，亦能禦大寇，所以能觀國之光也；五爻《象》曰：觀我生，觀民也（民即敵之謂）；上九：觀其生，君子無咎（君子喻成手）；《象》曰：觀其生，志未平也（言拳家手成能平其志，自無橫氣，無往不可）。巽上兩畫，陽，左右拳也。巽多白眼，主觀察。巽錯震，有精神振作意。下卦坤，坤為腹。上體屬陽，下體屬陰，坤錯乾，柔中遇剛，坤下巽上，曰觀獸頭大勢之意，有符於此，故取之。有睽卦，見惡人象；有頤卦，虎視眈眈，其欲逐逐象；有天壯利貞，壯於趾之象；有夬卦九五：大人虎變，其文炳也之象。究之象之所呈，雖多武人之形，而內實柔順中正，又有明夷，內文明而外柔順之意，故於諸卦取象之餘，又取諸明夷。

獸頭勢七言俚語

其一

瞪眼搦拳像最凶，機關靈敏內藏胸。左足虛點先蓄勢，何人識此大英雄？

其二

兩拳上下似獸頭，左足西往又東收。護心拳裏無限意，欲用剛強先示柔。

四言俚語

右股要屈，左股要束，左足點地，直而不直。右拳在額，左拳在膝，上下相顧，並我心腹。運用在心，聰敏在獨（獨者，人所不知而己所獨知之地），欲剛先柔，欲揚先抑。太和元氣，渾然中伏，靈機未動，預知無敵。

第三十一勢　踢一腳

獸頭勢，左手在膝上者，因左足上踢左手亦隨勢與胳膊一齊展開，與肩平，以助左腳之力。

眼看住左足所踢之地，勿使不中的。

頂精領住

右手在額者，因左足上踢，右手亦與胳膊一齊展開，以助右腿之力。

頂精領好，右手與左手用順轉纏絲精。左手向西，右手向東，一齊展開。腰精下去，向東霸。左足向西踢。胸要合住。右腳踏好，勿使不穩。膝撐要開，又要合住精，右膝微屈。

獸頭勢，左足點地，即隨勢面向北。以左足點地者向西，往敵人襠中朝上踢一腳。

膝要微屈，不屈立不穩

右足平實踏住地

腰精微往後下去二、三分

取象

上一勢有鼎顛、趾旅即次二意。此勢左足踢起，有壯於前趾之象，有益之損上益下之象。上體之力皆用左足，上以左足踢人，只知晉其角，維用伐邑，厲吉無咎，而未慮及有吝也。蓋大壯曰：壯於趾，征凶。亦如上六：羝羊觸藩，不能退，不能遂，無攸利。事雖艱，終則吉。我以足踢人，人固以手捉我之足矣，豈能退與遂哉！難莫甚矣，然而終有一解之也，故吉。此時大有明夷夷於左股之象，惟有用拯馬壯吉（馬壯，下勢蹬一跟也）。

踢一腳　五言俚語

左腳朝上踢，局外皆不識。兜襠只一下，即時命遂沒。

七言俚語

眼前壁立巍天關，劍閣中空谷口間。若遇英雄初到此，一腳踢倒萬重山。

第三十二勢　蹬一跟

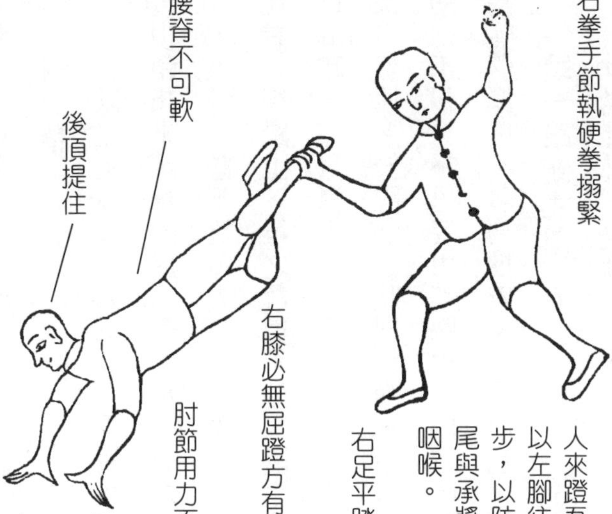

人來蹬吾，吾即以左腳往後退一步，以防蹬吾鳩尾與承漿以下至咽喉。

此敵人左手圖勢。欲以一隻手提起吾全身，而以左手擊之。或有因其右手得住吾腳，即以左手共捋吾腳，用力扭之，以傷吾左股，以逞一時剛強。兩勢籌畫非不善，而豈知身入死地，自然別有生法。

此圖吾以左腳踢敵，敵以右手捋住吾腳，欲扭轉吾腳，令吾疼痛仆地，或上提吾腳，欲吾全身離地，而後顛起打之。吾即順勢倒轉，兩手捺住地，而以右足順住左腿，逆行而上，蹉敵人搦吾左腳之右手，難即解矣。或又以敵人搦吾左腳，吾即以右腳蹬敵人右肘尖，或蹬其手節，皆可解之。此是蹬一跟之大略。至於臨時形勢不同，不妨以吾之得勢，蹬其要害處以解之，臨時致用，是在審機者因便應敵。

內　精

吾以左足踢人，人或以右手搦住吾腳，即速將身涉下，兩手捺住地，頭雖朝下，後頂領起來，身腰用兩奪之精，肩之力俱用在手上，自肩至手指骨節不可發軟，一發軟，不惟下體不能蹬人，而上體亦將仆地矣，圜何能解？自臍以下，精神、力氣俱用在右足後蹬上，難之解與不解，險之出與不出，全賴蹬此一腳。蹬到要害處，不惟可以解難，亦可傷人；蹬不到痛處，不惟難不能解，後之被害不知伊於胡底矣！可不慎哉！然慎之於蹬之之時則已晚，不若慎之於上勢。將踢之時，視其可踢則踢之，不可踢則不踢，不可妄用其踢也。即有隙可乘踢，貴神速不貴遲緩，貴踢關緊穴俞，不貴踢寬髀厚肉不著痛癢處。此要訣也，踢者須知。

蹬一跟新式圖

此勢比前式為難，欲避難就易，故又為學者立一法，以令其先學此，而後再習彼，亦俯而就之，易於作為，恐其畏難之心勝而半途而廢耳。踢一腳，面朝西倒轉，

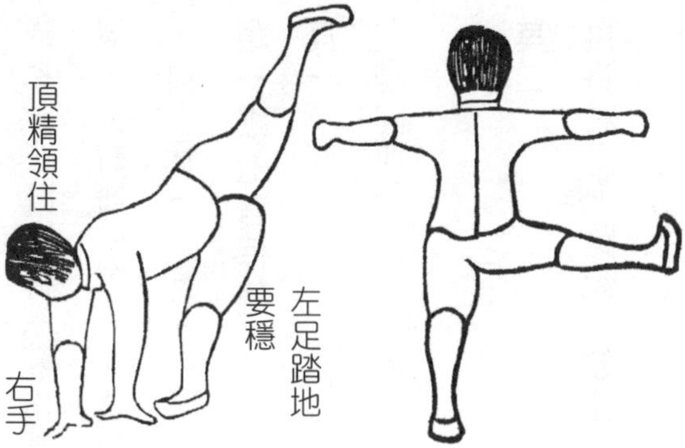

自西而北、而東，頭向東面、向下。左腳踢罷，由西而北落到右腳之東，即以右腳往後蹬一跟，蹬敵人之胸，身即速倒轉，愈快愈好。頂精領起來，兩手用倒轉纏絲精合住精，兩手捺住地亦可，不捺地亦可，腳不必倒往上蹬，只用力向後蹬。後即西方，眼看左右手，心注右足上。蹬一跟者，用腳後跟蹬之。腳趾不如後跟有力，故不言趾而言踵。然趾亦非無用物，特較踵而稍輕耳。全身精力必皆聚於右腳後跟而可，不蹬則已，蹬之必令敵人跌倒。

取　象

我以左足踢人，被人搦住左足，是此身習（坎）入於坎宮中矣，故取諸（坎）。而有剝床以膚，切近之災，故又取諸（剝）、（泰）。初爻曰：拔茅茹（否）；初爻曰：拔茅茹。敵人欲以一手提起吾身，似拔茅連茹之象，故又取諸（否）、（泰）。

困之。初爻曰：入於幽谷，三年不覿（言我之頭朝下，無所見也）；三爻曰：困於石，據於蒺藜（艮為手，為石，喻敵人手捋之緊，如據蒺藜之中也）；上六：困於葛藟，於臲卼曰：動悔有悔，征吉（足被纏束，如葛藟歎危之甚，動而有悔。心一有悔，征則吉，不征則凶）。故又取諸（困）。倘非碩果（言右足也），不食安得祇（小渚也）？既平樽酒簋缶貳，納約自牖而謀，出險得與脫輻之占。迨一腳蹬後，傾否已過，大難既（解），梏楊生梯不大有慶乎！人曰祐之自天，吾謂事實由人，苟得其道，自占休（復）。

蹬一跟七言俚語

其一

左腳向西朝上踢，兩手捺地似虎力。倒懸身法向手（敵人手）蹬，翻身演手照胸擊。

其二

再將右足上蹬天，順住左腿蹉無偏。事到難時皆有法，誰知身體解倒懸。

第三十三勢　第四演手捶

眼看右拳
頂精領住
周身力氣俱聚於右拳，尤須用其膀力
腰精下去

左足落地開一步。

右足隨身倒轉往西，再開一步不移動。

面向西，身向正北。

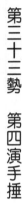

右手從後而上，前進過臉前，捋住拳，用纏絲精外往裏纏，纏到拳，合住精前擊。左足先落地開一步，右足倒轉，從後往西再開一步，不動；左足再向西開一大步，不動。右足在後蹬好地，足後跟力由腿逆行而上，至脊第二十一節，再由二十一節逆行上至膀，由膀前至右拳，以助拳力。

當蹬一跟畢，左腳先落地倒轉，自東而南、而西。右足再向西開一步，胸向正北。左足再向西打演手捶。左手在西，用合精，以應右手。左手用倒纏精向西，手背朝上，合住捶擊敵，無敵。如對敵拳，落左手腕中打演手，左右胳膊不必展開，視敵之遠近，如敵去吾遠，不妨展開胳膊；如敵去吾太遠，不妨連步以進，或一步，或兩步，或三步，右手捋住拳，伸開胳膊以擊之，如此勢連三步是也。如敵麗（附麗也）吾身過近，正不妨屈胳膊，手捋拳，而以全身力氣努而擊之。雖然亦視己之功夫如何，力量如何，出精如何。如功夫、力量出精皆宏暢有餘，用努力勝於伸肱遠矣。蓋此處一動，彼即跌於數武[1]外矣。不然，則屈肘擊人，仍不如伸肘之為快。蓋伸肘縱不能跌人，而先無掣肘之患。頂精、腰精、眼神、襠精，該領、該合皆如前法。至於步法，倒身蹬畢，面向下者，自東倒轉而南、而西，左足先落地，扭後跟，自東而南。右足倒轉，從南向西開一步，是時胸已向北，左足再往西開一步，是左右足連三步矣。左足未落穩，右拳即向西擊。如無敵人在西，右拳即落在左肩、左脇之外，去肩與脇六七寸許亦可。空耍拳勢原無定格，至近右拳落在左脇前，拳去左乳僅五六寸，亦無不可。平居耍拳不可不守成規，亦不可拘泥成規，是在學者能善用其內精。至於形跡或為地勢所限，隨其地勢斟酌運用，可也。當高探時，立而擊人，至遇勁敵或南面手夠不著（下平聲），插以右腳，或北面插以左腳，或回頭向東演手，或倒回

①「數武」即數個半步，古人有「半步為武」之說。

頭向西二起，或向西踢以左腳，或倒轉用大轉身蹬以右足，上有噬嗑、何（荷也）校、滅趾之凶，下有大過、過涉、滅頂、噬嗑、滅耳、頤之、顛頤諸象，反覆其道，不知何時始能出重險，利涉大川而得中行獨復乎？今則七日來復矣，履道坦坦，其誰不用武人之征，演之以手報怨也！孔子曰：以直報怨，未為過也。

內　精

中氣由丹田上行到肩，從肩而下向外，由外斜纏以至於拳背第三節下邊。力由後

右拳圖

肘節背面

左手圖

肘彎朝裏

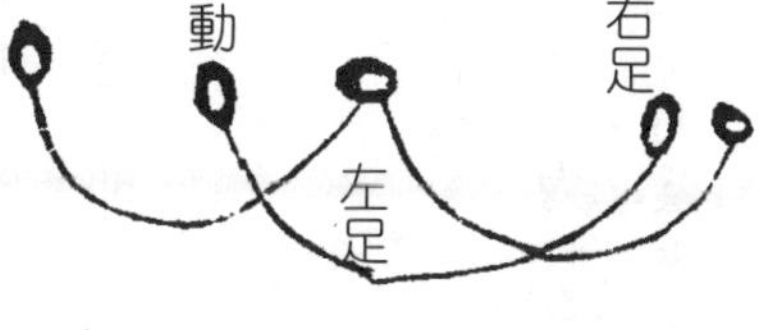

左足先落地，即以左足向西開步，左足後跟扭轉，用倒轉精。

右足亦用倒轉精，再向西開步。

在西仍用倒轉精，再向西開一大步。

左足落到西亦不動

踵起，逆行順脊以至右拳，須用肩膊力合住精，打之左手也。是倒纏至手，手微摳住腕向東，頂精、襠精如前，左膝屈住，與右膝相合，腳平穩踏地，右足在後如蹬物，以助右拳之力。右膝不可軟，與左膝合住精。

取象

上五勢，誠有習坎重險之象。三爻曰：來之坎坎，險且枕，入於坎窞。雖欲勿用，不得也，故取諸坎。然天下事雖曰無平不陂，亦無往不復（無平不陂，上五勢也，蓋本乎天者，親上而反親下，言頭也。本乎地者，親下而反親上，言足也。無往不復者，親上親下，各復其本然之位也）；否極泰來，故再取否泰，時既泰矣。故晉如摧，如獨行其正，故取諸晉。《彖》曰：晉，進也，柔進而上行（言右足大踵之力亦上行，助右拳力）。上九：晉其角，維用伐邑，厲吉（以厲為吉）。誰謂密雲不雨，自我西郊乎？苟復自道，則以既雨既處矣，何咎？故又取小畜。

第四演手捶七言俚語

其一

第四演手面向西，入險出險報人欺。右拳須用膀上力，一擊人都亂馬蹄。

其二

左足落地最為先，右足轉落左足前（言倒轉，向西進一步）。再將左足進一步，試看神力飽空拳。

第三十四勢　小擒拿

眼看住敵人之胸，而以右手推之。

打拳全是頂精，頂精領好全身精神為之一振。

耳須聽住背後

膀力須用在右手上

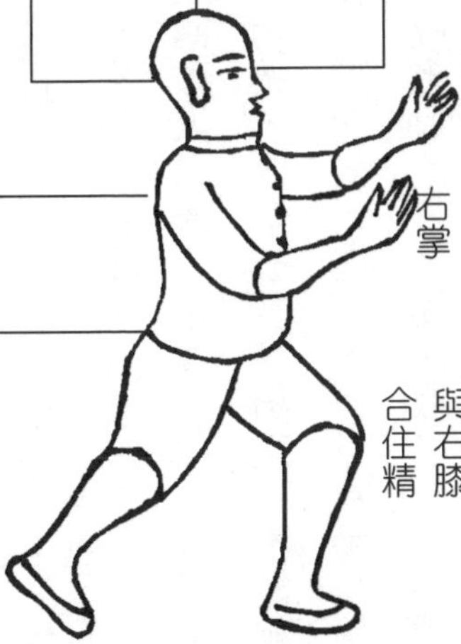

膝撐住與右膝合住精

腰精要下好，腰無力則周身無力。

左足因前面去吾稍遠，擊之無，故向前進一步擊之。然欲進左足必先進其右足，以左足進步已大，不能再進，故先進右足，而後左足繼之，再往前進一步。前即西方。精撐圓，不圓則周身無力，且左右輾轉不靈，故爾。

右足接住上勢地位，向前先開四五寸停住。

自後頂以至髀骨，須要靈動。心雖在面前禦敵，卻又要留心背後，恐又有敵人從後攻其不虞也。

敵人以手擊我，我以左手用順轉精引開敵人之手，而後以右手向敵人鳩尾穴推之。須用掌力，掌上有力方能推倒人。

前之演手或未擊到敵人痛處，復與我敵，或已擊倒而又復起反來相鬥，或此人已跌倒，又有一敵前來相敵，要皆去吾身稍遠，不能相接交手，則必下邊左右腳進步，身與敵近，而後以左手撥開敵人之手，而以右手掌用力推打敵人胸前，皆列陣大戰。此則敵稍敗而複來，故上遮下打，擒而取之，不必用大身法。曰小，言身法小也。

內精

我以左手撥敵人之手，須用順轉精，或上提引之，或自北向南撥開。左右是一齊前去，左手在上，右手在下，用倒轉精自南而北、而後向前擊之，此肘下偷擒法。

右手掌前推圖

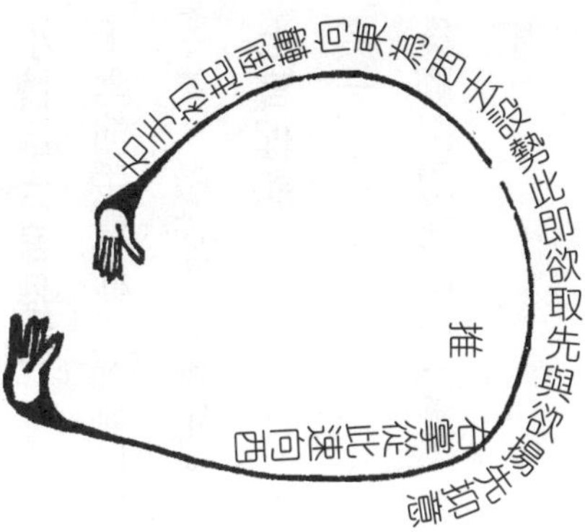

左手用引精引開故人之手，須用纏絲精引之，令其腳立不穩。

東
右足原位
下體步法與前演手步法相同
右足先向前開步
右足原位
左足隨住右足開步，即速向前開步
前即西方

取象

此勢如馬武捕虜，几為周建、蘇茂所敗（言前數勢也）。及王霸不救，武倍力相戰，反敗為功（言上演手捶）。既得勝矣，而又趕盡殺絕，如蒼頭子密殺彭寵以降。小擒打如楚項羽打章邯，九戰九勝。又如鴻溝劃界之後，漢王必欲將項羽逼死烏江而後已。又如晉卦之晉如摧如（摧，以手推倒敵人）。獨行正也之象，故取諸晉。又如二爻之晉如愁如（愁，小心形於外者也），貞吉（以中氣行之，正而固也）。受茲介福（言得勝奏凱而歸），於其王母（王母居西方瑤池。一連數勢俱往西打，此則西而又西）。亦有上九：晉其角（喻右掌也），維用伐邑，厲（厲是厲害，勇也）吉無咎。又如明夷之而狩，必得其大首而後已。又如盤庚所言，乃有不吉不迪，顛越不恭，暫遇奸宄，我乃劓殄滅之，無俾易（遺也）種於茲新邑（言除惡務本）之象。家人、上九、有孚、威如、終吉，雖見惡人往者，雖蹇來，自碩也。故又取家人、上九、睽初、九蹇、上六諸象。

小擒拿六言俚語

上勢演手最紅，況兼以奇決勝（奇計也，上遮下打，偷打人也，故曰奇）。心手眼足一氣，敵被我擒預定。

七言俚語

其一

後腳跟隨左足前（前，行前也），左足抬起再往前。左手提起似遮架，右手一掌直攻堅。

其二

摑肚一掌苦連天，偷從左手肘下穿（穿過去）。神仙自是防不住，何況中峰盡浩然（浩然，中氣也）。

五言俚語

西方庚辛金，萬物結果期（言萬物到秋天時皆有結果），寧有小擒拿，到此不稱奇（言亦有結果也）。

七言俚語

一陣東攻（言諸勢皆在此勢之西）一陣西（言演手捶在西），西而又西（言本勢小擒拿）奇寓正，至此始知太極捶（言前數勢皆為小擒打，設勢至小擒打，乃太極拳一小結果時也。實中有虛，虛中有實，太極自然之妙。用至結果之時，始悟其理之精妙）。

第三十五勢　抱頭推山

上既有咸其輔頰舌，則咸其耳，咸其目，咸其頭（頭亦能觸），咸其肩，咸其肘，皆在其中。左手掌與五指俱用精前推，兩肘要擱精，亦猶左足之咸其拇也，兩肩用力。

頂精領好
眼看右手
咸其輔頰舌（輔口輔腮內肉頰嘴頰舌口內舌也）
右手掌用精亦猶右足之咸其腓也
咸其脢（脢背內在心上而相背不能感物而無私繫）
腿彎直硬，一絲不可軟咸其拇（足大趾也），後足蹬好。
襠撐圓
咸其腓（足肚也）
咸其股膝可知矣
前膝撐好
心為一身之主，後既咸其脢，前之咸其心者可知

我方面向西擒人，彼周圍之同黨敵我者。忽然有人從背後來擊我，我恐擊我頭顱，即時扭過臉來，而以我之左右手分開敵人左右手，以兩手推敵人之胸，使敵之兩手不得入內而擊我，勢如手推山岳，欲令傾倒。右大腿展開者忽然屈住，左大腿屈者忽然展開，左足用力蹬住地，頂精領好，腰精下好，襠精撐圓，足底用力踏地，膀力用到掌上，周身力氣俱注於左右手掌上。推時力貴神速，縱不能推倒，亦可令其後退數武。

內　精

兩肱、兩股皆用纏絲精，外往裏纏，取其並力相合以攻也。敵越近，推之越宜速。蓋遠則推之易，近則推之難，進如疾風吹人，電光猛閃，愈速愈好。左右手先自上下行，從兩大腿分開上行，外往裏合，入到敵人兩肱內，塌住敵胸力推之。如與敵身相去僅有數寸，手不速推不倒，且致敵令生巧計，故貴神速。

上勢左足向西在前，此勢身已轉向東方，則左足在前者反為後足，左足不必離本位，但一扭轉腳後跟而已。

扭過來，向之右足在後者，今則反為前足，即從在東之原位，再往東開一步，因各人腳步之大小而開之，必須令足得勢，用上力氣為止，開步遠不過一尺。

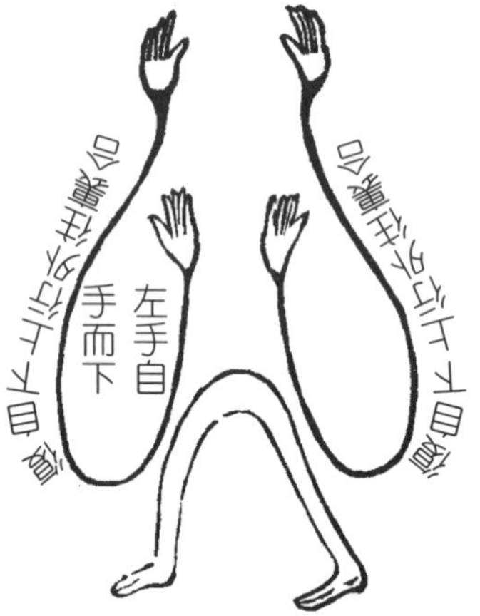

右足開步圖　右足

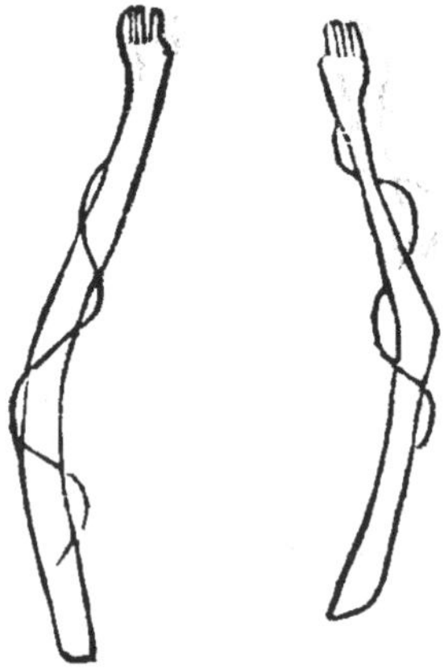

右手倒精纏法圖

左手倒精纏法圖

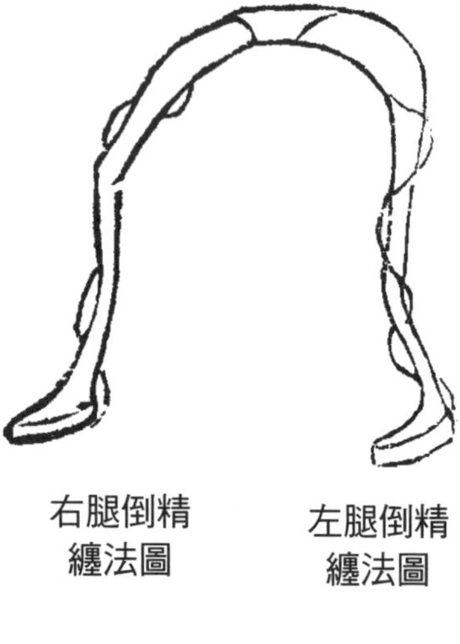

右腿倒精纏法圖

左腿倒精纏法圖

取象

上勢我本面向西擒人，忽然有人從東面來，意欲出我不意以攻我，是從背後先感我也。我即翻然轉過身來，面向正東，以兩手推人，是我感乎人也。兩面相感，如《易》之少男少女兩相感觸也，故取諸咸。咸，感也。人來感我，不肯輕放過我；我之感人，豈肯輕放過人？既不肯輕放，勢必至用全身力，如欲推倒山岳之勢以推之。故咸拇、咸腓、咸股、咸脢宜也。而且五官百骸無不與之而俱感，恐兩手之力小，不能推倒人，不若全體之力大，可以摧翻敵也。《彖》曰：二氣感應以相與（言男女也），是以亨利貞。在拳，是我以天地之正氣感人，無不通，無不利，以正而固。所以動而不失其常時，雖倉猝，處之泰然，是宜推則推，非有意於推而自不失不推之患也。然頭不至重，故以手左右抱裹而推之。

抱頭推山七言俚語

其一

方丈蓬萊瀛洲山，此中定有好神仙（喻敵人也）。余今且效奇男子，雙手推入巨濤間。

其二

推山何必上抱頭，懼有劈頂據上游。轉身抱首往前進，推倒蓬瀛蓋九州。

其三

兩手托胸似推山，恨不一下即摧翻。此身有力須合併，更得留心脊背間（叫起下勢單鞭意）。

第三十六勢　第四個單鞭

節解

眼看住左手中指

左右肩鬆下切勿上架
右胳膊用倒纏絲精自肩腋下由外向裏纏到指頭，五指束住精，與左手相合。
胸要虛虛含住精
身往前合，脊骨上通，頂精要直。

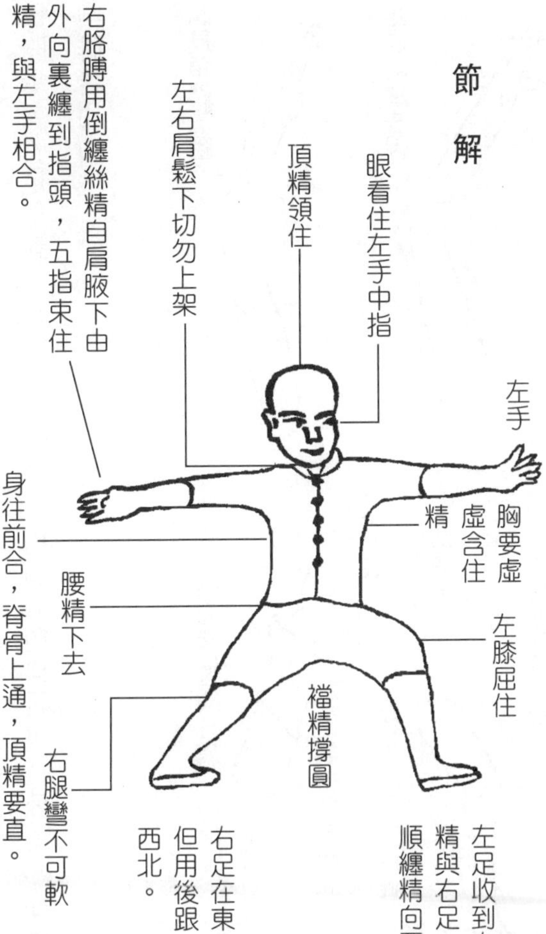
右腿彎不可軟
左足收到右足邊用倒纏精與右足一合，然後用順纏精向西開步。
右足在東，不離本位，但用後跟一轉，移指向西北。

引蒙

抱頭推山才將東面敵人推倒，忽然又有人從西面擊來。吾即以東面兩手用外往裏纏精，一合，然後用裏往外纏精，向西劈去，左胳膊展開。

部位前法已言。心要虛，心虛則四體皆虛，丹田與腰精、足底要實。三處一實，則四體之虛者皆實，此之謂虛而實。頂精領好，則全體精神皆振，右胳膊合則用倒纏精，伸則用順纏精，左胳膊合與伸皆用倒纏精，兩腿合則皆用倒纏精。自足纏到大腿彎開步，右足不動，左足向西開步，用順纏精自足裏往外纏，亦纏到大腿彎，足趾、中腓皆用力。

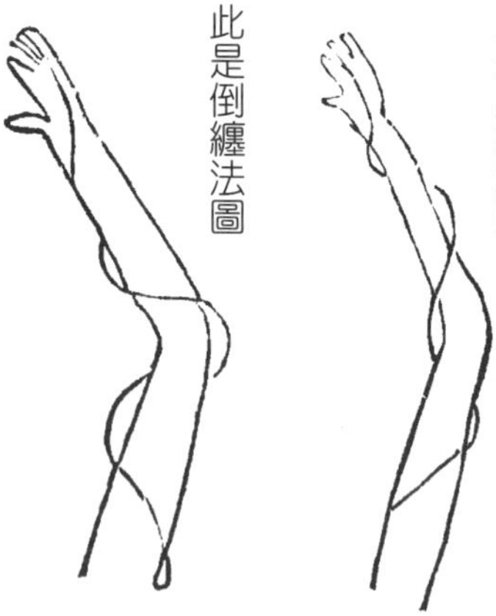

此是順纏法圖

此是倒纏法圖

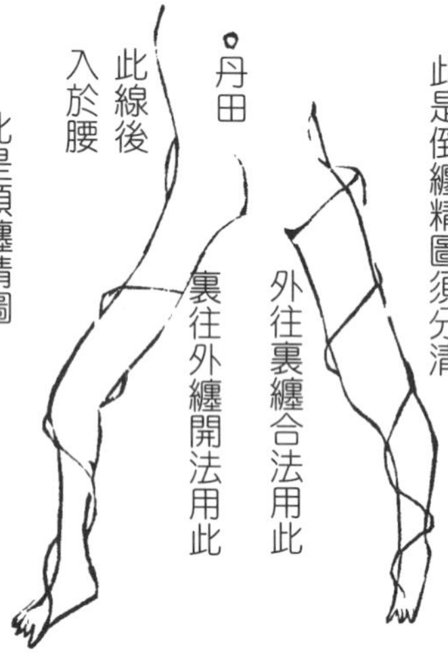

此是倒纏精圖須分清

此是點足法，自足小趾起過腳面纏一圈至內踝骨，上行外臁，斜纏而上至丹田止。

此是順纏精圖

自足大拇起過腳面到外踝，越小腿肚斜纏而上至大腿根，上至後腰止。

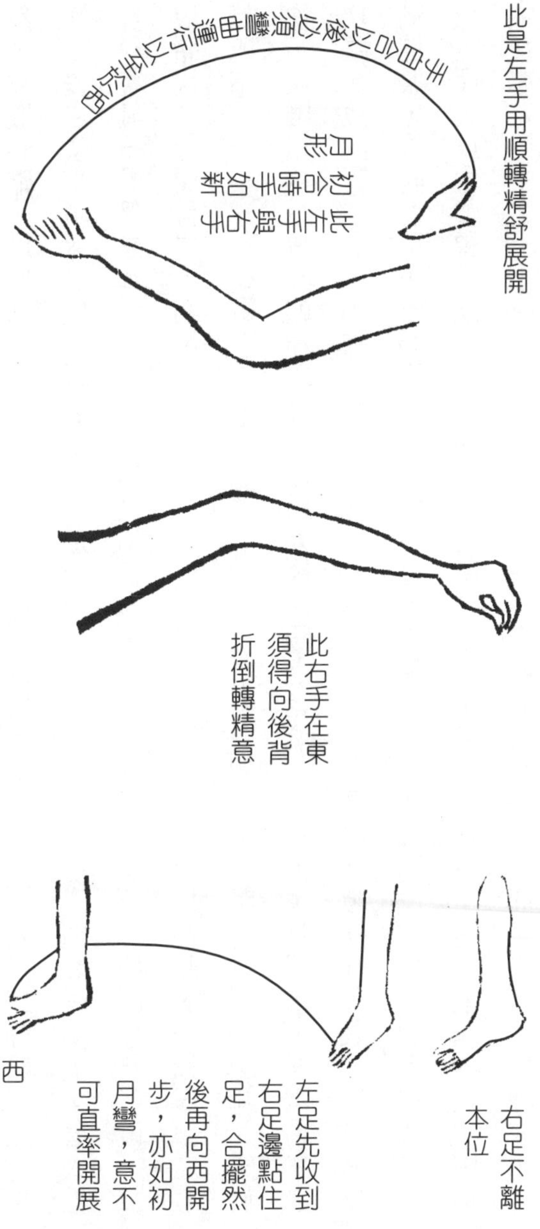
此是左手用順轉精舒展開
手自合以後必須彎曲運行以至於西
此左手與右手初合時手如新月形
此右手在東須得向後背折倒轉精意
右足不離本位
左足先收到右足邊點住足，合攏然後再向西開步，亦如初月彎，意不可直率開展
西

取象

上勢面向東，說是面向東，胸向正北，面則半面向東，此不必再論。但以此拳名為太極，自始至終皆以《易》取象，故此勢仍以《易》之取象與拳之相合者而取之。《易》上經始於乾坤，終於坎離，蓋乾坤以中氣（即中畫之氣）相交，故再索而得坎

離，故以坎離終上經。太極拳至第四個單鞭，已三十有四勢，故亦可以坎離作一結束。然氣機未嘗停止，不過借坎離以暫結束此段耳。暫以離卦言，離中虛上一陽畫，象左右肱下一陽畫；象左右腿中之陰畫，象心離明也，上離下離，繼相照也。心之虛明如日月，繼續相照，無時不明。且心一空虛，則全體皆虛。惟虛則靈，靈足以應敵，故取諸離。以坎卦言左右肱之在兩旁者，像坎上畫之陰；左右足之分開而立，象坎下畫之陰；中氣貫於心腎之中，上通頭頂，下達會陰，如坎之中間一陽畫，蓋人惟實理實氣（實理即至誠，實氣即化機流行），充實於內而後開合，擒縱自無窒礙，故取諸坎。合而言之，初拉單鞭留心運行，皆以中氣坎也；方拉單鞭時，一以虛靈之心無所不照，是坎之錯離也。至單鞭勢既成，心平氣和，中氣歸於丹田，是離又錯於坎。坎離相合，復歸乾坤二卦，復歸太極陰陽之元氣。心屬火，腎屬水，即《易》之坎離。故心腎一交，仍歸乾坤。而吾身太極之元氣（元氣即陰陽五行之氣）復矣。乾剛坤柔，陰陽並用，不偏不倚，無過不及，坎離得中，斯藝乃成。坎離固有坎離之正位，而第以坎離視坎離，是未知坎離之所由來也；且未知坎為中男，離為中女，中男中女亦乾坤中之一小乾坤也。吾身中備陰陽之理氣，其在天地間，不自具乾坤之正氣乎！既具乾坤之正氣，是吾身亦自有太極之元氣也。以吾身本有之元氣運於吾身，其屈伸往來、收放擒縱，不過一開一合與一虛一實焉已耳！故此勢謂之為坎離可，謂之為乾坤（推其原也）亦可，即謂之為太極亦無不可。且自有仍歸於無言之，即謂之無極亦無不可。只要理能推活，皆可借之以命名。但單鞭象近坎離，故即以坎離明單鞭，此單鞭之所以卦取坎離也。

第四單鞭七言俚語

其一

第四單鞭象坎離，閑拉無事不為奇。抱頭方向東邊擊，轉向西方擊更宜。

其二

雙手抱頭向東推，又有敵人自西追。回頭諸勢來不及，惟用單鞭最相宜。

其三

左足從容向西方，抱頭東推力倍強。庚辛（西方也）從後來相擊，轉（即回頭也）用單（用，我用也）鞭一命亡。

其四

忽然左耳聽西方，若有人兮稱剛強。豈知太極元氣轉，為用全鞭孰敢當？

其五

聲東擊西計最良，此是平居善用方。誰知實向東推畢，轉臉西擊一字長（一字，言我單鞭如一字長蛇陣）。

太極拳圖說 卷三

第三十七 前昭

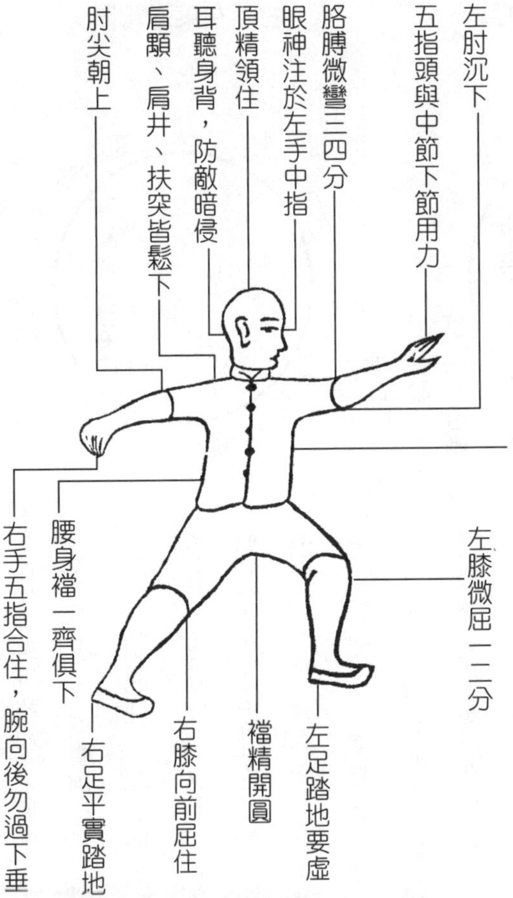

引蒙講義

何謂前昭？眼往前，昭其左手也。何以昭其左手？如敵人在西，或來取手，或來扭肱，吾以左手往上一領向北，自北而南轉（去聲）一小圈，以手背與小胳膊背擊之。此特要手敏

左手在西順轉圖　　右手在東逆轉圖

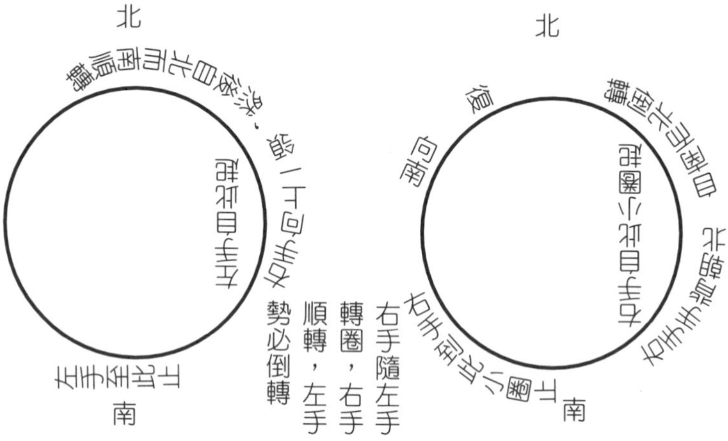
北
北
南
南
右手隨左手轉圈，右手順轉，左手勢必倒轉

眼快，遲則恐受人制。當左手上領之時，腰與襠一齊俱下，上體周轉，自覺活動，下體亦不死煞，右膝屈住，左腿收束，自然容易。至於右手在後，左手上領，自南而北轉一小圈。右手背住胳膞，也是自北而南轉一小圈。左手順轉，右手倒轉；左手背向南，右手背向北，總之一身必令上下相隨，一氣貫通為是。

內　精（前之圖是前昭已成式樣，未說到胳膞中沿路運行之步驟，真氣之旋繞。所以再圖一胳膞中如何起，如何落，中氣如何輾轉，以形太極之自然開合，不假人力強為，方合理法）

上二圖是左右手法運轉之式。打拳全在用心，心機一動，欲令手上領轉圈，手即如其意以傳，此發令者在心，傳令者在手，觀色者在目。

此心、手、眼三到之說，缺一不可。如與敵人交手，觀敵之形色注意我身何處，與敵之手足如何設勢、進退，全在於目。眼既見之，心即知之，該如何準備酬應，手即隨心而到。機至靈也，動至速也（動，即手足運動），故觀其手即知其心。

①

②

左手順纏圖①

左手上領轉圈，手指之畫圈，與胳膊之纏精是一股精，不可視為兩段。特以手言之，示易見也。

右手倒轉圖②

前昭以左手為主，故眼神注視左手。即全身精神一皆注意左手。右手在東，背其肱，非為無用，倘敵人從後來攻，一反其精，自然應有餘暇。

此勢上承單鞭。胳膊固已展開應敵矣。然胳膊既已展開，或再有敵來，勢必不能再展，故必以屈為上。然屈肱何以應敵？故必上領其手，內用纏法以應敵之從左方面來，此亦拳中自然之機勢，不待勉強也。左手在人本不得勢，而又伸而未屈，倘有敵來，非上領其左手不可。左手在上，必合全體之精力，以注於左手，而後有濟於事，此損下益上，其道上行，故取諸損。

前昭七言俚語

眼顧左手是前昭，上領下打把客邀，任他四面來侵侮，百戰功成白手描。

第三十八勢　後　昭

此圖是後昭已成之式。凡前後所圖人樣皆然。至於圖之後所畫線圖，乃是本圖自

後昭圖

始至終，沿路內精運行於手足中者。

引蒙講義

何謂後昭？眼顧右手以禦敵也。此是平居自己下功夫，所運之空架，非真有敵而假設有敵從後來者如何抵禦之法。譬如前昭方終，忽又有無數敵人從東方來者，此身忽然陡轉過來，頭向東左右足亦向東，而以右手與肱接住敵人之手，自南而北繞一圈，復自北而南擊之。未擊之前，必先屈肘，令右手去胸尺許。蓋肘不屈不能伸，不能伸何以禦敵？故屈肘與繞圈，此是一時事。前昭時，左手順轉，右手倒轉，以左手為主，右手為賓。至後邊有敵，陡然轉過身來，以右手為主，左手為賓，前之右手手背向北者，今一與敵交手，右手即順勢轉過來，自南而北，復轉至南，轉（順轉）一圈以作

右手內精順轉圖

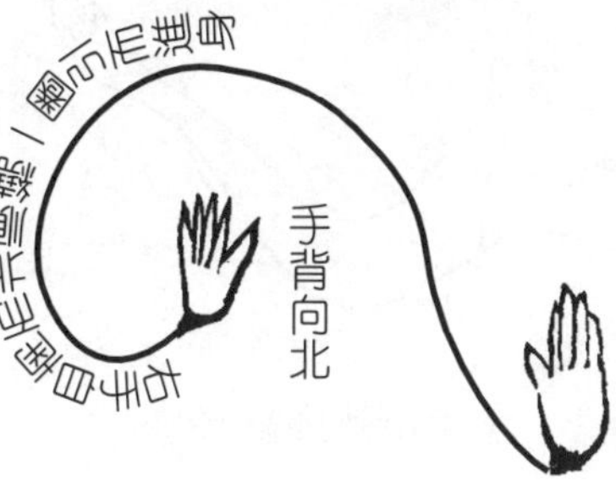

右足收法

右足用纏絲精圖

右手順轉纏絲精圖

左手倒轉纏絲精圖

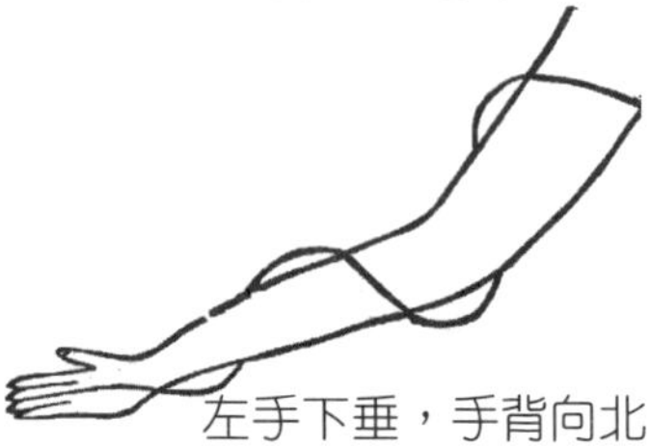

引進。擊搏之勢，右手在東落下，手與腰平，手背向北以伏下勢，前進撥左面敵侵之勢，右膝屈住，右足亦有順轉之意，平實踏地，雖然至實之中至虛存焉，而左足在西，足指向前，惟靜以待動而已。

取象

本勢不必用大身法轉關，但用小身法過角可也。以靈動敏捷為尚。眼方在西，忽有敵自東來者，身即陡然轉過向東，而以右手應之。是前昭之後，野馬分鬃之前，中間一小過角之身法也，故取諸小過。小過錯中孚象離，離為雉，乃飛鳥也。以卦體論，震艮二陽爻象，鳥身上下四陰象，鳥翼中爻兌為口舌，遺音之象也。敵從東來，先動以聲，有飛鳥遺音之象，欺人者必敗。故初六言，飛鳥以凶中爻兌。西兌巽東，我則自西轉東。故六五曰：自我西郊。又曰：公弋取彼在穴。我以右手引而擊之，如以矢弋鳥，不啻囊中取物。此取彼在穴之象也。然非靈敏到極處，不足以語此。此亦大不易之轉關也，此勢不能讓過，況左右紛至沓來者，其將何以禦之乎？故拳術以柔克剛，因而中也。柔能得中，其致吉也，固宜。

後昭七言俚語

陡然一轉面向東，無數敵來無數攻。不是此身靈敏極，幾乎腦後被人窮。

五言俚語

轉眼往東昭，莫非小英豪。只要護其首，何怕眾兒曹。

第三十九勢　野馬分鬃

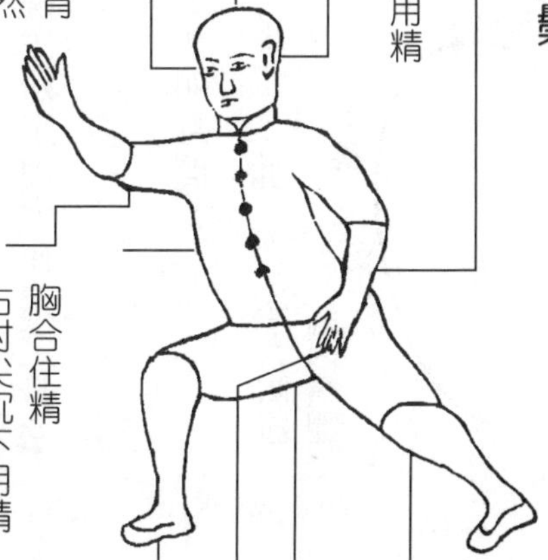
腰精愈要下去
左手在下，五指、手背、肘亦要用精
耳要聽其身後
頂精領好則全身精神皆振
眼睛顧視左右要快
右手直符，右手五指手背俱要用精，左手直符亦然
右肘尖沉下用精
左腳有欲往前進之勢
左膝微屈，腿彎不可軟
襠精愈下愈好
左手腕朝下指頭上握
右足踏得十分穩當

閃通背、二起、倒捲肱，乃拳中大作用之身法。此勢亦是拳中大作用身法。

引蒙講義

何謂野馬分鬃？左右手法如野間之馬，其鬃兩邊分開，象形也。此勢是大鋪身前進脫身法。上邊頂精領住全身，下頭兩膝屈住，襠精要虛、要圓，左右手，如左邊有敵眾，以左手自下往上，朝外向下以擋之；右邊有敵來，右手亦是自下而上，順轉一

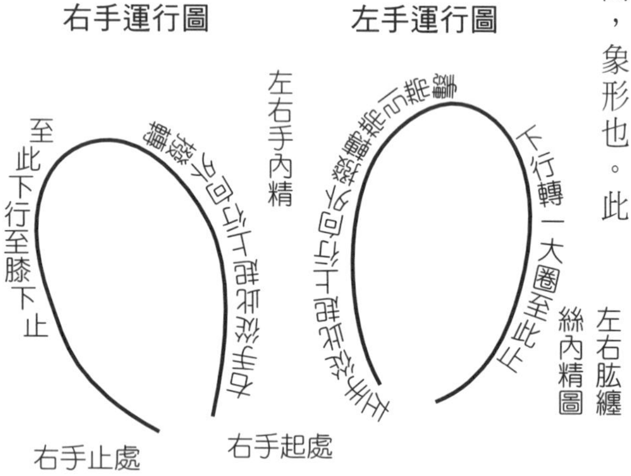

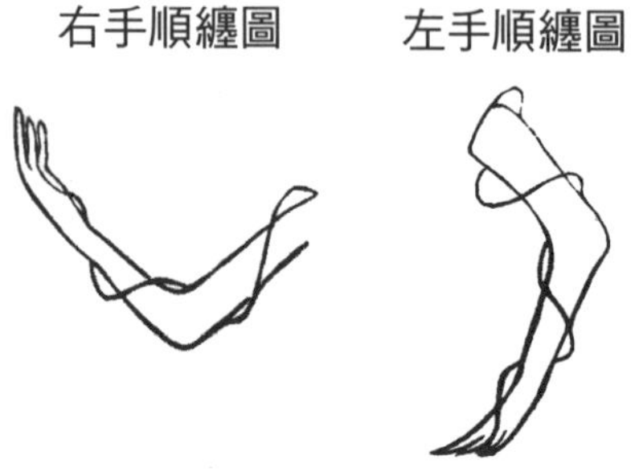

左手如由下到上，則右手到下，一替一圈，更迭運轉。前進步法、手法一齊並進，右手到上面，左手在下。

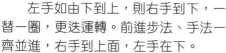

大圈以擋之。大約兩手更迭至上，皆是向外撥敵，然非徒撥已也，皆是帶引帶擊也。必有此身法手法，方許出入眾敵之中，可以無害。此萬人敵也，頗不容易。

野馬分鬃象乾卦 六爻俱備圖

內精中前後所圖之線，乃手指運行所留無形之勢。當運之時，其速也，有聲可聽；其舞也，有形可見。至此勢運畢，形聲俱無，無可見聞矣。故特留每勢運行之意，以示之。是之謂無形之形。上二圖寫左右循環手法，此線圖是寫手法中運行之氣如天（至健之中氣循環不已）。

取象

此勢純是以乾健之意，運行周身。而左右手足又酷似乾乾不已之象，故取諸乾。乾健也，即天所得太極之純陽者也，至大至剛。自天開於子以來，一日如是，終古亦如是。其運行不已，毫無一刻之停。野馬分鬃之進退不已，亦如天之乾乾之象。且左右手兩面分披前進，又如天上日月，一晝一夜，更迭照臨，無所止息，萬物無不被其光華。又如迅雷烈風，前無當轍，後無追兵，左右無窒礙，風行草偃，所向披靡。此野馬分鬃之有取乎乾也。然非徒以氣大為之，而實以中正元氣運轉催迫，令其不得不倒退。且以引進擊搏之術，行乎手足之中，又使之不能前近吾身。此野馬分鬃自然之妙用，亦實乾健自然之妙用也。《象》曰：大哉乾元，亶其然乎。

七言俚語

其一

兩手握地轉如飛，中間一線貫無倚。任他千軍圍無罅，左右連環破敵欺。

（兩手握地者，兩手擦地而上，上下全體皆能顧住。左手先轉，右手後轉，方能與上勢後昭接住。筍一線者，中氣上自百會穴下貫長強穴，如一線穿成也。左右連環者，左手自下向上，右手從上轉下，右手自下復向上，左手從上復轉下，兩手如兩個圓環，互相上下更迭而舞。其剛莫折，其銳無比，其轉無間，故能禦敵。）

其二

一身獨入萬人中，將用何法禦英雄，惟有飛風披左右，庶幾可以建奇功。

第四十勢　單鞭第五

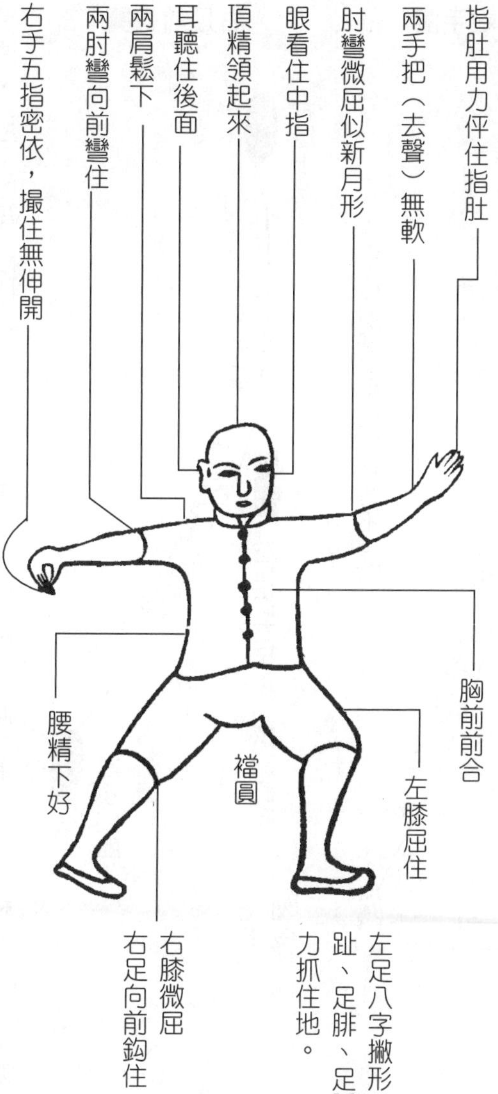
左足八字撇形，足趾、足腓、足踵用力抓住地。

引　蒙

此勢與第一單鞭相為呼應。如文之紀律法度，不可散渙。身法、手法、步法、內外纏絲精法，皆與第一單鞭同，獨其起勢與之異。第一起勢，是從第一攬擦衣來，身法如彼。此單鞭，是從野馬分鬃來。必待野馬分鬃左手左足在前，剛才落住，尚未停穩。而以右足向東躍（即俗謂往前搭前步）一大步，先以右足落住腳，然後左足向西開步拉單鞭。當右足而向東躍時，右手即從下斜插上去，繞一大圈向東。其內精用順纏法，自下而裏、而上、而外，至下斜纏至腋，此是與第一單鞭承上不同處，其餘官

右足前進圖

右手圖

骸運行，大同小異。

內精右足向前進步，盡力往前進，能遠且遠，此平縱法也。

取象

膻中、鳩尾、氣海、丹田，其象與第一單鞭同，皆取乎坎離。右足向東開步，有取乎晉。晉，進也，從後往前進也。又取乎震之六五，震，往來厲之象。且震為足，震，東方卦也。右足向東方，銳不可當，故厲。

七言俚語

其一

右足急蹦向東方，右手一齊往東趟[①]，只要頂精提得好，連身帶肘似鷹揚。

其二

左手在左左皆顧，右手隨現月光圓，從下往上須斜勢，平地飛騰第一仙。

①原版本為「右手一齊往東湯」顯係編排疏誤，將「湯」字更正為「趟」字。

第四十一勢　玉女穿梭（第一圖）

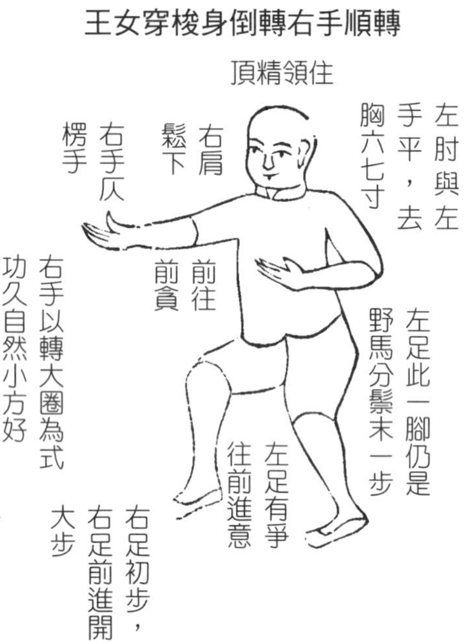
王女穿梭身倒轉右手順轉
頂精領住
左肘與左手平，去胸六七寸
右肩鬆下
右手仄楞手
前往前貪
右手以轉大圈為式功久自然小方好
左足此一腳仍是野馬分鬃末一步
左足有爭往前進意
右足初步，右足前進開大步

順轉平縱法，青龍出水是直進平縱法，二起是上躍法，此勢是大轉身法。上承野馬分鬃，下來右手趁其在下之勢，不容少停，即以右手用纏絲精，從下握上，沿路斜形飛風向東去，指如鋼錐。亦全賴右足在前，隨住右手，亦用順纏精。就住上勢，大鋪身法，盡力向東連進三大步，方夠一大圈，約八九尺許。此是右足先蹦一大步之勢，尤在頂精提好，襠精不得滿足。身隨右手，如鷙鳥疾飛而進，莫能遏抑。步落粘地即起，以啟左足進步之勢。此其三步之第一。下兩步得勢不得勢，設勢機關全在於此。此處圈轉過一下，破竹不難矣。

圖示玉女穿梭第二步（左足）進步姿勢。面已轉過向南，身已轉過一半矣。此不

玉女穿梭第二步左足進圖

此圖玉女穿梭勢已成之式

算成勢，是中間運行之形，亦是方轉不停，莫誤看。左足進步，足趾向東者，亦隨右足趾向西，切莫停留。手法、步法、轉法，愈快愈好。

身方倒轉，右足隨住身倒轉過來，面仍向北，右足再向東開一大步，似停不停，喚起下勢起勢之脈。本勢似與攬擦衣大同小異，然其實大不相同。彼則身不轉動專心運其右手、右足，其氣恬，其神靜。茲則連轉身帶運手足，以防身禦敵，且以快為事故。其氣猛，其神忙，非平素實有功夫，臨事以中氣貫其上下全體者，不能獲萬全。何也？蓋出入廣眾之中，以寡敵眾，旁若無人，惟天生神勇，其膽正、其氣剛，其練習純熟，故披靡一切裕如也。

身法内精

玉女穿梭，非再三圖之，不足見轉身全像。然三圖，以第三圖為主，自起勢以至終勢。右手足雖是順纏法，而身法皆是倒轉精。連三趕進皆是進步，絕無退步之說。至於內精，自頂精以至足五趾，法皆與前同。始終以右手右足為主，而以左手左足佐之。右手順轉，左手必是倒轉。此是天然呈象，非人力所能為也。纏絲精即道也者，不可須臾離也。不必再贅。

取象

乘乾健之後，宜取諸離，離中虛象也。心中一虛，萬理畢具，應敵不難。離本中女，宜屬坤，何以捨坤而言乾？蓋陽極生陰，又得中氣，故取諸乾。且離錯坎，坎中滿，有理實氣空之象。不但此也，玉女穿梭，其進如風，巽為風，故又取諸巽。巽錯震，震為足，此勢上雖憑手，下尤憑足，足快尤顯手快之能。然中女、長女皆帶父生之性。故吾謂此勢雖以女名，實乾道貫注其中也。故莫或禦之。

七言俚語

其一

轉引轉擊出重圍，宛同織女弄織機；此身直進誰比迅，一片神行自古稀。

其二

天上玉女弄金梭，一來一往織綾羅，誰知太極拳中象，兔走烏飛（如日月運行之快）擬如何。

第四十二勢　攬擦衣

此紅線即後所圖　左手叉腰之，
黑線先圖於圖　肘沉下去
上以明右手運行　肩鬆下去
路自何起至何落　耳聽身後

頂精者，是中氣上沖於頭頂者也，不領則氣塌；領過不惟全身皆在上，足底不穩，病失上懸，即頂亦失於硬，扭轉不靈，亦露笨象。是在似有似無，折其中而已。

眼視中指勿斜

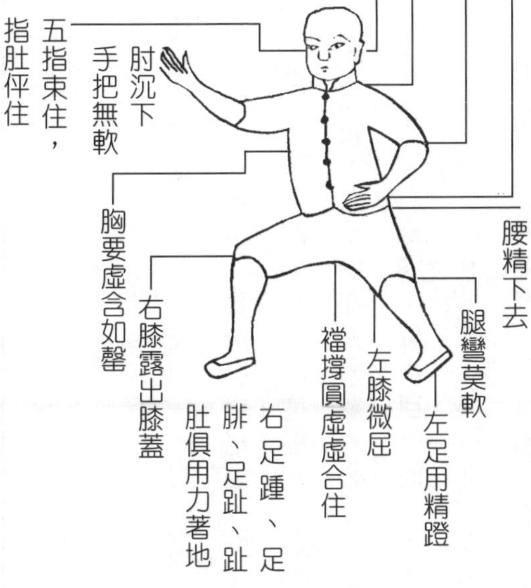

此第三個攬擦衣，與第一個攬擦衣相呼應。

引蒙

攬擦衣上下身法、步法，一切皆與第一攬擦衣同。但彼自金剛搗碓來，手足運動似覺稍易；此從玉女穿梭來，較彼似難。蓋玉女穿梭，我雖出乎重圍，而邊賊未靖，故轉身過來，即以右手禦其東。偏視玉女穿梭第三圖，自知前攬擦衣，右手由身邊繞一圈，始發出去，以成攬擦衣之勢。此攬擦衣，右手猶在外禦敵，必待此敵打下，又有敵來，然後將右手斜側而下，從外向裏，收到右脇邊，然後自下而上，與右手之從外收來，共計作一大圈，手始向東運行，以成攬擦衣之勢。右足亦得自東收到左足邊，顛住足，然後右足隨右手，也是繞半個圈，漸漸慢彎，向東開步，足踵先落地，漸漸向前踏實，放成八字撇形，五足趾俱抓住地，右足踵與左足踵東西對照，不許此前彼後。至於纏絲精法，右手用順纏法，左手用逆纏，皆是由指肚上纏至腋而後止。右足亦是自內而外，上行斜纏至右腿根，以及會陰至於左足。天下惟動者，能用纏絲精，不動則用之甚難。然其意未嘗不在於股內。故一勢既成，上下說合。而左足亦是，自內而外斜而上纏以至會陰，不惟與右股一齊合住，並與上體一齊合住，不稍涉後。吾故曰：纏絲精雖當靜時，未嘗不存於股內，此於合時可考驗也。合不到會陰，則無襠精，且不能撐圓。此纏絲精之不可離也。

內 精

此圖分為兩截，前半截是玉女穿梭成式，後截是攬擦衣運行之路。

胳膊與「紅線」是前截，「紅線」是引敵人進來之路，所謂欲伸先屈也；「黑線」

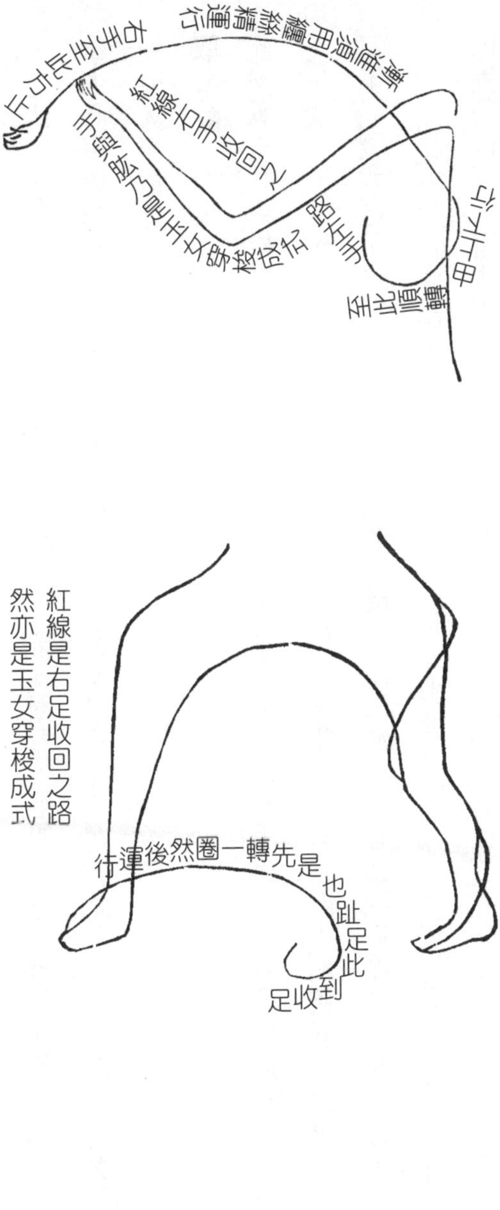

是打人之法，屈而必伸，一定之法①。然所以先轉一圈者，不如此胳膊與手皆無力。拳中必用纏絲者，粘連之法，全在於此。引進之法，亦在於此，不可忽也。工夫久，能令人不敢進。進則打之，退亦打之。

取象

此勢承玉女穿梭之後，又有敵來犯，有險難之象；以右手禦之，有禁止之象，合險與止二義，有坎下、艮上之象，故取諸蒙。何取乎爾蒙？言人既不明破我之野馬分鬃，又不能禦我之玉女穿梭，而猶欲乘我之險，阻之於前。豈知我以剛中之德，行乎其間。如坎之九二，剛中上下交無所不包。包即引進之意。使人知我之意，不敢妄進，即養蒙以正之道。如其不知擊，成上九擊蒙之勢，亦禦寇之所不得不然者。且坎為中男，力正強也。艮為手，有禁止之，具以此中年，運以剛中之精，豈第能以手止物已哉。剝床以膚敵，其在所不免。如此得子，克家之占宜哉至於剛中之外（一切不知，童蒙象也。童蒙其心專一）。

①「紅線」與「黑線」，在原手抄本書稿中用紅線與黑線分別標明手足運行的路線，在普通印刷的黑白圖像中無法顯示。

七言俚語

其一

玉女穿梭步向東，輕身直出眾人中，雖有小賊來相犯，中氣一擊判雌雄。

其二

破圍全賴攬擦衣，屢次分疏識者稀，即擒即縱纏絲精，須於此內會天機。

第四十三勢　第六單鞭

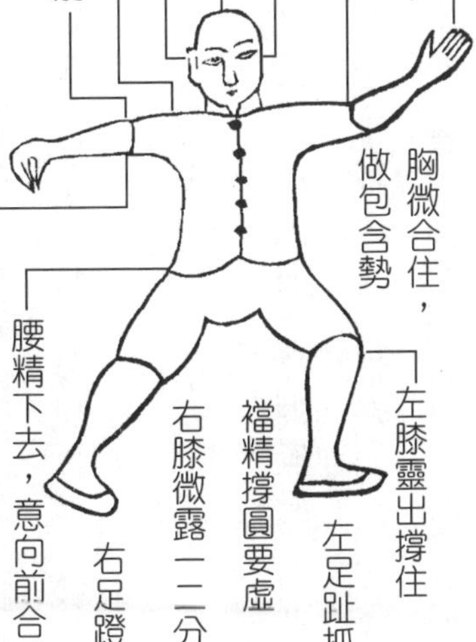

與前閃通背下單鞭相應，彼是逆轉，後從難中跳出來，拉單鞭以衛身。此亦是逆轉，後從難中蹦（上聲，向前躍也）出去，拉單鞭以保命，較彼略難。以敵之眾寡不同，故勢雖同，而時地稍異。

引蒙

身法、步法、上下等等運行之法，皆與前之單鞭無異。前之單鞭，既已層疊見出矣。茲則又以單鞭繼之，毋乃多乎？人之一身，惟左右手用之最便。肩背肘，敵依身者用之；足與腿，手所不及者用之。獨手則左拒右擋，前遮後衛，指揮無不如意，惟其用之最便，故其使用居多。且敵之從前來者，偏左偏右與正中心以及上下，皆可以兩手或一齊並用，或來回更迭用，似為少易。獨於敵在左右，或一齊並來，則用中單鞭破之；或從右來，則用攬擦衣禦之；或從左來，則用單鞭擊之。拳中惟此法最良，故屢用之，不厭多。問何以良？大約敵來侮我，心欲求勝，猛烈居多。知進而不知退，不知退，此心已入吾彀中矣。問何以入彀？蓋彼但知進，我先以退應之。退即引也。彼不喻我之引法，正欲使之前進，以為埋伏之計。待彼智窮力盡，知難擊我，急思返退，已不及矣。此時彼之手中無力，腳底無根，故我不欲打之，則已如欲打之，一轉回即可反敗為功。此即欲揚先抑，欲伸先屈之法也，夫豈有異術哉！此猶是尋常人所共知之理，一臨事而忘之耳。故功夫要得熟成，雖然此中純是一個纏絲精法，不可不知。

內精

單鞭左手手法運行圖

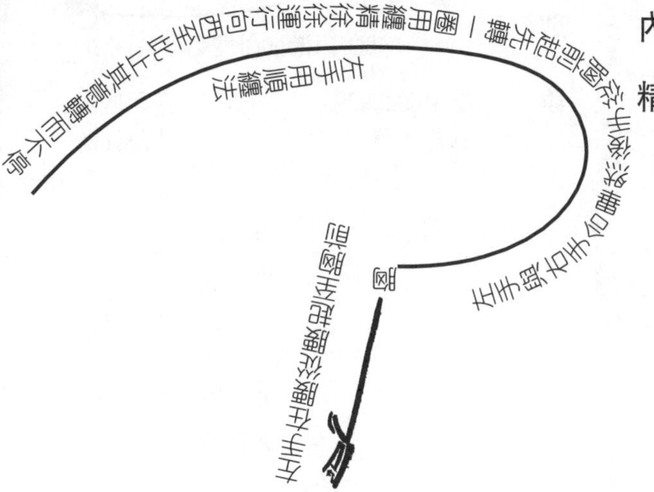

右手運行圖

此肘彎向前，非向下。肘尖向後，手與肩平，莫誤。

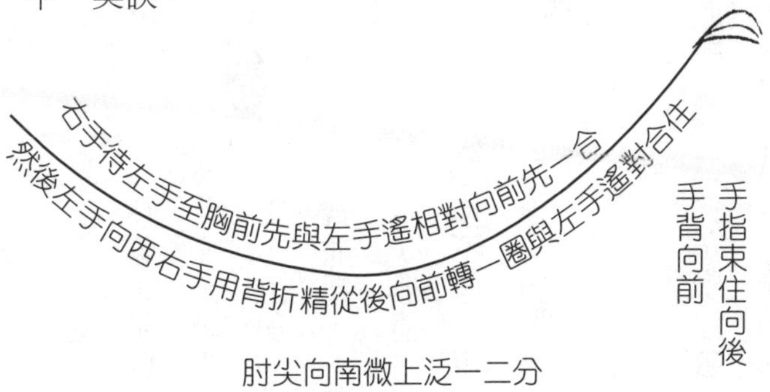

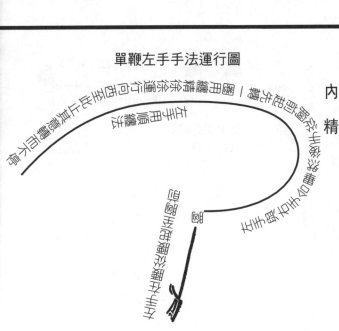

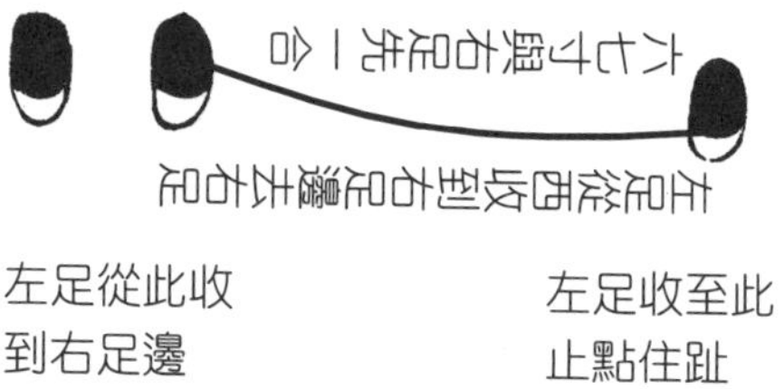

右足在東不動，但扭足踵，使趾微向西北。待左足收到，與之一合，足仍然不動。

左足收回圖

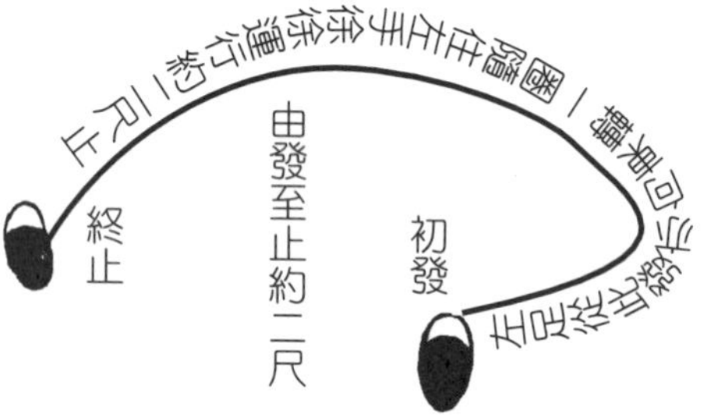

左足至此落住腳，足趾向西北。足趾先不落實，上與左手一齊並起，一齊並落，其意亦是似停不停，不停而停，方為合式。

左足開步圖

取象

此勢胸羅萬象，有離中虛象。虛足以具眾理，故取諸離。二爻黃離元吉，得中道也。上九：王用出征，有嘉（句）折首（句），獲匪其醜，無咎。離初變艮錯兌。兌，悅也。艮為手，止也。悅以止人，非手不可。二變乾錯坤，內剛而外柔也。三變震為足錯巽，為近利市。三倍足之開步，非利於己不妄進步。本勢中氣貫足，理實氣空，又像坎中滿之象。故又取諸坎。坎得乾剛，中之氣，故行有尚、往有功，入重險而不懼，出坎窞而有功。中爻，坎二四合震，錯巽綜艮。離二四合巽，錯震綜兌。震長子主祭，巽長女用命。左手屬陽為震，分位在下，陽中之陰，為右手巽之類也。是長子帥師，弟子與師，內剛外柔，以之禦敵。艮止也，無不順道。兌悅也、順也。坎三五合艮，錯兌綜震。離三五合兌，錯艮綜巽，言剛柔濟時，措鹹宜自合艮、兌、震、巽四卦之情性。至於運行之妙，亦與漸晉兩卦竊有關會。

七言俚語

其一

六子用事各有長，皆於乾坤耀精光（乾坤是個陰陽，震巽坎離艮兌六子皆是一陰一陽），果能悟得真主宰（太極之理以御氣），人生何處不陰陽。

其二

遙承玉女弄金梭，中間攬擦[1]漾輕波，忽然一字長蛇亙，宛似清秋舞太阿。

①原版本將「攬擦」誤排為「懶插」特此更正。

攬擦衣[①]下單鞭上夾縫中左右手足圖

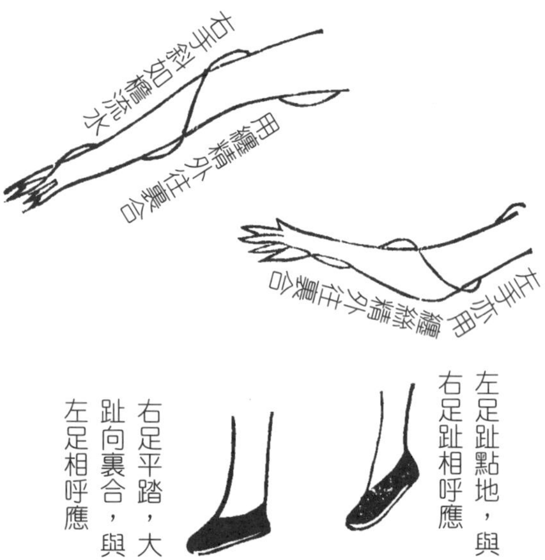

內精

此是攬擦衣、下單鞭上夾縫中勢，內精何發何行？發於一心，而行於四肢之骨髓，充於四肢之肌膚。如單鞭來脈處上勢，攬擦衣既用開精，此處心說意合，則上下手足一齊合住。右手用外往裏合精，斜插而下，指肚用力，肘與掌後皆不用力。左手從左脇至右乳下，亦是用外往裏纏精。指肚用力與右指相應。右足如八字形，踏地不動。從左面收回，去右足七八寸許。五趾點住地，右足隨右手，左足隨左手，心意欲合，則上下手足皆是外往裏一齊合住。合者手

①原版本為「攬插衣」，顯係疏誤，將「攬插衣」更正為「攬擦衣」。

足，而所以合者，心精也。心精一發，而周身之筋脈骨節無不隨之。外之所形，皆由中之所發。故曰：內精既合之後，左手繞一小圈，由右向左伸開。胳膊伸到七八分，似停不停。左胳膊用裏往外纏精，右手由下而外、而上、而裏，亦是繞一小圈，與左手相應，似停不停。右胳膊卻是逆纏精，運行於胳膊中。右胳膊與左胳膊，其精一順一逆，前後自相呼應。下體左足與右足，其精亦然。兩足既合之後，左足趾點地者向左開步不過尺四五寸，而後止。當將開步時，左足亦是先繞一小圈，而後開之。不如此，不惟無勢，足亦無力。故必先繞一小圈，以為開步設勢之由。

天地運行，全憑陰陽二氣。得天地之氣以生，亦全憑陰陽之靈氣，以為一身之轆轉開合循環不已。故吾身之運行，亦同天地之運行也。然運行者宮骸，而所以運行者太極之理。惟以理宰乎氣。故吾身之運行，或高或低，或反或正，且忽遲忽速，忽隱忽現，或大開而大合，忽時行而時止，莫非一片靈氣，呈於色象。真如鳶飛魚躍，化機活潑。善觀拳者，必不於耳目手足之鼓舞於跡象間者，深嘉賞也。故學者必先研其理，理明則氣自生動靈活。非氣之自能生動靈活，實理使之生動靈活也。知此而後可與言。內精如第以由內發外者，為內精。此其論猶淺焉者也。

或者曰：此拳不能打人。不能打人，只是功夫不到，若是功夫純熟，由其大無外之圈，造到其小無內之境，不遇敵則已，如遇勁敵，則內精猝發，如迅雷烈風之摧枯拉朽，孰能擋之？即以此勢之先合者言之，不知者，但謂為單鞭設勢，而不知非焉。前之攬擦衣，既已禦人之侮矣，或又有迫制吾肘，吾肩從下往後，向上轉一小圈，向前斜插而下，即送出客於大門之外矣。此謂肘制者，以肘擊之，制肩亦然。如制吾手，手即從前往後一翻，亦是轉一小圈，以手背擊之。既擊之後，或又有人來侵我左半身，吾即於左手既合之後，隨勢向左禦之。此即單鞭，左右手皆有打人之法。先合者，以合打之，後開者，以開打之。手足無在非轉圈之時，即無在非打人之地。蓋吾以吾之理運吾之氣，理無滯礙，則氣自無窒機。吾豈有心打人哉！吾自打吾拳，亦行所無事而已矣。拳至於此，藝過半矣。

取　象

上勢攬擦衣，成勢用開精，本勢開端，起勢先用合精，有變開為合之意。且物極必反，自然之理。開極必合，合極必開，亦理之自然而然也。故於起勢，有取諸革。既合之後，手腕朝下者，漸漸翻過手，手掌朝外，左手自右乳下上行，漸漸運行過頭，越鼻前，逾左耳前，漸漸向左面舒展。手領胳膊展至七八分，其形若止，其意不止，漸漸充其內精，必使精由骨中充至肌膚，以及指頭，待內精十分滿足，則勢下之機致自動。右手既合之後，手腕向下、向右者，亦漸漸束住。手指向下、向後，上行向前復向後。此處最難形容。胳膊向前彎，右手與左手一齊運行。然胳膊之精，必須轉夠一圈，而後似停不停，與左手相呼應。合住精，以漸而進，故中間運行，有取諸漸。本勢將成，精貴豐滿。《易》曰：宜日中，日中則光照天下。故勢末又取諸豐。言裏精之充足、飽滿，以像日中之光也。

第六單鞭七言俚語

其一

一開一合妙人微，上下四旁泄化機。縱使六子俱巧舌，也難描盡雪花飛。

其二

一片靈機寫太和，全憑方寸變來多。有心運到無心處，秋水澄清出太阿。

第四十四勢　第二左右雲手①

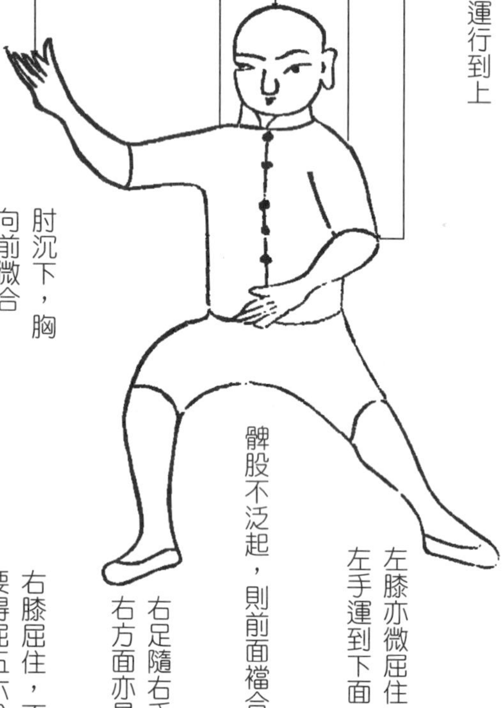
左手運行到下，則右手運行到上
左肘沉下
左肩鬆下
頂精領起來
右肩鬆下
眼看中指，右手指肚用力，五指束住
右手運行到上，則左手運行到下
腰精下去，腰是上下交關處（不下則上體氣浮足不穩）
尻骨微往上泛起
左手運到下面，左足落實
髀股不泛起，則前面襠合不住精
右足隨右手運後左方面，運到右方面亦是轉一圈
右膝屈住，不屈則襠不開，故膝要得屈五六分

①原版本為「中運手」，依據目錄名稱，將「中運手」更正為「第二左右雲手」。

運行根於一心，而精神著於眼目。眼目為傳心之官，故眼不旁視，足徵心不二用。

此勢雖重出，然前有意蘊未盡發明者，故特補之（非另外又一勢）。起勢先運右手，次運左手。運手無定數，左手先往上領起。左手不領，則右手起不來。即起來，亦無勢，且非一氣相承。故有此一領，則周身血脈皆叫起來。

前是右手運行到上，此是左手運行到上，是為左右一周。左右一周畢，仍以右手運之。右手運畢，仍以左手運之。必至前運手下高探馬地位而後止。右手運則以右手為主。右手運畢，即以左手運之。左手運則以左手為主。以左手為主，則全身精神皆注左手，而眼神尤為緊要，故當注於左手；下依著右手運行，則眼神即隨住右手運行，不可旁視。旁視則神散，志亦不專。

引　蒙

問運手其端由何而起？曰：由左手指頭領起。運由何先？曰：由右手指頭肚與小指掌。由何處為運轉機關，由何處為運行之始？曰：左手既領動右手，則右手之與右肱平者，由上設下，順轉至右膝外，上行過心口，運至鼻，越右額角，過右肩上，復運至起初運動原位，才夠一圈。右肘沉下，右肩壓下，右腳隨右手也是順轉。右手至膝外，右腳隨右手收至左足邊。是時右手上行往外運，右腳亦是上行往右運。但右足落腳，比原位稍近裏邊五六寸，是謂開步於無意之中。當右手至右膝外，將上行之際，則左手自上下行也，是順轉法。右手上行，向右運行至原位，則左手下行至膝矣，左足亦收至右足邊。待右手下行至膝外，則左手與右手一齊運。左手也是上行，至心口復上運至鼻準，越左額角，過肩上，運至左手起初原位。左足從右足外向左開步，亦是順轉法。但右足於右少運五六寸，則左足方能於左多開五六寸。左手至原位，則左右運轉各自一周。左右一周之後，機不停留。右手從下復上行，左手從上行，終而復始，更迭運行，循環不已，如日月之代明。

問運行之主宰。曰：主宰於心。心欲左右更迭運行，則左右手足即更迭運行；心欲用纏絲精順轉圈，則左右手即用纏絲精順轉圈；心欲沉肘壓肩，肘即沉、肩即壓；心欲胸腹前合，腰精劄下，襠口開圓。而胸向前合，腰精搓下，襠即開圓，無不如意；心欲屈兩膝，兩膝即屈。右足隨右手運行，左足隨左手運行。而膝與左右足皆隨之，不然多生疵累。此官骸之所以不得不從乎心也。吾故曰：心為一身運行之主宰。

問打拳關鍵在何處？曰：在百會穴下。自腦後大椎通至長強，其動處在任督二脈。其精神在何處？曰：在眸子。心一動，則眸子傳之，莫之或爽。或曰：拳之大概既聞命矣。而要打不出神情何也？曰：此在平居去其欲速之心。如孟子所言：「必有事焉，而勿正，心勿忘，勿助長焉。」臨場先去其輕浮慌張之氣，清心寡慾，平心靜氣，著著循規蹈矩，積久功熟。然後此中層累曲折，歷盡難境，苦去甘來，機趣橫生，渟不可遏。心中有情有景，自然打出神情矣。要之，此皆人力所能為者。至於無心成化，是在涵養。日久優游，以俟其自至，則得矣。孟子曰：「我善養吾浩然之氣」，斯言誠不誣矣。問者唯唯而退。吾因援筆以誌之。

中運手與前後兩運手，遙遙相呼應，卻劃然分上中下三界，而三界卻是一理貫通。

左右手沿路所走之圖

左手從此起臨終至此止

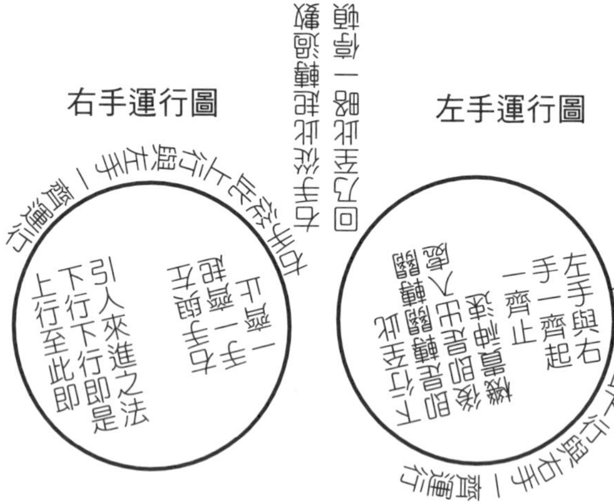

左手運行圖　右手運行圖

左右手雖是一齊起運，然左手是從左面，手與肩平，下行起手。右是從左乳下，胳膊屈住上行起手。所以左手到下，右手到上；左手到右乳下宜屈，右胳膊宜伸到右方面。

打拳運動，全在手領，轉關全在鬆肩。此圖特寫單鞭運手鬆肩之法。工夫久則肩之骨縫自開，不能勉強。左右肩鬆不下，則轉關不靈。且鬆肩不是軃肩。骨節開，則肩自鬆下。

補單鞭鬆肩圖

取象

人心屬火。火無常形，附於手足之運行，而後心火之明見，如易之離卦。離者，麗也；明也。兩手左右運轉，如日月之麗乎天；相代而明以氣（氣即神氣）運也。兩足運於下，如百穀草木麗乎地，相代相謝，以形麗形，重明以麗乎正。上下手足中道而行，運轉不已也。人心惟私欲靜盡，理障一空，故其體常明。明則無所不照。故左來則照乎左，右來則照乎右。人不能欺明則靈，靈足以應萬事。故左有敵來，則擊左；右有敵來，則擊右，有備無患。象似離，故取諸離。

中運手五言俚語

兩手運中間（上中下三運手，此居其中），左右如循環。借此有形物，畫出水中天（至虛至靈，一舉一動俱是太極圓象）。

七言俚語

一往一來運一周，上下氣機不停留。自古太極（言陰陽之理，剛柔之氣）皆如此，何須身外妄營求（《中庸》言道不遠人；孟子曰萬物皆備於我。返求諸己而已矣）。

第四十五勢　擺腳

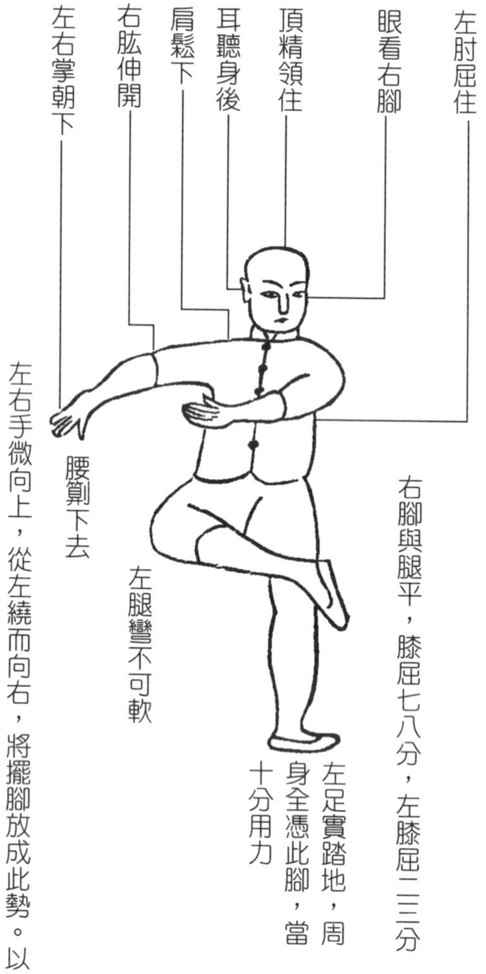
左右掌朝下
右腳與腿平，膝屈七八分，左膝屈二三分
左足實踏地，周身全憑此腳，當十分用力
左右手微向上，從左繞而向右，將擺腳放成此勢。以下是擺腳正面

何謂擺腳？右腳抬起，與右腿根平，橫而向北，以足捭人（捭，擊也）。然必右肱向右伸開，左肱屈住，手向右，兩手掌朝下，左右手橫而向南打右足。右足橫而向北（即右方），迎左右手至中間，如兩人對敵。左右手摩蕩右足，右足摩蕩左右手。手足

對頭，畢錯過去右手。左手平而向左，左肱伸開，右手亦平而向左肱。屈住右足，與肱平向，右膝稍屈住，停而不停，將有下落之機，其實未落。擺腳之界，至此而足。

引 蒙

上之成式，圖節解已明，不必再贅。但運手下，擺腳上，此處夾縫，手足宜如何？曰：運手將終，左足略移於右面二三分，為下勢地基窄狹騰路。上體左手領住右手，先向左，由下而上，轉一小圈，向右屈住胳膊，左手落在右膀前停住。右手隨住左手，亦是自下而上，轉一大圈，展開胳膊，向右停住。兩手向左者，引敵人也；轉而向右者，以右手擊敵人也。復轉而向左者，以左手擊人也。右足本在右而向左者，不向左則向右擊人無力。故必先向左，而後擊右。兩手左右橫擊，右腳亦抬起在上，向右擺而擊人，則四肢只剩左腿一足在下矣。

然此一足，即《易》所謂長子主器。必使如磐石之安，金湯之固，夫而後環而攻之。不可搖撼，不然敗矣！問何以安？何以固髀骨？微往下坐一二分，左膝屈一二分，上體頂精領好；中間合住胸，左足抓地，腳心摳（去聲）住地，上下體前後左右皆撐住，無使偏重，則足底自然穩當，安且固矣。

擺腳左右手起端式

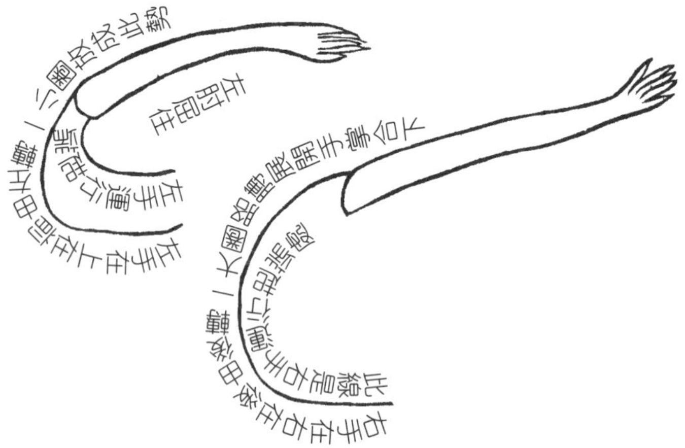

擺腳左右手已成圖

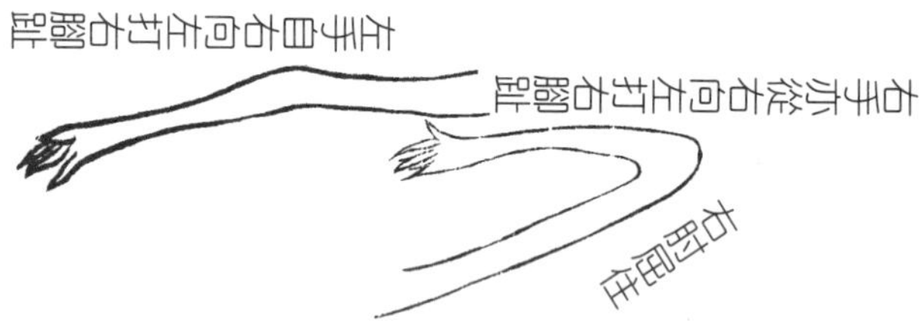

此勢乃拳中之變格也。足之在下，前踼、後蹬、下蹴，此是正格。今以右腿抬起，以腳橫運擺而擊人，故謂變格。左右手前擊、後擊，以單手左披右引，往往有之。今以兩手左右橫擺擊人，以為右腳之應，亦拳中左右手之一變格也。以浩然之氣行之，無往不宜。下體左腿獨立，猶中流砥柱。

取　象

擺腳似艮，艮為手。以

左手右手，左右止物。艮，止也。下者艮，其趾未失正。三爻艮，其身止諸躬。足穩則身不可搖。上九：敦艮吉。《象》曰：敦艮之吉，以厚終也（言足底力大，上體自難摧挫），故取諸艮。又似乎旅天地者，萬物之逆旅。光陰者，百代之過客。左右手從左而右，復從右而左，如旅之來往行路，一過而已。右腿橫擺亦一過而已。左足立而不動，是當止則止，當行則行（言右腿也），莫非過客往還，全不留滯，故又取諸旅。

擺腳七言俚語

其一

一木能支廣廈傾（一木喻左腿，廣廈喻眾體），上抬左腿一劍橫。左右兩手左右擊，先置死地後求生。

其二

擺腳一勢最為難，夔夔獨立似膽寒。豈知太極有妙用，手如平衡萬事安。

長短句俚語

一縷心血，運吾浩然之氣。前後相稱，無不如意。任他四面來攻，怎擋我手足橫擊。左右前後，事皆濟。

第四十六勢　一堂蛇（一名跌岔）

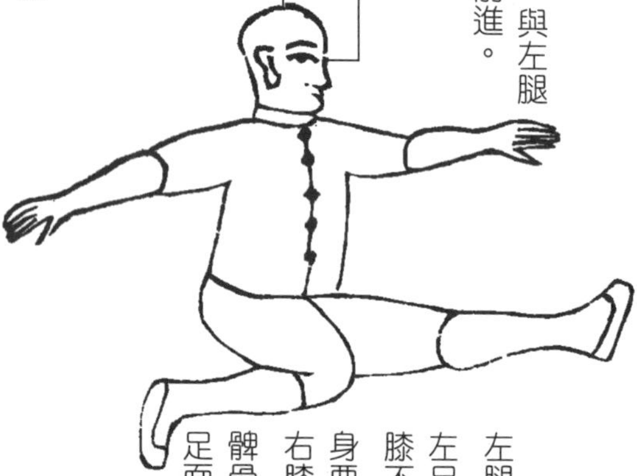
左手從右腿下去，與左腿一齊展開，以漸前進。
眼看左手左足
頂精不可失
右耳聽住右面
右胳膊展開
右手似有欲前之意
左腿展開，平落地面。
左足用力蹬敵之臁骨，左膝不可屈。
身要領住，氣往前合住，
右膝屈住，不可踏實。
髀骨似坐非坐，實而虛右足面朝下，鞋底朝上。

何謂跌岔？身從空中跌下去，兩腿岔開，方為跌岔。此圖左腿展開，右腿屈住，此為單跌岔。以雙跌岔，非用縱法不能起來。不若單跌岔，只用左足踵往前一合，右膝往外一開，右足踵用力一翻，即遂落遂起。較之稍易，故用之，亦能制勝。且今之拳家，皆如此，姑從之。

引蒙

跌岔與二起回顧照應。二起從下而上，飛向半空，此則由半空而下，兩腿著地。

天然照應，不做牽合。此古人造拳法律之嚴如此。當擺腳畢，屈右肱，伸左肱，手皆在左。兩手復從左方自下而上，轉而向右。右肱展開，左肱屈住，兩手皆伸。此時右腳跌下至地，左足即從右足，足踵依地，以次漸向西南蹬去。其意上彎如新月形，左手與左腿一樣運行也。是自右腰慢彎下去，與左足同行，向西南推去。始用指力，繼用掌力。右手在後，胳膊雖伸，而手卻含。自上而下，邁往欲前之意。特其勢，尚未之呈耳（跌岔界至此）。

右腿圖

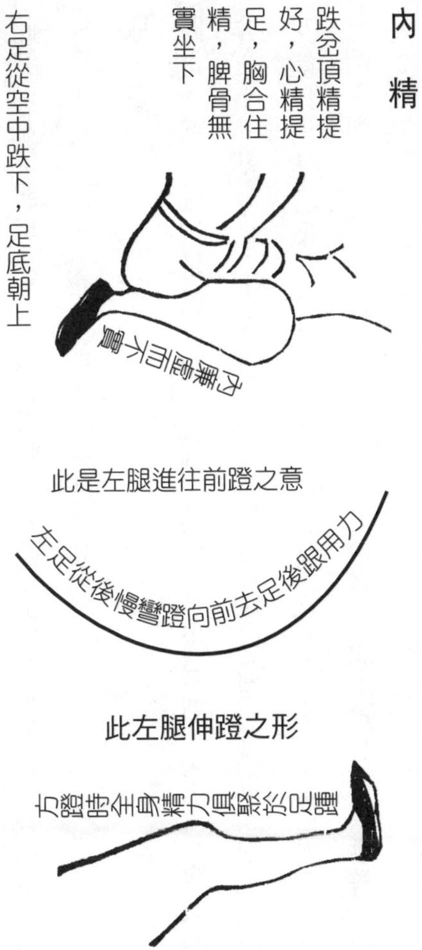
內精
跌岔頂精提好，心精提足，胸合住精，脾骨無實坐下
右足從空中跌下，足底朝上
此是左腿進往前蹬之意
左足從後慢彎蹬向前去足後跟用力
此左腿伸蹬之形
方蹬時全身精力俱聚於足踵

此勢以左足前蹬為主。蹬非虛蹬，蹬敵人也。故足後踵不可不用力，而左手前推助左足也。右手在右，亦大有欲助左足之意。

取象

跌岔一勢，雖左足能以蹬人取勝，而髀骨坐於地，不啻習坎入於坎窞，險莫甚也。非有孚，維心亨，不能行有尚。苟能以太極之理，誠實於中，禍福利害，有所不計，又能以浩然之氣，行其心之所安，將來坎不盈祇（祇作坻。坻，水中小渚也。《詩》曰：宛在水中，坻是也）。既平入險者，能出險矣，故無咎。跌岔之勢，有似習坎，故取諸坎。人惟兩足立於地，左右兩手鼓舞於上，禦敵猶易。至於跌岔，身入重險，難莫甚也。易卦：艮上坎下，為蹇。蹇，難在東（艮方）北（坎方）。文王圓圖，皆在東北，若西南皆無難，故利西南。此跌岔左足之所以向西南蹬者，因西南吉利方也，故往蹬有功。六二：王臣蹇蹇。王者，五也，為元首。二者，臣也，為股肱。外卦之坎，元首之蹇；中爻之坎，股肱之蹇。易以二五在兩坎之中，曰：蹇蹇。人以元首股肱，皆居至下，亦如之。《易》言：匪躬之故，有不獲其身之象（言滅亡之禍，莫大於此）。又有非自致之意。敵人侵暴不盡，己之所以自致，跌岔亦然。又有不自有其躬之意。元首居下，左足不敢自愛，向前急蹬，因此蹇蹇。是故九三往蹇來反，言人內反諸己，有解蹇之具。雖蹇可往，六四往蹇來連。來連者，左足結連右腿與左右手，用其周身之力以赴難，勢眾者力強。武王曰：予有臣三千，惟一心境。雖有蹇，履險若夷，蹇可往也。九五：大蹇朋來。元首雖居下，只要全身精神，皆能相助。上六：往蹇來碩。往蹇者，言我有可以任艱巨之實。猝然臨之，理直氣壯，蹇莫能阻。昆陽大戰，秀終得勝，此來碩之證也。

總之，有此一蹬，不致受困，功夫純熟，可收其效，故又取諸蹇。又離下坤上，明入地中。曰：明夷，亦遇之至艱者也。初九：明夷於飛，垂其翼。言跌岔，左右在下，如鳥翼下垂。六二：明夷，夷（平也）於左股。言左足前蹬，腿宜展平舒開。用拯馬壯吉。言足不能如馬之壯，不能救難。九三：明夷於南狩。內卦離為正南。外卦坤為西南。南狩者，向西南蹬敵，獲其大首，言勝敵也。六四：入於左腹，言左足中敵之左腹。獲明夷之心，言敵痛也。於出門庭，言可以出難矣。時地雖難，知己知彼，百戰百勝，內文明故也，故取諸明夷。坎卦、蹇卦，明夷卦，三卦皆是借形境遇之最難者，非有盛德不足以處。此事無大小，其理則一。拳中跌岔，亦境之最難者，非有大功夫，不能以一足勝人也。非好為難也，亦迫於時勢之不能逃耳。

跌岔五言俚語

右足從上擺，左足下擦地。西南足一蹬，又是攻無備。

用弓背朝下，精如初月上彎形，左手與左足自上而下，至下向前蹬。復自下而上，自上而下者，跌岔之始事也。自下而上者，跌岔之終事也。非此無以叫起下勢之起勢。

七言俚語

其一

上驚下取君須記，左足擦地蹬自利。右股屈住膝挨地，盤根之中伏下意。

其二

右腳一擺已難猜，又為兩翼落塵埃。不是肩肘能破敵，一足蹬倒鳳凰台。

其三

陰陽變化真無窮，只說英雄遇匪躬。誰料妙機難預定，解圍即在一蹬中。

其四

果能太極（言太極拳）仔細研，絕處逢生自不難。天下凡事皆如此，非徒拳藝令人觀。

其五

一縷浩然往下行，坐中能令四座驚。此身若非成鐵漢，擲地何來金石聲。

第四十七勢　金雞獨立

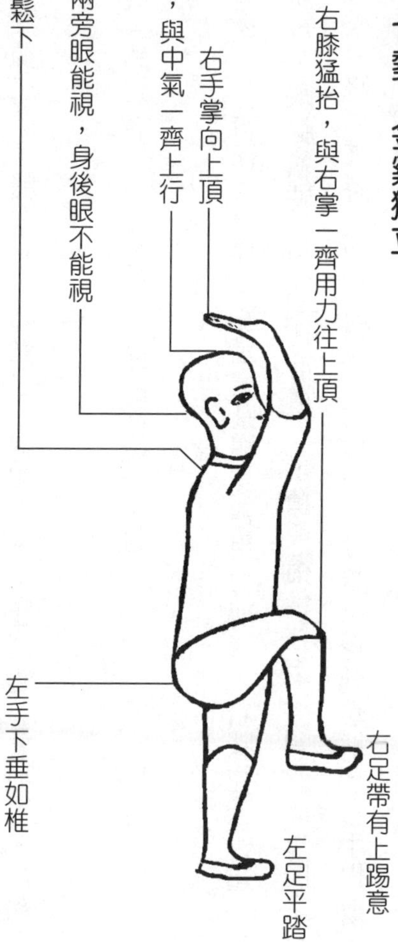
右膝猛抬，與右掌一齊用力往上頂
右手掌向上頂
頂精領住，與中氣一齊上行
耳聽身後，兩旁眼能視，身後眼不能視
左手下垂如椎
右足帶有上踢意
肩鬆下

何謂金雞獨立？一腿獨立，如雞之一腿獨立，一腿翹起，象形也。此勢回應以前右擦腳。

節 解（節解者，周身骨節，節節而解之也）。

引 蒙

自跌岔後，心精往上一提，左足大趾與足踵用力前合，右膝往上一起，右足趾與右足踵往前合，兩腿執硬，兩手往前攢，頂精與檔精往上一領，手足隨之一齊俱用力，自然起來。將起來時，身往前縱，右足踵往後蹬。身既離地，左手慢彎，上行至耳。精在手中，若從左肩、臂下行至左足後踵。左手從肩前下行，至左脇，手與乳平。則右手與右膝一齊上行，右手掌由下上行，至右脇外與左手平。不停，直往上行，伸足胳膊，掌心朝天，右膝上行與小腹齊，則左手已垂於下矣。右手掌上擎沖敵承漿下骨，右膝上行，頂敵之腎子。兩處皆人之痛處，不可輕用。左足踏地如山，右手擎天，直欲天破。

內精

右掌圖　左手圖

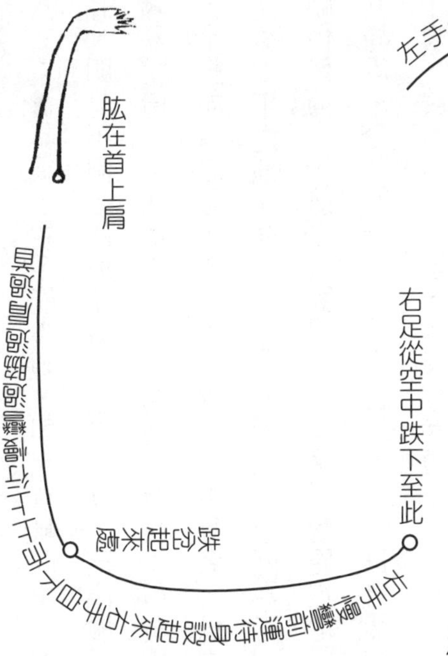

左腿圖　右膝圖

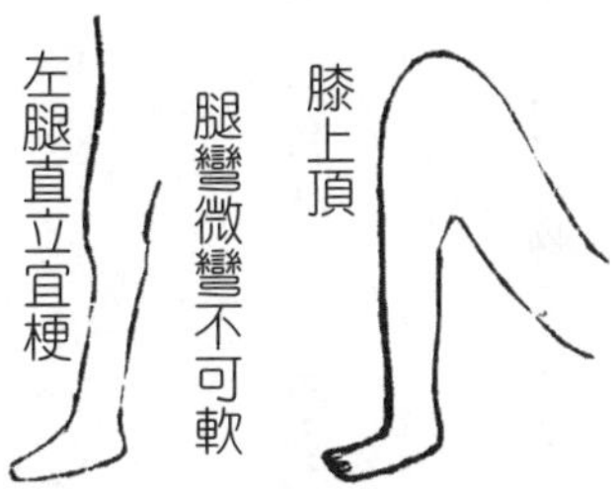

取象

以陰陽論：右手為陽，日之象。左手為陰，月之象。坤為腹。右手不惟過腹，且上過首，以掌上頂敵之頷下，是晉如摧如也。右手在首上晉其角。離為火，火氣上炎。右手與右膝皆上行，猶火氣上升，不至其極不止。離上坤下，明出地上，曰晉。晉，進也。右手上行，過乎頂，有上升意，故取諸晉。山下有火賁艮為手，為山。手上舉，如山峰聳峙。六二：賁其須。右手能護須，則元首無問矣。初爻：賁其趾。左足自當用力。離居下卦，明無不照，故取諸賁。金雞獨立，已出險而制勝，有否極泰來，七日來復之意。《易》曰：雷在地中復。坤為地，為腹；震為雷，為足，動也。右足震動，以膝上行，至腹如雷之迅，所以中行獨復。中行者，以中氣行於中間；獨復者，獨能出乎險，而復太平之地。前之擺腳，左腳獨立至跌岔，則右腳不能立矣①。迨金雞獨立，則左腳仍然獨立。前之右腳擺人，跌岔腿盤屈在地。至金雞獨立，復以右膝膝人，復能膝其痛處，令其叫苦。是即由否之泰，七日自然來復矣。彼碩果之仁未息，猶拳之天機未息，終有可復之理，故又取諸復。

七言俚語

其一

聳身直上手擎天，左手下垂似碧蓮。金雞宛然同獨立，不防右膝暗中懸。

①原版本為「右腳獨立至跌岔，則左腳不能立矣」，依據拳勢和拳理，將「右」更正為「左」，將「左」更正為「右」。

其二

一條金蛇拖玉堂，忽然飛起似鷹揚。只說右手沖上去，誰知膝膝（上膝膝蓋之膝，下膝字是上頂之意）也難防。

金雞獨立

此偏運身法也。右體主動，左體主靜。金雞獨立，其立在左精也。其運動在右，故以右為主。本勢從跌岔起來，右手精由右大腿上去，過右脇至腋，過肘彎至右手掌，從五指轉到手背，過肘至肩臂，下行至右足踵。右腿精由右足趾上行至膝腕（膝骨），中氣由丹田上行過頭頂，轉到腦後，下行至長強以上。手足中氣，只是一齊並運，不可迭次。運左手精也，是由左大腿上，行至左耳，下行過肩臂，從左臂到委中，行至左足踵止；左足立而不動[1]。前後左右，用精勻停，自然立得穩。至朝左天鐙，左手膝運行如右。

①原版本為「右足立而不動」依據拳勢將「右」更正為「左」。

第四十八勢　朝天鐙

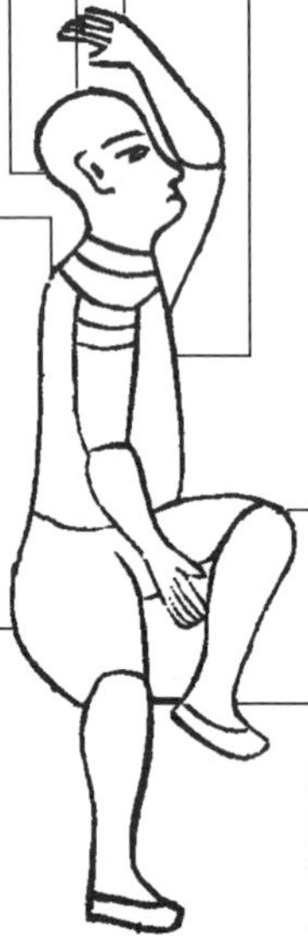

何謂朝天鐙？左手掌朝上，如今之朝天鐙，象形也。此勢回應前之右擦腳。

節　解

人之一身，以腰為中界。左手、左膝氣往上行；右手、右股氣往下行①。中間以腰為分界。

①依據拳勢圖解，原版本此處文圖不符，「左」、「右」皆反，特此予以更正。

引蒙

右掌上頂畢，精由指運到手背，下行過右肩臂，直下至右足踵，過湧泉，至大敦、隱白，氣方運夠一圈。此是精該如此運法，是心中運行之意也。至於右手之跡，則大指向右肩肩髃下行，過右脇，至右大股，指頭下垂如錐。右足下行，未著地，即移向西北。右足趾向西北，足踵先落地，去左足一尺餘遠。左手慢彎，勢由左大股前上行，過左腹、左脇、左肩前、左耳側，上逾左額角，展開胳膊，直沖上去，手掌朝天。左膝屈住上行，膝至左小腹前止。

或問左右運行，是一樣法門，何不一齊並運，而必分開更迭運之何也？曰：不能。兩手可以一齊並舉，若兩足並起，是縱法也。以上縱法行於此勢，心氣往上一領，則周身之氣聚於胸中，下體足雖起，上體手掌無力矣。非全無力，力不能聚於手掌，即下體之力，亦不能皆聚於兩膝蓋。心氣一提，氣皆聚於胸中，不及分佈四體，散而任其各體之按部就班，徐徐以行其周轉。此所以左右分成兩部。令左足著地，則右半身精力，可以仔細運一周；右足著地，則左半身精力，可以仔細運一周。而不至涉險，履不測之禍。且如此運法，亦不致有偏廢之弊。此所以用迭運法、遞運法，而不用一齊並運法者，職是故也。吾故曰：不能。學者當細參之。

內精

前之面向西南者，今則轉向西北。上勢金雞獨立，以右手右膝為主，此反之。

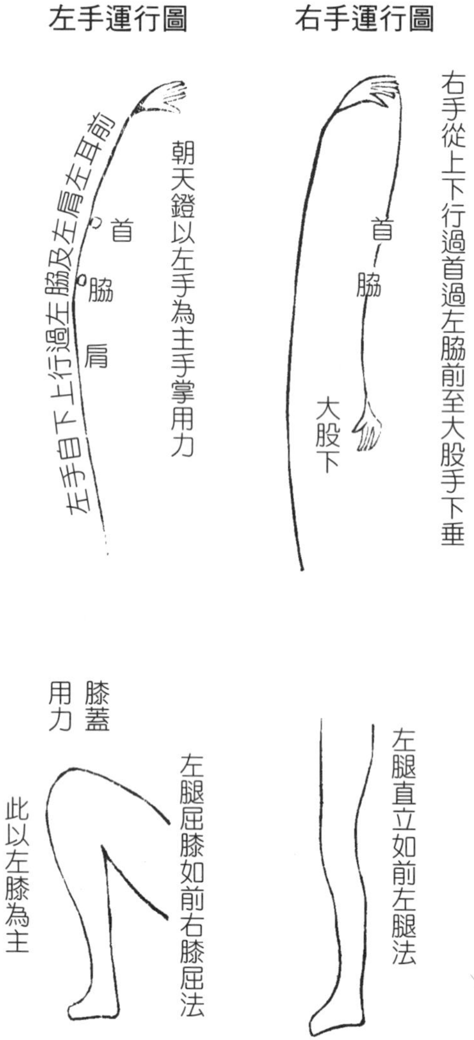
右手運行圖
右手從上下行過首過左脇前至大股手下垂
首
脇
大股下
左腿直立如前左腿法
左手運行圖
朝天鐙以左手為主手掌用力
首
脇
肩
左手自下上行過左脇及左肩左耳前
左腿屈膝如前右膝屈法
膝蓋用力
此以左膝為主

取象

上勢從趺岔起來，帶起帶擊，似較此勢為難。然人之一身，右手右足用之居多，左手左足用之少，以左手足未若右手足之便。以此觀之，朝天鐙較之金雞獨立為尤難。以左手左膝不得勢故也。然金雞獨立，先以右手右膝制勝；朝天鐙繼以左手左膝制勝，盛極矣。拳至跌岔，否極矣。否極者，泰必來。

金雞獨立與朝天鐙，左右迭次取勝可謂泰極矣，故取諸泰。天地循環之理，無往不復。否極必泰，泰極必否，雖天地亦不能逃其數，況拳之小技乎。雖然，是在善處之者。處否，苟能以貞一之心處之，雖否，亦未有過不去；遇泰，苟能以持盈保泰之心處之，而泰亦不至遽否也。學拳者宜知之。

朝天鐙七言俚語

其一

也是手掌上朝天，中間膝蓋法如前，猶然一屈分左右，又使英雄不著鞭（襠不能騎馬，何用鞭為）。

其二

右足落下左足懸，上伸左掌鐙朝天。英才若會其中意，翻笑金雞一脈傳。

其三

右膝膝襠人不服，不料左股又重出。不到真難休使用，此著不但令人哭（死生之命，係之慎之）。

其四

牙與頷下不相干，最怕手掌向上端（借字）。狂夫不識其中苦，管令一日廢三餐。

第四十九勢　倒捲紅

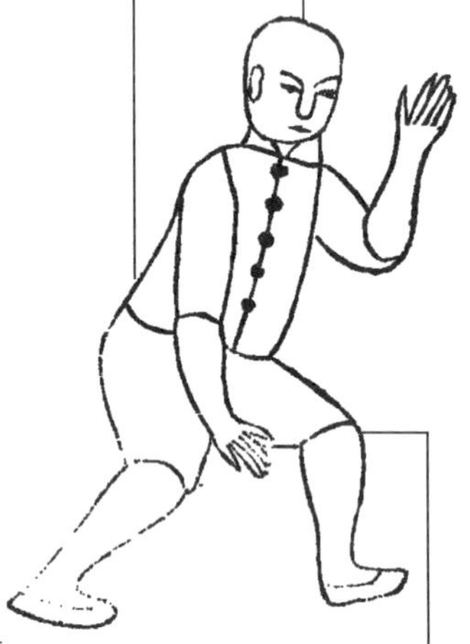
頂精上提
眼看住手，左手從前到後，眼亦從前看到後
腰精下去
右膝用力，稍屈右足用力，平踏襠固不得不開
然會陰要虛，小肚要實，手如摟物
左腿能展盡管展足
左足趾先著地

此退行法也，與珍珠[1]倒捲簾相同，故名之。此勢與前倒捲紅相呼應，又與野馬分鬃對面照應，彼是向前進，此是往後退法。看畢左面手，即轉過臉看右手。看右手運，亦是從前面看到後面。

引　蒙

此勢是大鋪身法，退行中第一難運之勢。朝天鐙左手從何道而上，亦從何道而下。手指略摳，向後如摟（平聲）。左足從何道而上，亦從何道而下。足不落地，即往後退行、開大步。迨開步畢，右邊有敵持械來，則右手帶往右邊撥械（械如槍棍之類），帶往後摟。右足亦展開，腿往後退行，開一大步。右足退行畢，則又挨著左手倒捲（倒捲即倒轉圈），左足退行矣。先左後右，左右各二三次，至左手與左足俱到後邊為止。

①原版本為「眞珠」依據目錄將「眞珠」更正為「珍珠」。

內精

右手圖

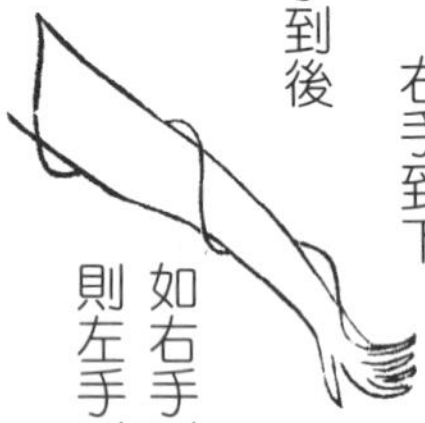
左右皆是倒纏精
右手到後
右手到下
如右手到前
則左手到後

左手圖

左手到前
如左手到後則
右手到前矣

兩腿皆用纏絲精，皆是外往裏纏，此謂倒纏法，即倒轉圈也。

右腿圖　左腿圖

右腿在後則
左腿在前矣
左腿到前則
右腿到後
如右腿在前，則
左腿轉在後矣。
如左腿到後，則
右腿轉在前矣。

取象

前之倒捲紅象取乎坤，今復取之何也？試以前所未盡之意言之。左右手足，各宜倒捲而退行之，是坤六斷之義也。問何以不往前進，而往後退，無乃怯乎？曰：非也。譬如行軍，能進攻則進攻，不能進攻則退守。進攻難，守亦不易。能退守為進攻地，為尤難。如此勢，非不欲前進，但千人萬馬，槍刀俱近吾前，無縫可入，是不得不退行。而以左右兩手倒捲，以避其鋒刃，伺其有隙而後進，未為晚也。況有機可乘，則一箭中的（或擊首惡，或中要害），勝於殺其無名之卒萬萬矣。此所以退行之故。其意在此，何懼之有？且坤順也。順其時，時當退則退；順其地，地能退且退；順其機，機無可乘，自宜倒捲；順其勢，勢非可進又宜退行。

此柔（坤，柔道也）能克剛，以退為進者，坤道也。坤錯乾，乾，剛也。坤至柔，而動也剛。此拳外面似柔，其實至剛。初爻變震，震為足，動也。足動，退行之象。錯巽，巽為進退。拳之進退，原無一定。可進則進，可退則退，相其可耳。為多白眼，眼主乎視，瞻視左右，使無失敗。綜艮，艮為手，手能止物。以手禦敵，使不獲傷己。成復，兩手來回迭運，終而復始。二爻變坎，坎中滿。中間一畫，如人之身，自百會至長強中氣貫通；上下四畫，如左右四體。錯離，離為目，目能眼光四射。離，明也。左右手足運行，如日月代明。離中虛，退行者，其心皆做退一步想，不敢自滿，以期必勝。上下兩畫，如左右兩半個身，運以實行也。成師，師者，眾也。以心為主，而五官百骸，無不聽命。三爻變艮，艮為閽寺，為指，為門闕。左右手顧住前後左右，如閽寺以指止物，固守門闕也。錯兌，兌為金，百練此身成鐵漢。如兌居西方，屬庚辛金。綜震，震為龍。拳之變化，如龍之不可端倪成謙。我之遇敵，能以謙退自守，無咎居多。至於四五六爻之變，其義相同。坤之變爻如是，故復

第二倒捲紅七言俚語

其一

朝天鐙下倒捲紅，左手先回快如風。左手轉畢右手轉，退行真是大英雄。

其二

兩手轉來似螺紋，一上一下甚平均。全憑太極真消息，四兩撥動八千斤（言四兩力氣可以撥轉八千力）。

第五十勢　白鵝亮翅

與前兩個白鵝亮翅相呼應。以此勢回應前兩個白鵝亮翅作結束。

節　解

引　蒙

此勢純是引進精。倒捲紅左手到下，右手從右向左，兩手相去尺許。右手領左手，從左先轉一小圈，隨勢由左斜而上行至右。右足亦是先轉一小圈，從左向右開步，左足隨右足至右，兩足相去五六寸，左足趾點住地，右手與右足一齊運轉，方成一氣。

內精

沿路運行之法，前已圖之。右手用順轉法，右足亦然。左手倒轉法，皆是纏絲精。右手右足與左手一齊運行，惟左足必待右足落地，而後左足隨之亦向右方，足趾點地。

取象

上勢倒捲紅身在險中。此勢排難解紛，出險之外。故取諸解。然解難，非用引進不可。

七言俚語

其一

第三白鵝羽毛豐，左旋向右術最工。此中含蓄無限意，又是引人落到空。

其二

一勢更比一勢難，此勢迴旋如轉丸。妙機本是從心發，敵人何處識龍蟠。

其三

引進之訣說不完，一陰一陽手內看。欲抑先揚真實理，擊人不在先著鞭。

第五十一勢　第三個摟（平聲）膝拗步

此勢回應前兩個摟膝拗步。

節　解（見前第六勢）

平心靜氣，勿使橫氣填塞胸中。

引　蒙

左右手從胸前平分下去，皆用倒纏絲精。右手繞右膝，向後轉至胸前，去胸尺餘。中指與鼻準相照，眼看住中指。左手從左面摟左膝，手自後而前繞一圈，復轉至後，手與脊骨照落住，撮住五指。左足從右向左開一大步，落住後腳如鉤，上下一齊合住。

內精說見第六勢

頭直，眼平視，肩與肩合，肘與肘合，手與手合，大腿根與大腿根合，膝與膝合，足與足合。平心靜氣，說合，上下一齊合住，氣歸丹田。合法皆用倒纏法，獨左足開步順轉法。此勢純是合精。

取象

本勢取乾坤坎離。以方向言之，說見第六勢。言乾坤坎離，而兌震巽艮四隅之卦在其中矣。此以卦德言之，非徒取其卦位、卦體也。

七言俚語

其一

摟膝拗步至第三，回應前伏（指前兩摟膝拗步言）與正酣。四面八方皆有備，功成始悟不空談。

其二

太和元氣到靜時，不靜不見動之奇。六卦四閉（上下四旁）誰能喻，惟有達人只自知。

第五十二勢　閃通背

回應前閃通背。

節　解

引　蒙

上勢摟膝拗步畢，右足向前開一大步，右手由右而左，先繞一小圈，轉回至前頂，從上仄楞住手。大彎腰，劈襠而下，至左右內髁，再從下涉上去，手至顖會，左足向前開一大步，左手隨左足由後而前，手與肩平，胳膊展開。然後身倒轉，右足隨身倒轉，落至左足之後。右手亦隨住身倒轉，自上而下，落到右足之後。手與腰平，胳膊展開，此是大轉身法。全在頂精領住，襠精下去，步法活動，兩肩鬆開，手足上下相隨方得。

內　精

圖畫講義，俱詳於前。

七言俚語

再將右手禦前敵，身後敵人復摟腰。豈知我腰忽彎下，臀骨上挑（上聲）敵難逃。

此是速精，緩則不及矣。看是粗勢，其實精妙無比。

第五十三勢　第六演手捶

與第三演手捶為正應。又通結前五個演手捶，且起後指襠捶。此一捶與文法承上啟下同意。

節　解

右手合住，肘尖朝上
耳聽身後，防敵暗算
腰精下去
頂精領住
右手搿住捶頭，眼看住捶頭
左手指展開，以應右手捶頭
右足踵踏住地
須用力
襠精下好
左足用力平踏地

引　蒙

第三演手捶，右手向前擊敵，右足亦隨之向前落住腳，故成背面圖。以敵稍遠，故特進右足與敵相接。此演手捶也，是右手向前擊，用合捶。但敵去吾身甚近，故右足不必前進步，以助右手之不及。右足不動，仍在後面，故成正面圖。

內　精

閃通背身撞倒轉過來，右足在後，右手亦在後，用纏絲精從後轉一圈，向前合住捶，擊捶方有力。然又必周身上下一齊合住精，精神皆聚在捶頭方能破敵。圖畫內精皆見前。

取　象

萃與小過、大壯，第三演手捶已言之矣，茲又取諸震。以捶之能懼邇，能驚遠。震驚百里，演手捶似之。

七言俚語

一聲霹靂出塵埃，萬物群驚百里雷。右手自下往前擊，如同天上響虺虺。

第五十四勢　攬擦衣

此攬擦衣與前攬擦衣為呼應，且通結前三個攬擦衣。

節　解

左手叉住腰
左肩鬆開
腰精下去
左足用力蹬住地自始至終襠精下去，不可襠精，下體不穩，要撐圓。
右足平踏
右膝屈住
胸向前合住精，胸微彎自然合住。

拳自始至終頂精，絕不可失，一失頂精四肢若無所附麗，且無精神，故必領起，以為周身綱領。

眼看住右手中指，右手伸開束住指

引　蒙

右手收至右脇前，右足從後進至左足之右，與左足並齊，然後右手與右足一齊運行。右手從左脇前，先自下而上繞一小圈，然後徐徐自左向右展開胳膊；手伸開，五指束住，手與肩平。右足隨住右手，亦先繞一小圈，然後徐徐自左慢彎勢（如新月形）向右開步。左足在原位不動，左手自內而外，亦繞一圈，復轉回至左腋下叉住腰。

內　精

右手用順纏精，纏至指頭。自內而外纏者，謂之順纏。右腿亦用順纏精，纏至足趾。左手用逆纏精。自外向內纏者，謂之逆纏、倒纏。圖畫見前第一攬擦衣與第二十二勢。

取　象

第二勢取泰，二十一勢取小畜，四十三勢取蒙，皆各有取意，前已言之。此勢左肱屈似潛龍勿用；右肱伸似見龍在田，故又取諸乾。乾道變化無方，具陽剛之德。左右肱也，是變化無方，故以龍比之。

七言俚語

獨伸右手似見龍，左手盤回左面封。自有太和元氣宰，一陰一陽護前胸。

第五十五勢　第七單鞭

與前六個單鞭遙遙相應。

節　解

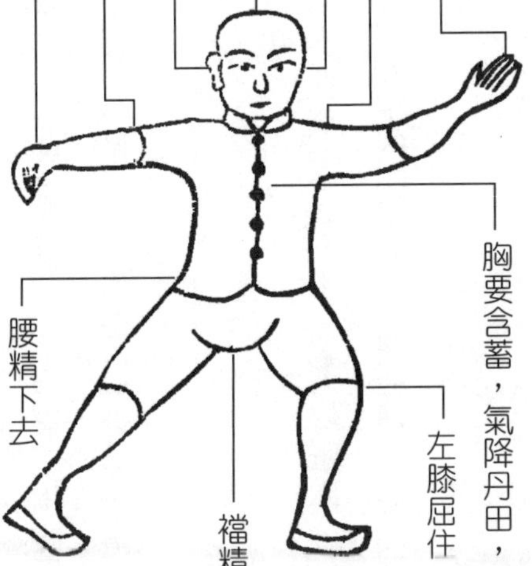
左肱與指伸開，束住五指
肩鬆開
眼注左手中指
頂精領住
耳聽身後
右胳膊勿上架，順其自然
左胳膊背住，右五指束住
胸要含蓄，氣降丹田，無留橫氣於上
左足八字形平踏
襠精下去撐圓
右足往前鈎
足踵用蹬精
右腿不可軟

引　蒙

左手從腰掏出，與右手一合。右手先轉一小圈，用順轉法徐徐向左伸開胳膊，五指束住，眼注中指，右手從前轉一小圈，與左手合住。右手用倒轉精。左足先收至右足邊，先轉一小圈。復向左開一大步如八字，撤右足向後蹬住，平住踏地。

內精

左右手合，皆是倒纏精合畢。左右手運行法，左手用順纏精，精自脇下上去，至腋，由腋往外向裏纏，纏至指肚止；右手精由脇後上行至肩，由肩從裏往外斜纏，至指甲，是倒纏精。此兩手運行之法。至於足，右足在本地不動，但擰足踵，使足趾向左鉤住，左足收回復展開。開步時，亦是順纏精。由左右指肚起，從裏往外纏至髀骨，意向裏合。左手領左足，右手領右足，一齊運行。講說不得不一一分明，圖畫詳見第三勢單鞭。

取象

第三勢取坎離否泰，二十七勢取無妄，三十六勢坎離與乾坤相合，四十一勢取震，四十四勢取坎離之變卦。此勢外柔內剛，故取諸乾坤。乾坤者，六子之父母，故皆包之。

七言俚語

七日來復（第七單鞭）運轉奇，上虛下實象坎離。豈識剛柔無不具，六子由來宗兩儀。

第五十六勢　左右雲手①

與前之兩雲手相呼應。此居其下，故謂之下雲手。在前者為前雲手，在後者為後雲手。雲手者，手之來回旋轉，如雲之旋繞螺發，象形也。又曰：運手以手旋轉，運行亦通。

打拳全在起勢，一起得勢，以下無不得勢。如此勢上承單鞭，敵人從右來者，必先以右手引之。右手引，

雲手起勢圖

五指束住，手向後去
肘微彎住
胸合住
肩鬆下
肩鬆下
肘沉下
手落下，有欲往裏收兼有上泛之勢
腰精下去
襠開圓
左足踏實，後踵用力足趾隨左手指似有上提意。
後腰向下，右膝微屈。
右足直向左足收回，不落地，隨住右手順轉，復向右，慢彎開步，大約一尺。

①原版本為「下雲手」，依據目錄名稱將「下雲手」改為「左右雲手」。

必先卸其右肩。卸右肩，必先以左手上領。左手上領，左肩鬆下，胸向前合住，下去襠精。左腳實，右腳虛。身法手法，一齊俱動。以下先運右手，自然得機得勢，來脈真故也。即無敵人，徒手空運，亦覺承接得勢，機勢靈活，故吾謂每一勢，全在一起，於接骨頭筍處，彼勢如何

雲手右手運行圖

右手轉一圈至上，則往上領之，左手隨右手向右運行，亦至胸前，然左手自上收到此已轉半個圈矣，手亦不停，即往上向前運行。
耳聽左面
頂精領好
眼隨右手運行，右手到何處，眼亦到何處。左面亦然，以中指為的，以指肚用力。
此是右手收到身胸前，自上而下、而後，上行用纏絲精轉一大圈，至此不停。
右足隨住右手收到左足邊，不停，向外慢彎勢開步，足雖著地不停。

落下，此勢如何泛起，須要細心揣摩。又全在一落，必思如何才算走到十分滿足，無少欠缺。神氣既足，此勢似可停止，而下勢之機已動，欲停而又不得停。蓋其欲停將停之機，又已叫起下勢矣。吾故曰：此時之境，似停不停（不停者，神猶未足也），不停而停（所停者，

雲手左手運行圖

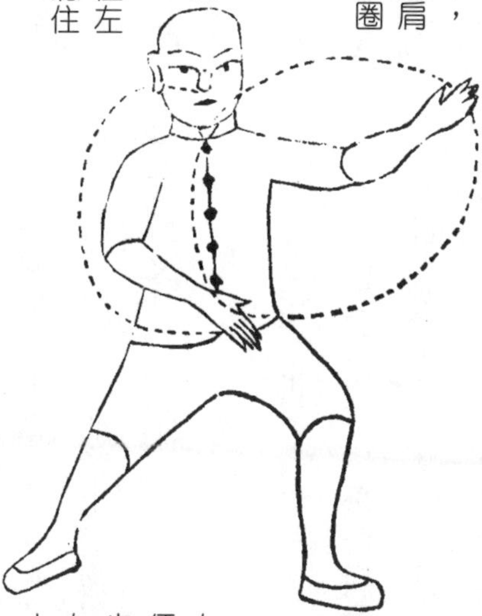
此左手從胸前用纏絲精向上往左運行，至此不停，右手腕向前。該左手運行，兩眼看住左手，手要靈活。
肩要鬆下，左手轉圈肩亦隨住轉圈
頂精領好
眼宜看住左手耳宜聽住後面
左手到上面，則右手自下漸漸收到胸前，五指束住，不停留，即向右面自胸上行向左運去，更迭運轉不息。
左足向左開步頂大約尺五寸，左足隨左手運，如右手足法。
右足向右開步，須小約尺許。此步驟漸向左去，右足自謂相讓數寸。

只一線下勢即起），此際當細參之。況且右肱本自伸展，不屈勢必不能再伸。故左手往上一領，而右肩自然卸下，右手自然以引進之精，收回胳膊。故不屈者，不能伸抑，不伸者，必不能屈，此皆自然之理，人所共知。

所難者，全在以纏絲之精，引之使進耳。左手雖向上領起，右手引進收回，又全在胸前合住，腰精下去，襠精撐圓，左足踏實，右足虛提，而後上體愈覺靈動。六十四勢，著著如此。特舉一隅，以例其餘，學者當自反耳。

內　精

丹田氣，一分五處。其實一氣貫通上下，不可倒塌一也。心氣一領，丹田上行，六分至心，又一分兩股：三分上行至左肩，三分上行至右肩，皆是由肩骨中貫到左右指頭。其在骨中者，謂之中氣，其形於肌膚者，謂之纏絲精。其餘四分，一分兩股：二分行於左股，二分行於右股，皆是由骨中貫至左右足趾。足後踵先落地。前掌要靈，趾頭該點則點，須要用力；該運則運，足趾與腓須要用力。

左右雲手，皆是以順轉法運之。先上領其左手，次降其右手，再次右手由右下行，收到胸前。左手從上往後轉半圈，待右手從胸上行，向右運行，則左手下行，收到胸前；待左手由胸上行運於左，則右手自右下行，收到胸前。左右手皆不暫停。此往彼來，彼往此來，左右連環遞運，如日月之運行，日往則月來，月往則日來。故一隻手只管半個身，左手向左運，左足隨左手向左運行開步。左足開步稍大，純用橫行前進法也，故大所不得大。至於右手運行，其轉圈一般大，獨於足步稍異。右手運行向右，右足亦是由左向右開步，但所開之步略小一點。身橫行向左方進右足，步不小不能往左，漸趁漸進，故右步須遜於左步，亦小所不得小。雲手無定數目，因現在之地，以為停止。大約不過向左面開三四步遠為率。至於將停止時，其始左手上領在左，左肱半伸半屈；雲手臨終，左手仍落在左面，半伸半屈，右手則落在胸前矣。此是左右手之規格。至於足步，左足向左開步畢，右足應分往裏收回，收時卻不收回，即於所開之步落住腳，大約左足與右足相去多不過二尺。

運行法。左右運行，皆是一順前去。如左手左足，由胸由裏上行。手向左伸展，左足由裏上行開步，則右手下行，收到胸前。右足隨右手收到左足邊，相去不過四五寸。右手由胸前上行，向右伸展運行，則左手即從左下行，收到胸前。左右手皆是向右面去。右足從裏慢彎，向右運行開步，則左足即從左方收到右足，微收一二寸，亦算不必收到右足邊。此即漸往左趁之法，不然則左足收到右足邊，左足仍在原位，不能向左開展。此即一起足，即為下步蓄勢，預留下步地位，相讓之法也。每勢皆是如此，須記至或左或右，左右手足一順運行，但分上行下行、外往裏收之形跡耳。

左右運行手圖

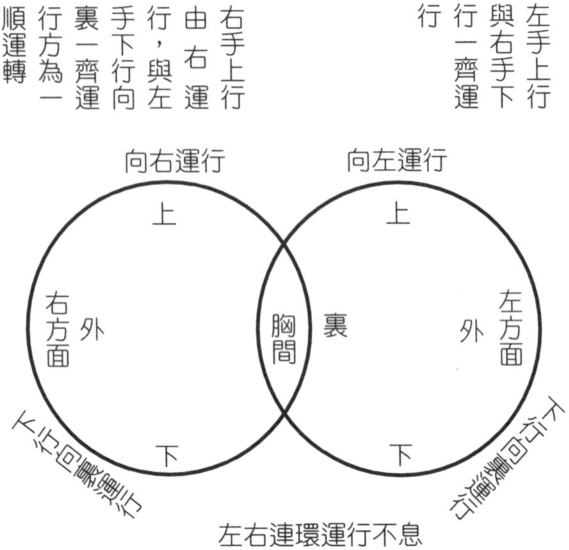

左右運行足步圖

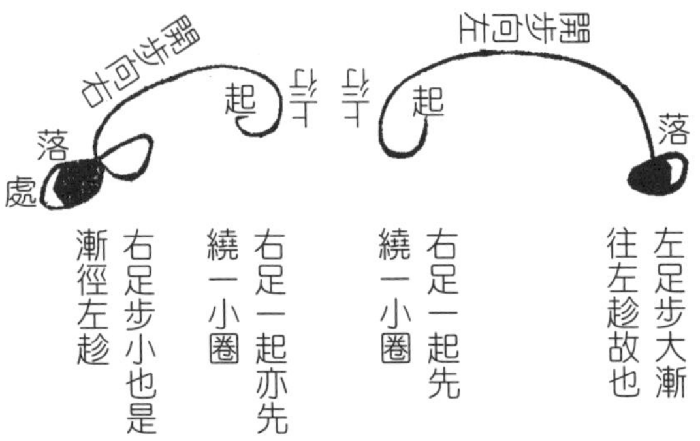

取象

左右雲手心極虛明，且兩手旋舞，有象日月，故取諸離。《彖》曰：離，麗也。日月麗乎天，重明以麗乎正，六二、六五皆得其正。拳以中氣運行，人乃心服。斯即化成天下，離得乾之中氣，故拳之中氣皆乾，則之中氣也。《象》曰：明兩作離，左手如日，右手如月，一伸一屈，如日月之代明。大人即天君也。以繼明（即左右手之旋轉也）照四方（禦敵於上下四旁也）。惟其得中，故出而有獲。中爻初變艮，艮為山。中氣貫注，屹如山峙。艮為手，止也。以手止人，擊也。錯兌悅我之交敵，純以團和氣引之使進。綜震奮也，精神振作意。震為足，左右運行無間意。二變乾錯坤，能得乾坤之正氣。三變震，震東方之卦，萬物出乎震，得生動之氣。錯巽，萬物齊乎巽，言官骸一齊運動，皆順以動也。綜艮，艮為門闕，為閽寺，為手，我之守戶，謹嚴無間可入。況至昏，以寺人禁止，以手令敵人進不得攻。離錯坎，人能虛心待物，小心謹慎，不敢自恃。雖右左上下俱有敵來，則視為無平不陂。以此黃中通理，柔順濟以剛直，則履險若夷，亦無陂不平矣。離火，鎖化得動，故無往不吉。同體。遯者藏也，言精神貴乎蘊蓄，不可外露圭角。鼎上則兩耳在旁，耳中之環，動之則循環不已，左右手之運動似之。下則三足並峙，屹然不動。如打拳之兩足，一足踏地不動，鼎足峙也，一足運行如鼎足之似折非折，極其穩當。蓋以彼足穩此足，何至有變？雖似不穩，其實無意外之變。蓋取足底穩當，不必泥鼎三足、人兩足之形。

訟兩人對質，此一言，彼一語，各說己之直，左右手之遞運，各行其是而已。家人五官百骸更迭運動，如一家人內外男女老幼，各盡其分所當為，無妄。打拳之心一誠而已，以實心行實事，絕不自欺，全是以實理貫注於其間。革變也，該左手當令則易以左手，該右手當令則易以右手，無少差錯，無少委延。大畜，含養也，太極陰陽包含極廣。睽，隔也。左右足之運行，神雖無間，中間形跡不無隔閡。

中孚言拳之情性，皆誠實也。大壯四陽並進，銳不可當。打拳中氣所往，人孰能禁，需自需於泥，以需於酒食。言由危至安，先憂後喜也。需經需有孚，光亨，貞吉，利涉大川。《彖》曰：需，須也，險在前也。剛健而不陷，其義不困窮矣。言得乾之中氣，無往不宜。初爻：需於郊，利用恒；二爻：需於沙，衍在（衍，寬意，以寬居中）中，故終吉；三爻：需於泥致，寇至，敬慎不敗；四爻：需於血，出自穴；

五爻：需於酒食（喻樂境也），貞吉，以中正也；上六：入於穴，有不速之客三人來，敬之。終吉，運手向左，有進無退。以中氣行乎其間，故入險出險皆得其吉。

七言俚語

其一

日月光華旦復日，左右手運形糾纏。向左左右（言手而足在其中）皆向左，左上（言左手上行由裏向外）右下（言右下行由外往裏收回）次莫亂。向右右足專向右，左足（言足而手在其中）在右意相貫（言左足雖在左，其意亦向右）。左右自由各當令，當令之時遞更換（該左皆向左，該右皆向右）。太極陰陽真造化，鴛鴦繡出從君看。

其二

一來一往手再運，旋轉與前不差分。但從下棚觀仔細，左足微殊（略向西北趁五六寸）啟下文。

第五十七勢 高探馬

上是正面圖，新式也；下是背面圖，老式也。

節解

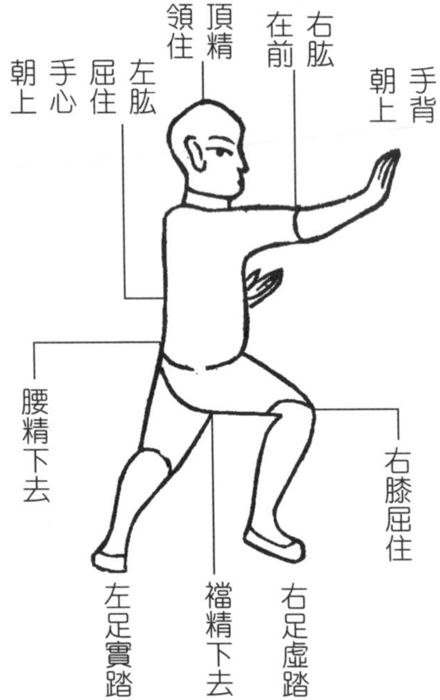

引　蒙

新式：右足進至左足邊，不落地，即抽回落住地。左足亦抽回，落在右足邊，足趾點住地。當右足抽回時，左右手亦隨住右足，自上而下，向後轉一大圈，轉向前，左右手掌合住，相去尺許。

老式：左右手亦是從後繞一大圈。身順轉過來，右足不動，左足抽回，落在後面，右肱伸展，左肱屈住，左右手雖相去尺五，而手掌卻自對臉合住精。

內　精

高探馬新、舊式，右手皆是倒轉精。由背下上行至背，由背向裏，再由下至外斜，纏至指甲，陽精也。左手皆是順轉精，由腋下上行至腋，再由腋上行，從裏向外，斜纏至指肚，陰精也。一陰一陽，精方合住。新式身法不動，故左足在前，然胸中之精，亦是隨手足而順轉，是謂內外一氣流轉。老式身順轉半圈，故左足在後，身法轉圈較新式大，然無新式胸中之和。新式是背折肘精，其路近舊法，是轉身摟法（摟法即引進之法），其路遠。圖見二十四勢。

取象

前高探馬取噬嗑，取賁；此勢又取諸隨。言內外上下，必隨其精，不可拂逆。

七言俚語

上下手足各相隨，後往前轉莫遲遲。只分身法轉不轉，擊搏各有各新奇。

第五十八勢　十字腳

此勢與前左右擦腳相應。謂之十字腳者，以手摔成十字打腳。

節解

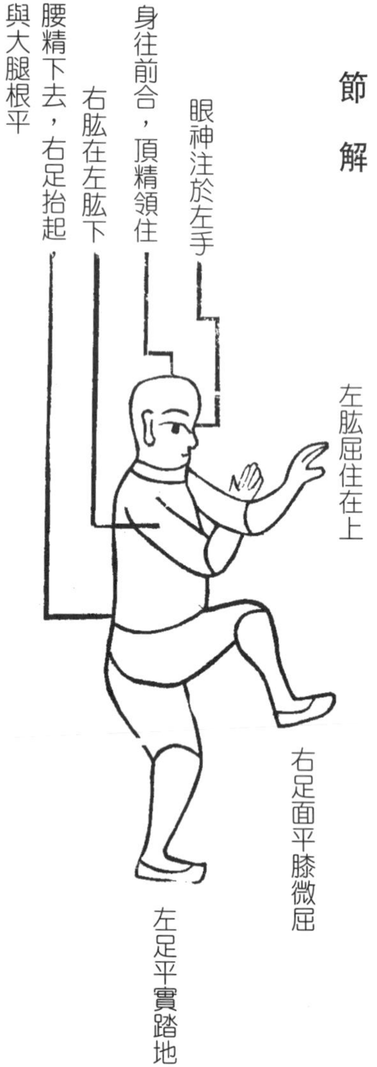

引　蒙

高探馬畢，先將左足向前偏左，斜開一步，左手攔腹，放在右脇，右手屈住，胳膊亦橫在左胳膊上面。然後右腳自左向右橫擺之。左手自右向左，如平衡，橫打右足之趾。

內　精

左右手內經運行圖

凡左右纏絲精，伸展胳膊向外去者，皆是由肩由腕纏到指頭。往裏收束者，引進其精，皆是由指甲、脂肚纏至肩，纏至腋。

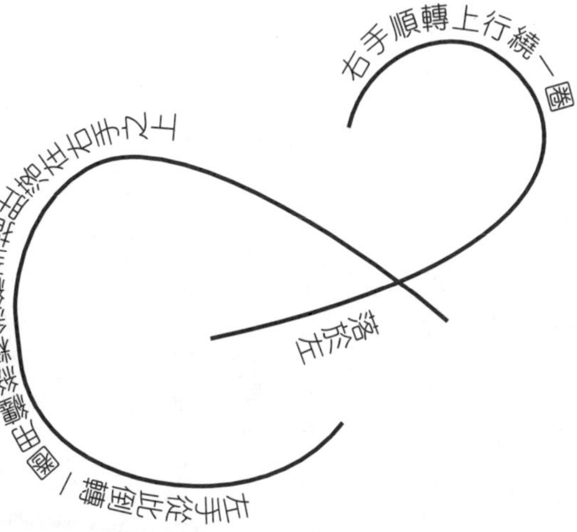

周身之精，往外發者，皆發於丹田；向裏收者，皆收於丹田。然皆以心宰之，處處皆見太和元氣氣象。

右手先用順轉纏絲精，由腋纏至指肚，落在左脇，手背朝上。左手則用倒轉纏絲精，纏至指肚，由下而左，上行而右，壓在右肱之上。左足自左橫擺向右，左手自右向左橫運，打右足之趾。左手自右而左，擊左面敵也。右足自左而右，以足橫擺擊右面敵也。如左手右足不得勢擊，或裏靠或外靠，右腳先落在地。肩（或右肩或左肩，因已之得勢者用之）向前一合（愈快愈妙），以肩擊敵之胸，此十字腳之妙用也。人制我兩手，以靠打之；我制人之兩手，裏外靠打人，更覺得勢爽快。

取象

我先以右手擊人，人捉住吾右手，貼住吾身，此右手已不得勢，一難也。吾繼以左手擊人，又被人捉住吾左手，壓在右胳膊之上。左手又不得勢，又一難也。非我故以兩手排成十字，是我以兩手先後擊人，人制我而窘，成十字形，難而又難，故取諸蹇。蹇。蹇，難也。《易》曰：蹇，利西南。故左足向西南開步（因西南之地平易）；初爻：往蹇，來譽；三爻：往蹇來反。皆誠心以待救，靜心以自守。至九五：大蹇朋來。或以腳擺，或以左靠，或以右靠，無數法門，不得於此，即得於彼，故《象》曰：大蹇朋來。左右肩，左右手足，皆一身之同體也。有此同體，蹇何患也。上六：

往蹇來碩。何吉如之。

七言俚語

兩面交手較短長，上下四旁皆可防。惟有拴橫（拴橫者，人以手捉住吾手，橫而著之心胸之間，吾不得動）困吾手，兵困垓心勢難張。豈知太極運無方，無數法門胸內藏。山窮水盡疑無路，俯肩一靠破銅牆。不到身與身相靠，雖有寶珠難放光。元氣自然藏妙訣，饑極捉兔看鷹揚。鷹追六翮隨勢轉，兔從何處不倉皇。曹操燒輜重，漢高脫滎陽，奇計奇謀原無定，有智全在用當場。當場一時以智勝，有備無患在平常。平常功夫誠無間，一點靈心聞妙香。

第五十九勢　指襠捶

與二起、金雞獨立、朝天蹬三勢相應，二起踢頷下，此指指襠下，是上下相應。

金雞二勢，以膝膝襠，此以捶指襠，是異同相應，收束謹嚴，斐然成章。

節　解

右手搿捶向腎囊擊之
胸向前合住精
眼注敵人襠口
頂精領住
左手在背後肱展開亦可，屈住亦可，展開，肱則宜撮其指，屈住肱則宜搿捶。

左足在前用力平踏
右足在後亦用力蹬住

引　蒙

十字腳，左足向前，偏左開步。待右腳擺罷，右足踵順轉大半圈。面轉前勢身後，右足落住地，左足向前偏左方面開一大步。左手從左膝摟過落身後，撮指，腕朝上。先時左足才落地，左手即從面前自上而下，向左方脇後後上行轉過，向前自上而下，以捶擊敵人之襠。襠者，要害之地，擊之可以制勝。

內精

左足踵落地，用跌腳精。然左足踵扭轉，必由右足之力，與髀骨微向下，下坐之精均而後。右足自左而右，形如衡平，一撥轉，則左足踵如磨臍，扭轉自易。左足轉運，是順轉精，然左膝必微屈二三分，不然，右足用擺精，則左足站立不住，上面身體卻是倒轉扭轉。左足向前開步，左手從左膝摟過，向後用倒轉纏絲精纏到指。當右足落地時，右手即用倒轉精斜纏至腋。待右手從後轉過來向前時，腋下精由腋後斜纏至捶頭，全身精神俱聚於捶，用合精，手背朝上，合住精，擊敵之襠。此近吾身者用之，遠則不及，周身精神，皆是合精。

右手用倒纏法，與摟膝拗步精同。但摟膝拗步，右手從後折過，來到面前，手落在胸前；此則右手從後折到前，斜而向敵襠中，合捶擊敵。用精雖一樣，而歸尾稍異。摟膝拗步，手落於上，五指伸而束，此是手搦捶落在下面，故不同。至於左手，

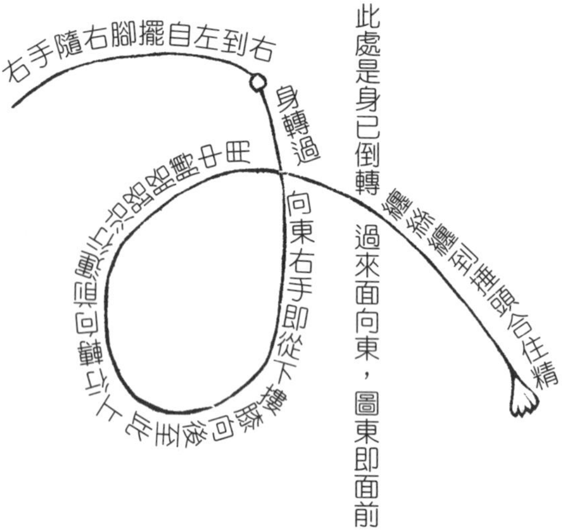

手之運行，精用倒纏，與摟膝拗步無異，不必繪。

此是面向西圖，西即面前，此仍在擺腳界裏。

取象

此勢右手搦住捶，像碩果不食，故取諸剝。上勢在險之中。此勢出險之外，難已解矣，故又取諸解。《彖》曰：解，險已動，動而免乎險。解，蓋剛柔得中，其難自解。平易而遇險，今又復平易，故又取諸復。蓋中道而行，自無不復。《易》曰：七日來復。其否極泰來之謂乎。

七言俚語

其一

眾敵環攻難出群，左肱右足掃三軍。轉身直取要害地，降得妖魔亂紛紛。

其二

人身痛處雖不少，尤痛常存襠口中。能入虎穴取虎子，英雄也教不英雄。

兩勢各界解

指襠捶下雖名青龍出水，其實乃是指襠與下勢單鞭夾縫中運行之勢，不可另作一勢。指襠是青龍出水前半勢，青龍出水是指襠後半勢，合之為一勢，所以將青龍出水另圖者，因其內精發源最遠，由僕參逆行而上，逾背後至附分，以至右指，故另圖之。

第五十九勢　青龍出水勢①（指襠後路）

近與玉女穿梭相應。其右手順轉，同左手倒轉，同其平縱法。但玉女穿梭大轉身，此不轉耳，遠與七勢、九勢兩收相應。左右手精皆一樣。但左右手從遠收到胸前，此從近處縱到遠方，一收一放，遙遙相應。

①原版本編排為第六十勢，依據前「兩勢各界解」的論述，「指襠捶是青龍出水前半勢，青龍出水是指襠捶後半勢，合之為一勢」，故將原「六十勢」更正為五十九勢。

節解

左胳膊屈住，左手落右脇，頂精領足，胸向前合，右肩鬆下。

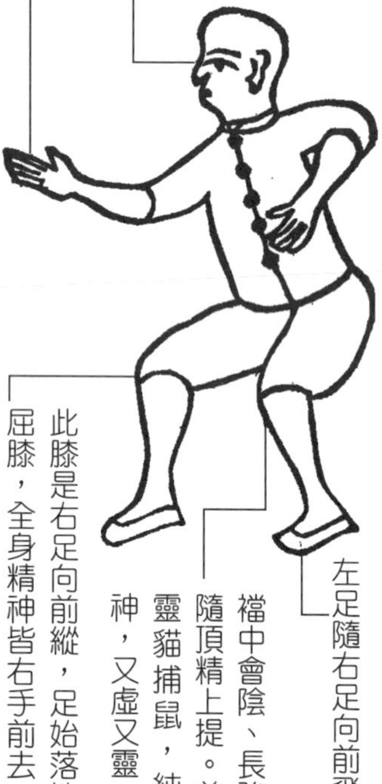
左胳膊屈住，左手落右脇，頂精領足，胸向前合，右肩鬆下。
眼神注於右手，仄楞住手。
胳膊微屈一二分，不可太直，亦不可太彎右手將搦之捶展開，手束住指。
左足隨右足向前飛縱
襠中會陰、長強，精隨頂精上提。前縱如靈貓捕鼠，純是精神，又虛又靈。
此膝是右足向前縱，足始落地，故屈膝，全身精神皆右手前去。

引蒙

指襠捶下，緊接青龍出水。二勢夾縫中，先將右肩鬆下，右半個身隨之俱下，下足再泛起來往前縱。其未縱時，右手捶如繩鞭穗，欲往前擊，先向後收。然後從後翻上，向前繞一大圈擊去，身亦隨之前縱。其縱之訣：前面手向前領，後面右足之隱白、大敦、厲兌、竅陰、俠谿，皆用精。精由足底過湧泉，至足踵翻上去，逆行而上，逾委中、殿門、承扶、環跳斜入扶邊，上行越魂門、魄戶至附分，再斜上行，由曲垣逾小海，斜入支溝、陽池，沿路翻轉，將手展開，束住五指，右手領身縱向前去，左腳用力往下一蹬，隨右手皆至於前，左手亦隨身至前腳落地後，左手落右乳前，停住。

內精

右半身皆用右轉精（右轉即順轉，從裏往外轉）。右手用纏絲精，由腋上行，從裏向外，斜纏至指肚。右足亦用纏絲精，順纏至大腿根，上行與扶邊相會，一齊上行，至附分分行至腋，斜纏至指肚。左手左足，須用倒轉精，而後才能隨住右手右足轉圈。前縱之本，全由於心。心精一提，上邊頂精領住，中間丹

躍（前進也，跳疾貌如俗言向前踐一步，踐上聲）踐（履也，踏也，無前進意）

此右手沿路前進運行圖

右足用精亦如是

田精發上行，偏於右半身。下邊兩足，右足用躍法，右足掌用力後蹬。未縱以前，全是蓄精，聚精會神，團結其氣。方縱之時，純是向前撲，精一往直前。右手帶轉、帶進，如鷂子撲鵪鶉，蒼鷹捉狡兔一樣。其志專，其神凝，其進速，其氣（氣即魄力）穩。玉女穿梭平縱身法，此亦平縱身法，愈遠愈好，要皆本自己力量為之，必得優游氣象，勿露努張之氣方好。

七言俚語

其一

龍在水中自養真，如蠖先屈用求伸。天上一聲雷震疾，池中踴躍倍精神。

其二

翻捶吊打進莫遲，如龍出水別春池。騰空一躍飛天上，五色祥雲身後隨（五色祥雲喻周身也）。

第六十勢　單　鞭

此第七單鞭，通結前六個單鞭，如七日來復，章法嚴密。

節　解

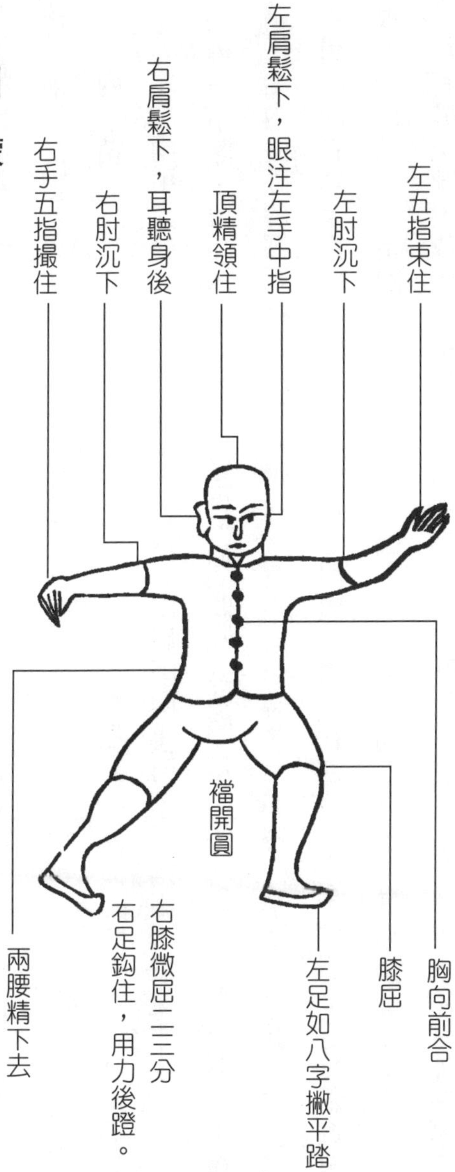

引　蒙

兩肱與左右手，兩股與左右足，先從外向裏一合，然左手自右脇向左伸開，束住指。左足亦自右向左開步，沿路運行，慢彎勢。右手從後向前轉一小圈，撮住指，與左手相合。兩手合，則上體皆合，右足鉤向左，兩足與兩膝一合。則襠精自開圓，餘法見前。

內精

左右兩手先一合，其精皆是纏絲精，由肩顒向裏斜纏至指甲，然後左手先由下而上繞一小圈，再徐徐慢彎向左運行。伸開肱，展開指，束住指，勿令散開。用纏絲精，由內向外斜纏至指肚，是順轉圈。右手向後轉前，亦轉一小圈，用纏絲精倒纏，由肩向內斜纏至指甲。兩足合時，皆是倒纏。由足趾從外向裏，逆而上行，斜纏至腿根。合以後，左足隨左手，順轉一小圈，然後慢彎向左開步。其精由腿根從內向外，下行斜纏至趾，放成八字形，大敦、僕參須實踏地。右足前鉤，上下體皆外往裏合住精，方不散渙。

取象

上虛象離，故取離；下實象坎，故取坎。坎離乾坤之中男、中女，水火相交，仍歸乾坤。乾坤者，萬物之父母。故前之取象，雖有不同，要皆不出乾坤坎離之外。故此勢以乾坤坎離通結上六勢。

七言俚語歌

其一

第一單鞭取坎離；第二單鞭亦如之；第三單鞭震無妄；第四單鞭仍坎離；第五單鞭取晉震；第六單鞭中爻宜，乾坤坎離第七勢；包羅萬象更無疑。

其二

第七單鞭旨歸宗，長蛇一字勢若重。豈知起下承上處，各因地勢聳孤峰。承接不同象自異，請君一一視來蹤。陰陽變化原無定，乾坤坎離盡包容。

其三

東衡西打在單鞭，左右運行玄又玄。此精皆由心中發。股肱表面似絲纏。斜纏順逆原有定，最耐淺深細究研。究研功力真積久，一旦豁然太極拳。人身處處皆太極，一動一靜俱渾然。如欲渾然窮原象，三五光明月正圓。照臨天下千萬物，無物能逃耳目前。或擒或縱皆由我，頭頭是道悟源泉。

第六十一勢　鋪地錦（一名鋪地雞）

上步七星前半勢，名鋪地雞；後半勢，名七星捶，勢成如金剛搗碓。何謂七星捶？以左右手足形象七星，故以七星捶名之。所以不名金剛搗碓者，以左手由下而上行，此則以左手屈而在上，形如北斗。故不名金剛搗碓，而名上步七星捶。

七星捶前半勢鋪地雞節解

腿肚依地
眼注左手左足
頂精領足，右手搿捶
耳聽身後
右肘屈住如斗
左足僕參依地，身將起來時足趾前合，僕參用力，方能起。
右足平踏，待身上提，腰前彎，身起來時膝往上，足踵用力。
右腿屈住，膝朝上。

引蒙

右手捶胳膞屈住，身坐地，左手左胳膞展開。左腿展開，腿肚依地，足踵依地。右膝屈住，膝依身右。足五趾抓地，足大趾與後踵皆用力。

內精

身將起來時，右手用順轉精，由手斜纏至腋，由腋上行至肩，至背後下行至右腰，由腰至左髀股，用倒纏精至左足趾，與青龍出水用精相反。彼是由足運至手，此是由右手運至左足。左手用往前沖精。

此勢與跌岔相呼應。跌岔懸空直下，右腳跺地，如金石聲，以跺敵人之足。左足蹬人臁骨，可破其勇。右手展開胳膞握地而上，左手前衝以推敵人之胸；此則以髀股後坐，坐人之膝。右手拳屈有欲前擊意。左腿展開，如不得勝，兩手向右捺地，用掃堂鞭，以掃群敵下臁，則難自解。此以同類相呼應者如此，又與金雞獨立相呼應。金雞獨立，左腿豎起，此則左腿橫臥；金雞右膝膝人，此亦以右膝屈住。金雞獨立，左手下垂，右肱向上伸，此則右手屈住，左手向上沖。故以上下相呼應，又與二起相呼應。二起身飛半空，此則身落地面，故亦以上下作呼應。

鋪地雞，雞性躁，肌膚熱，欲就濕土臥以涼其膚。其臥於地，一翅展開，一腿伸開。人之左手右肱伸展似之，故以是名。

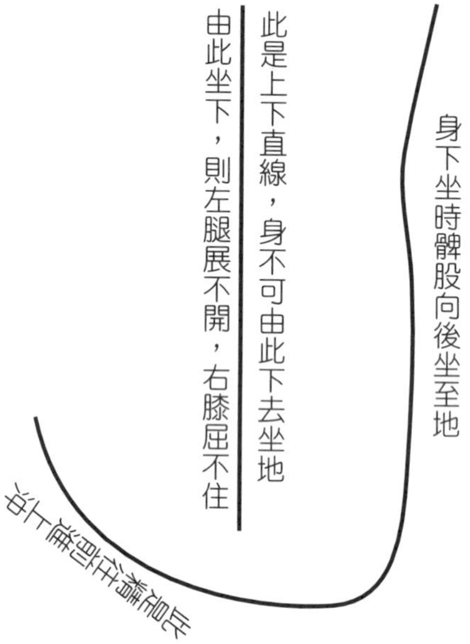
身下坐時髀股向後坐至地
此是上下直線，身不可由此下去坐地
由此坐下，則左腿展不開，右膝屈不住

此初坐下左右腿圖

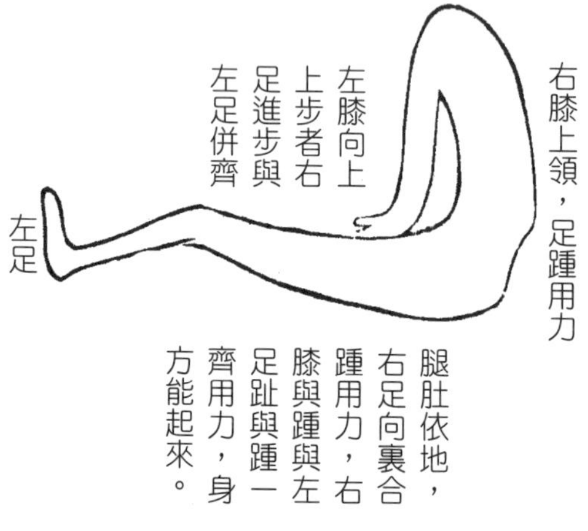
右膝上領，足踵用力
左膝向上上步者右足進步與左足併齊
左足
腿肚依地，右足向裏合踵用力，右膝與踵與左足趾與踵一齊用力，身方能起來。

上圖是坐後上起之圖，其用精如此。

下圖是髀股初落地身未起來時圖，下圖在前，上圖在後。

取象

巽為雞。雞性好鬥，鬥則展翅，左右手似之。雌雞孵卵，好臥身坐地上，其形相似，故取諸巽。巽在人為股。巽，入也。髀股坐地，左股展開在地，身皆落於地上，猶陷入坑。坎巽之九，林在床下，地也。雞鋪地，身臥地，猶巽在林下，初爻，利用武人。左手伸，右手屈，武人象也。故取之。

七言俚語

其一

未被人推身落地，如何下體坐塵埃，下驚上取君須記，頷下得珠逞奇才（此說到七星捶）。

其二

曩時跌岔甚無情（以足蹬臁），此又落塵令人驚。人知掃腿防不住，豈料七星耀玉衡。

第六十一勢　上步七星末尾金剛搗碓

節解

眼平視，左手落心胸間。手腕朝上，右肘沉下

頂精領住，平心靜氣歸丹田。

耳聽身後，右肩鬆下，右手落

左手中

右肩鬆下
右肘沉下
腰精下去
胸向前合，右股似直不直，膝微屈一二分，不然則無襠精。
左右足平踏
左股似直不直

引蒙

左手前衝，向上繞一圈落胸前。指微彎，腕向上。右手自後向前兼向上行，亦順轉一大圈，搦捶落左手腕中。左足向裏一合，頭上頂精一提，下體右膝右足僕參裏邊與左足踵一齊用力，上提身即起右足。從後向前進步，亦向上轉一圈落下，與左足齊。

內精

身起來時，用身內精，與前三個金剛搗碓同，要皆氣歸丹田，心平氣和，得太極

原象。

取　象

七星捶與前三個金剛搗碓取象同。但前者取一本散為萬殊，此則取萬殊歸於一本。如《中庸》始言：天命中散，為萬事終。言上天無聲無臭，意同如此，方能收束全局。

七言俚語

其一

太極循環如弄丸，盈虛消息化波瀾。豈知凡事皆根此，那有奇方眩人觀。

其二

人人各具一太極，但看用功不用功。只是日久能無懈，妙理循環自然通。

其三

腳踢拳打下乘拳，妙手無處不渾然。任他四圍皆是敵，此身一動悉顛連。我身無處非太極，無心成化如珠圓。遭著何處何處擊，我亦不知玄又玄。總是此心歸無極，煉到佛家一朵蓮。功夫到此仍不息，從心所欲莫非天。

第六十二勢　下步跨虎

與摟膝拗步呼應。摟膝拗步，右手在前，左手在後。此則右手在上，左手在下。彼則步寬而拗，此則步收而束，以反對相呼。

節解

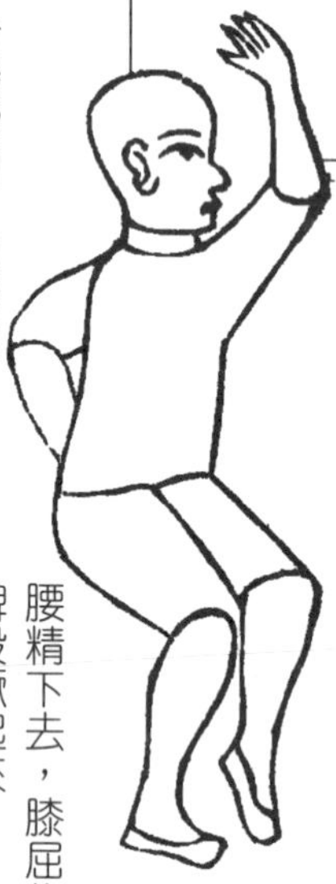
胸向前合，右膝屈住，右足平踏。
右肘屈住懸於頭上
右肱上掤，右手指束住，眼神注於右手。
襠精下下下足，襠撐圓。
頂精上領，領足
腰精下去，膝屈住，足趾點住地，髀股蹶起來。
左手在後撮住，指腕朝上，肘彎撐圓，如跨虎。

引蒙

右手與左手從胸前平分而下，右手從前向後倒轉一圈。轉向前，橫胳膊，落顖門上。左手分下來，亦倒轉一圈，肘撐圓落身後。右足退行一大步，屈住膝，足平踏地。左足亦退行一步，橫寬相去一尺。足落地點住足趾，膝屈住，頂精上提，襠精下

內經左右手足圖

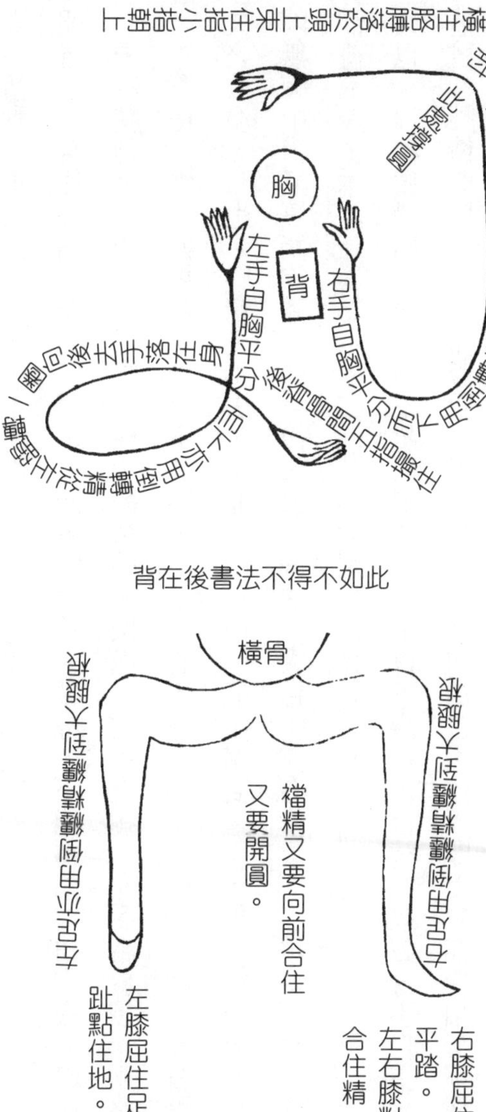

下，上下兩相奪精，中間胸向前合，髀股向後蹶。腰精下去，小腹向前合，仰起面看右手中指。

此勢下身法愈小愈好。然襠非大開，則身下不去。右胳膊上如千斤重物壓在頂上，左右肱外方內圓，上下精神團聚，皆用抱合精。上虛下實，然實處要運之以虛，惟虛則靈，靈則物來順應，自勿窒礙。

此勢易犯者有十弊：左肱不可直，直則不能顧頭顱，一也。左手在後，合不住精，則呼應不能相顧，二也。左右足太近則襠不開，三也。左右足也知分寬，而人字襠不變，遂令身下不去，四也。或硬往下揹足，頂精不領，強使襠開，強則硬，硬則死煞，死煞則不活動，不活動則不靈，不靈則轉動癡，五也。頂精亦知上領，左右股未用纏絲精撐開合住、合住撐開，雖名曰開，不過襠開少差一點縫，不能襠如斗口，穩如泰山，六也。一身精神全在於目，目之所注，即精神所聚處。右手上掤，左手合於後，兩胳膊撐圓，才算得一勢。如糊糊塗塗上下其手，不用其心。心一不用，神無所趣，亦凝聚不住，失之散渙，七也。腰精下不去，不能氣歸丹田。氣不歸到丹田，則中極會陰失於輕浮。因無胸中橫氣填塞飽滿，即背後陶道、身柱、靈台，左右橫氣亦皆填塞充足，而前後胥滯澀矣。蓋不向前合，失之一仰；向前合，則襠精輕浮，足底不穩，上體亦不空靈，八也。頂精領過則上懸，領不起則倒塌，此不會下腰精、襠精，以致身不自主，九也。襠精、腰精既皆下好，而髀股泛不起來，不惟前襠合不住，即上體亦皆扣合不住。上下扣合不住精，則足底無力，而外物皆能摧倒我，其弊十也。具此十病，則上下四旁，焉能處處合式，處處靈動乎？不但不能合式，不能靈動，而且奇奇怪怪百病叢生。至此雖有良醫，不可救藥，蓋由積弊之深，以致入於歧途，不可哀哉！

問運動此勢如何為合式？胸前兩手自胸平分下去，一向右一向左。右手向右者，用上往下分披精分開。右手用倒纏法纏到肩顒，此是手自上而下向右脇之後，此半圈也。再從下之後向上行，屈住肱，落到頭上去顖門五六寸。手展開束住指，束則心斂，小指腓朝上，手腕向外，手背向裏，用倒纏精復從肩顒纏回，斜纏至五指側，此右手後半圈也，合之方成一大圈。胳膊在上，勢如蛾眉，此右手之式；左手自胸披下，用纏絲精倒纏至肩。待左手從後向左脇外轉，向前復轉向後，落左脇之後，其精復由肩逆纏至指。五指撮住，胳膊彎，撐圓，左手與右手合住精相呼應，此左手式；兩眼神注於右手指甲，眼注於此，心亦在此，令神有所歸，此眼視式。

頂精領起來，領頂精非硬碰腦後頂間二大筋之謂，乃是中氣上提。若有意若無意，不輕不重，似有似無，心中一點忽靈，精流注於後頂，不可提過，亦不可不及。提過則上懸，不及則氣留胸中，難於下降，此頂精式。頂要靈活，靈活則左右轉動自易。此頂式耳聽左右背後，恐有不虞侵凌。人有從後來考，必先有聲音，可聞其聲音，有聲自與無聲不同。故心平氣靜，耳自聰靈，此左右耳式。兩肩要常鬆下，見有泛起，即將鬆下。然不得已上泛，聽其上泛，泛畢即鬆，不鬆則全肱轉換不靈，故宜泛則泛，宜鬆則鬆。每勢畢，胸向前合，兩肩彼此相呼應，此兩肩式。兩肘當沉下，不沉則肩上揚，不適於用。獨此勢不然，此勢右肘在上屈住，向上撐小胳膊，橫而上撐。肘與肱不上撐，則擎不住上邊之物，左肘背折撐住與右肘相呼應，此左右肘式。右手五指力皆注於小指腓，擎而上撐。此處用力領，則肘與大小肱皆用力矣。左手在後，撮住指腕向上，不至被人捉一指而背折。且指撮住亦見心收斂。左右手一上一下，一前一後，呼應一氣，此左右手式。

腰以上背後魄戶、膏肓向脇前合。胸前左右脇第一行淵腋、大包屬三焦。二行輒筋、日月亦屬少陽三焦。三行雲門、中府、食竇胸鄉屬肺與脾。四行厥陰、期門、天池屬肝膽。五行陽明大腸缺盆、氣戶、梁門、關門屬腸胃。第六行少陰、腧府、神藏、幽門通骨屬心腎。中一行華蓋、紫宮、玉堂、膻中、中庭、鳩尾。左右脇由淵腋、大包以至幽門、通谷兩邊，皆向玉堂、膻中合住，左右各脇皆相呼應，此左右脇腰以上之式。腰以下左右氣衝、維道皆向氣海、關元、中極合住，此左右軟脇下式。

兩髀股臀肉向上泛起來，不泛起則前面襠合不住。軟脇下為腰，腰精搖不下，則膝與足無力。髀股環跳裏邊，骨向裏合，不合則兩大腿失之散，此腰與臀、環跳裏邊骨三處式。胸中橫氣下歸丹田（即氣海），丹田之氣會於陰，橫氣聚積於此，剛氣化為柔氣。心不動，此氣常靜，心氣一發，則此氣上升，以輔心氣。即此氣善用，則為中氣，不善用則為橫氣。氣非有兩，其柔而勁者為中氣，一味硬者為橫勢。其為用也，不偏不倚，無過不及是中氣之用，非中氣之體。中氣之體即吾心中陰陽之正氣，即孟子所謂配道義，浩然之氣也。此胸以下丹田之氣，如此心中一物無有極其虛靈，一有所著，則不虛不靈。惟靜以持之，養其誠，以至動靜咸宜，變化不測，此心之式。

至於襠中上體氣積卵上邊，即向下一降，即俗所謂千斤墜，至實矣！不用則實者反化為虛，此謂運實與虛，不虛則上下皆不靈。動卵兩邊大股根撐開，此處撐開一寸，則兩膝自開一尺。此勢應開二寸，然所開處要虛，不可犯實。一涉於實，則轉動不靈。然開處兩腿根皆是合精，髀股泛起，小腹向前合，則襠自開矣。善開襠者，襠開一線亦謂之開，以其虛而圓，兩邊相合，中開寬大。不善開襠者，襠如人字，阺又上窄下寬，不虛不圓，雖亦像開，不得謂之開矣！此襠中式。兩大腿前合後開，外合內開，兩兩相對，相呼相應，此大腿式。兩膝蓋皆向裏合，兩膝屈住，兩膝之間撐一尺餘寬，此膝之式。

兩小腿外臁皆向內臁合住精，兩兩相對，此兩小腿式。兩足右足平踏，如土委地，左足點住，如錐紮地中。右足平而實，左足豎而虛，虛者伏下勢脈，足趾與腓皆用力往裏合，並足踵皆重踏於地，此兩足之式。至於下體，兩足皆用纏絲精倒纏逆行而上，由足趾過湧泉到足腓，從外往裏纏。纏至兩大腿根入丹田，此下體用精式。以一勢之微，其生弊如彼。其立規如此，自首至足，各有定式，果能力去其弊，化入規矩之中，超出規矩之外，循規矩而不囿於規矩，則得矣。

取　象

右肱居上，如離之上。一畫中間，心之虛明，如離中虛。下體丹田精實，足底用力，如離之下一畫，故取諸離。

七言俚語

其一

平分兩手泛輪尻，蝟縮微軀似猿猱。右手上擎山嶺壓，左肱下跨虎身牢。襠根大開圭璧勢，眼睛上視指甲高。一實一虛足相異，轉身一動服兒曹。

其二

泰山（喻強敵）壓卵（喻手）據上游（言在頭上），乾錯為坤載地球（離為乾之中爻，變來是乾，為離之父，故言離必本於乾）。乾卦中爻又一變，重離火耀碧峰頭。

第六十三勢　前半勢轉身擺腳

此勢與前之擺腳相呼應，但其承上起下處機勢不同，中間一樣。

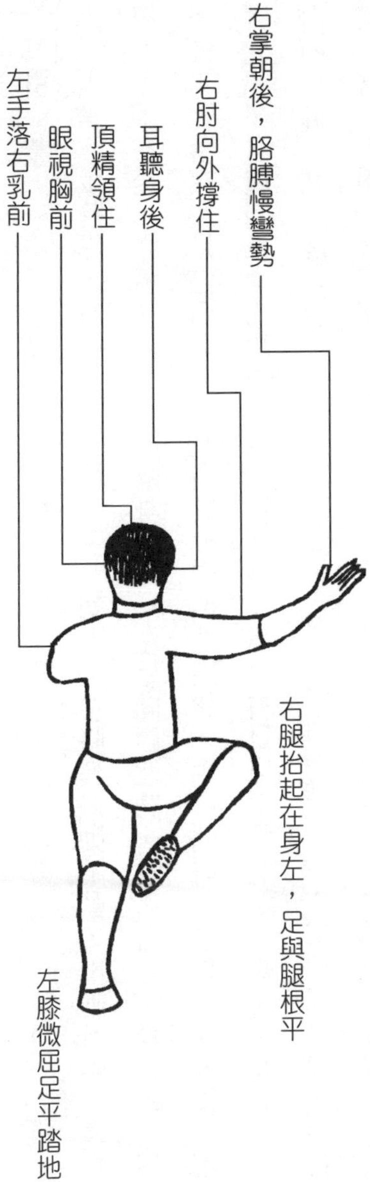

引蒙

上勢下步跨虎，右手在頭上掤，手背朝上。右胳膊似動不動，不動而動，隨身倒轉。左手在後，亦漸往上去，亦隨身倒轉。左足向西北開一步，右足隨身倒轉，倒開一大步，落在左足之西北方。左右肱亦向西北展開，手展開駢（並也）住五指，兩手與乳平，右腿向東南抬起來，足與腿根平。然後右足自南而北空中橫運，左右手自北而南橫擺。其右腳擺畢，右足落在原位，左右手自南涉下去，至西北不停，從後向前，轉一大圈，落胸前。左手在前，右手在後，搦住兩拳，合住胸，合住襠，左右足不動，屈住膝。

內精

左手從後轉過來，其精自日月上行至肩。前用順纏法，斜纏至手。右手用倒轉纏絲精，由肩背上外往裏纏，纏到捶頭。左腿用順纏精，由足趾纏精到腿根，歸丹田，下入襠中。右腿用倒纏精，由足趾上行，纏到腿根，歸襠中。

七言俚語

右手上托倒轉躬，先卸右肱讓英雄。再將兩手向左擊，左腳橫擺奪化工。

第六十四勢　當頭炮

此成勢，名以此為主。合之擺腳為一勢。當頭炮者，面前先以捶擊人，故名。

節　解

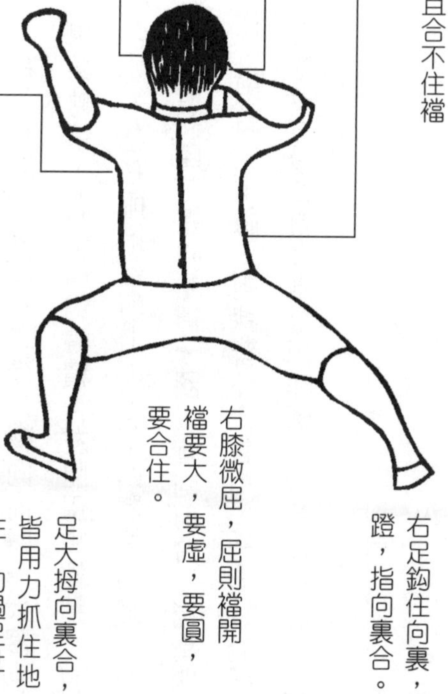
腰精下去，不下腰精足底無力，且合不住襠
兩肘向外，兩拳相對一前一後合住精
兩肩鬆下勿上架。
頂精領好，頂精下通長強身之關鍵。
眼神注於左肘之拳
胸要向前合住，空空洞洞，萬象皆涵極虛。
全體節節皆相向合住精，上下一氣合住精。
右足鈎住向裏，裏踵向後蹬，指向裏合。
足大拇向裏合，五趾與踵皆用力抓住地，左膝屈住，勿過足趾。

引蒙

左右手自上而下，從前而右、而後，復自右之後，轉向前轉一大圈，搦捶落胸前。左手（言手而肱在中）用順轉精，右手用倒轉精；左腿用順轉精，右腿用倒轉精，上擺腳已言之。左右肘向外，左右捶指臂朝上。上下四體皆用抱合精，胸中精也。是自左、自上而下，從下向上、自右轉向左轉一圈，胸向前合。襠精開圓合住，兩足趾對臉合住精，頂精領住，兩肩、兩膝、兩踝皆外往裏扣，合力聚於捶。眼視左右手中間。此勢一名護心捶，與第一勢金剛搗碓緊相呼應，皆是以護心為主。心不動搖，則上下四旁皆顧而無失。

內精

轉身後，左右手從後繞一圈向前，左捶用背折精，捶打不上；用背折肘，右捶合住精，向前以為左手接應。此勢左手倒轉，自上而下，周身皆是隨左手之轉而轉。蓋此身自左腳偷開一腳，轉過身來，則右胳膊已得順勢往下，卸其上壓之重任。重任方卸八九分，則左手即用順轉背折精，擊敵之左脇，難可解矣。然左手為用，恒不及右手力量。今左手近敵，先得勢擊，故全身精神，則必隨勢以助左手。外面兩手雖對而相合，其實皆是自右向左而合，其自左而下卸也，開也。轉過精，自左向右合精也。一開一合，拳術盡矣。然吾身之開合，即天地之闔闢，天地之闔闢，即吾身之開合。人身一小天地，一而二，二而一也，合之即太極也。太極者，陰陽已具，而未形者也。陰陽者，太極既分之名也。動而生陽，則為開；靜而生陰，則為合。故吾謂一開一合，而拳術盡之。左足在前，右足在後，右足前進與左足齊，左右手自下而上轉一圈，落於胸前，則為金剛搗碓。終而復始，始而又終，惟終與始，循環不窮。故用功各圈自己力量運動，其遍數一遍可，十遍亦可，不拘遍數。有力儘管運動，無力即

左右運行圖

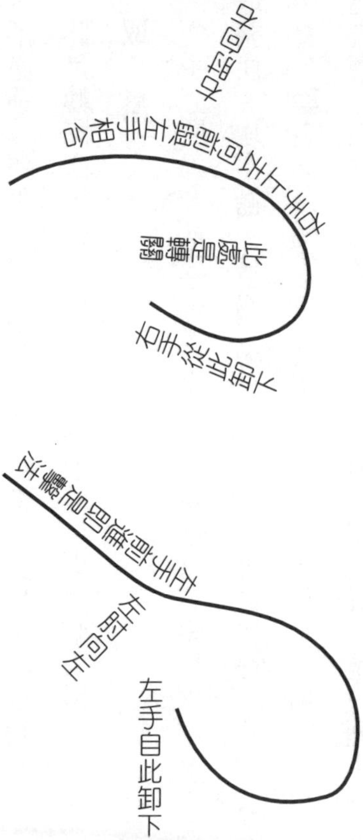

此是沿路運行之法，纏絲精即寓於兩肱運行之中。

止，不必強為運動，以致出乎規矩。惟順其自然，則得矣。

此是轉關處，轉過彎來，手向前去，即是擊人處。不轉一圈，則擊人無力。

取象

兩手分開，像坎之上爻；中間將身平臥，象坎之中爻；兩足分開，象坎之下爻，故取諸坎。坎中滿，言陽之實，在中也。外柔內剛，坎之象也。坤以中爻之柔，交乾之中爻。陰者易為陽，是坤以中氣相交之驗也，中男之象也。合之上勢，離下坎上，則為既濟；綜之，則為未濟。首一勢金剛搗碓，是太極生兩儀。孔子曰：有天地，然後萬物生焉；有萬物，然後有男女；有男女，然後有夫婦；有夫婦，然後有父子，自有父子以後，生生無窮矣。末二勢，中男中女，血氣方剛，理充氣足，有生生無窮之望，故取離坎。離下坎上，曰既濟，物不窮也，故受之以未濟終焉。

七言俚語

闔闢剛柔順自然，一揚一抑理循環。當頭一炮人難禦，動靜形消太極拳（言皆歸於太極，合太極）。

五言俚語

太極理循環，相傳不計年。此中有精義，動靜皆無愆。收來名為引，放出箭離弦（此二句，上句言引進落空，下句言乘機擊打）。虎豹深山踞，蛟龍飛潭淵（上句言靜，下句言動）。開合原無定（活潑潑地），屈伸勢相連（卻有一定）。太極分陰陽，神龍變無方。天地為父母，摩蕩柔與剛。生生原不已，奇正不尋常，乾坤如橐籥，太極一大囊。盈虛消息故，皆在此中藏。至終復自始，一氣運弛張。有形歸無跡，物我兩相忘（與道為一）。太極拳中路，功夫最為先。循序無躐等，人盡自合天。空談皆漲墨，實運是真詮。鳶飛上戾天，魚躍下入淵。上下皆真趣，主宰貴精研。若問其中意，道理妙而玄。往來如晝夜，日月耀光圓。會得真妙訣，此即太極拳。凡事都如此，不但在肘間。返真歸璞後，就是活神仙。隨在皆得我，太璞自神全（仍歸太極）。

附錄

陳氏家乘

陳奏庭，名王廷。明庠生，清入武庠，精太極拳。往山西訪友，見兩童子扳跌，旁有二老叟觀，公亦觀之。老者曰：「客欲扳跌乎？」曰：「然。」老人命一童子與之扳跌，童子遂摟公腰，亮起，用膝膝公氣海者三，將公放下。忽老幼皆不見，天亦晚，公悵然而歸。

公與登封縣武舉李際遇善。登封因官逼民亂，以際遇為首，公止之。當上山時，山上亂箭如雨，不能傷公。遇一敵手，公追之，三週御寨未及。李際遇事敗，有蔣姓僕於公，即當日所追者。其人能百步趕兔，亦善拳者也。公際亂世，掃蕩群氛不可勝記，然皆散亡，只遺長短句一首，其詞云：歎當年披堅執銳，掃蕩群氛，幾次顛險。蒙恩賜，罔徒然，到而今年老殘喘，只落得黃庭一卷隨身伴。悶來時造拳，忙來時耕田，趁餘閒，教下些弟子兒孫，成龍成虎任方便。欠官糧早完，要私債即還，驕諂勿用，忍讓為先。人人道我憨，人人道我顛，常洗耳，不彈冠，笑殺那萬戶諸侯，兢兢業業不如俺，心中常舒泰。名利總不貪，參透機關，識彼邯鄲。陶情於魚水，盤桓乎山川，興也無干，廢也無干。若得個世境安康，恬淡如常，不忮不求，哪管他世態炎涼？成也無關，敗也無關，不是神仙，誰是神仙。

陳敬柏，字長青。乾隆初人，好太極拳。山東盜年十八，將撫憲廄窗摘玻璃一塊，竊騾飛簷走壁，越城而去，捕役不敢拿。時公隨營奉諭往捕，賊以刀紮向敬公。公以牙咬刀，將賊扳出門外，賊服。案破後，賊亦隨營效用。時山東名手，藝不及公，因號公為「蓋山東」，言其藝之高也。

陳毓蕙，字楚汀。乾隆壬子舉人，江蘇華亭、奉賢、金匱等縣知縣，常州府督糧通判、川沙廳同知、丁卯鄉試同考官。

陳步萊，字蓬三。癸酉舉人，直隸南皮、清河、巨鹿等縣知縣。調署雲南邱北縣，特授彌勒縣知縣。

陳步蟾，字履青。乾隆甲午舉人，湖南麻陽縣知縣，戊申鄉試同考官。

陳善，字嘉謨。生員，乾隆六十年與千叟宴。

陳毓英，字冠千。邑庠生，乾隆六十年年八十八，與千叟宴。

陳繼夏，字炳南。乾隆末人，精太極拳，每磨麵，始以兩手推之，依次遞減，減至一指，則必奔而推之，即一磨亦不閑功，後藝出師右。公善丹青，趙堡鎮關帝廟顯功皆公畫，傳神入妙。一日繪古聖寺佛佛像（寺在陳溝村西），有人自後捺公，公將其人倒跌面前。問其姓名，乃河南萇三宅也，萇乃藝中著名者。公事母孝，菽水承歡，鄉黨皆化之。

陳秉旺、秉壬、秉奇三人皆善太極拳，互相琢磨，藝精入神，人稱「三傑」。秉壬兼精醫術。秉旺子長興，盡傳其父學，行止端重，號「牌位陳」，門徒尤盛，楊福魁其最著者。長興子耕耘，字霞村；耕耘子延年、延禧能事其業。耕耘嘗從仲甡與粵匪戰，有軍功。

陳鵬，字萬里，嘉慶初名醫也。習太極拳入妙，人莫測其端倪。家貧，介以自持，氣舒以暢，天懷淡泊，無俗慮。

陳耀兆，字有光，生於乾隆，卒於道光，壽八十。為人樂善好施，家道嚴，內外肅然，訓子有義方，子孫皆入庠。性癖太極拳，當時武士皆沐其教，然其精妙，未有出其右者。

陳公兆，字德基。學術醇正，名士多出其門。持己端方，事不徇私，為人樂善好施。道光十七年歲饑饉，公設粥場施飯，活人無算。每遇嚴冬，買衣施貧。鄉里艱於婚葬，慷慨周濟無德色。式穀貽謀有義方。子有恆、有本皆入庠，有品行，精太極拳。孫仲甡得其詳，後屢立戰功（另有傳）。壽八十，鄉鄰以齒德兼優，額其門。

陳有恆，字紹基，弟有本，字道生，均庠生。習太極拳，有本尤得驪珠，子侄之藝，皆其所成就。風度謙沖，常若有所不及。當時精太極拳者率出其門。兄友弟恭，始終如一，怡怡如也。有本門人陳清平、陳有綸、陳奉章、陳三德、陳廷棟均有所得，陳耕耘亦師事焉。清平傳趙堡鎮和兆元、張開、張睾山；有綸傳李景延、張大洪。景延兼師仲甡，嘗從戰粵匪。廷棟兼善刀法。

陳仲甡，字宜箎，號石廠。幼而岐嶷，涉獵經史。嗣以家傳太極拳棄文就武，得其訣，藝成而上，具神武力。咸豐三年，粵捻林鳳祥、李開方率眾數十萬擾及豫北，五月十八日由鞏擄船渡河。公倡義禦寇，率胞弟武生季甡、族弟衡山、耕耘、長子垚、侄淼等，糾合族徒數百、鄉勇萬餘，二十一日迎戰，身先徒眾，直入陣中，殺偽指揮數人。賊敗，又追殺數百，激賊怒，二十二日大肆擄掠焚殺，所過室家為之一空。公更怒，決計奮鬥，拔幟殲將者數數。混戰八十餘合，忽見賊中有黃巾黃甲者，援桴擊鼓，旁建司馬旗號。公心知為魁，飛身突前，徑戮賊首，如探囊中物，餘眾驚潰。然料其必復仇，初謀設伏。二十三日，季甡伏蟒河北，垚、淼伏廟中，衡山、耕耘為接應，公率眾誘敵過蟒河，伏兵突出，三面夾攻。賊不能支，棄甲曳兵，自相蹂躪，屍橫遍野，然猶未傷及賊之大營也。再伏防之，二十四日，衡山伏伍郡村，季甡伏溝左，耕耘伏溝右，族侄敬本等為左右翼，族兄俊德率李南方等為援兵。賊果大舉自柳林出，公先迎敵，眾皆恐後。及鋒刃相接，芟夷斬伐如草萊焉。突遇勁敵，乃賊中驍將「大頭王」楊輔清也，身高六尺，腰大數圍，嘗腋挾銅炮，縱越武昌城陴，城遂墜。嗣後所向無敵。今見前徒失敗，挺身接戰。公視其像貌魁梧，不可輕敵，乃誘入溝中，以左右伏兵困疲之。賊力乏敗走，公追之，以槍攬其項。賊猶狡捷，藏身鐙裏。公欲擲下馬腹，賊又飛上馬背，急以單手送槍，正中咽喉，賊乃翻身落馬，遂取其首級，賊眾駭散，幾若無所逃命。忽見西有塵埃蔽天，東有炮聲震地，迅令分眾迎敵，比及接綏，乃李文清公率師助陣，賊已逃歸柳林中矣。究為驚弓之鳥，難安其巢，乃移醜類，圍覃懷，五旬不下，聞公奉命赴援，潛從太行山後遁去。諸帥聞公名，爭相禮聘，公因母老，情不忍離。後母病，親視湯藥，衣不解帶者數月。及母卒，哀毀鵠立，喪葬一依古禮，自是一意授徒，徒益眾，屨常滿戶。咸豐六年，土匪擾亳州，欽命團練大臣剿匪事宜。太僕寺袁大帥諭令總理河南，軍需總局藩憲莫大人、臬憲余大人等，劄諭前溫縣令張禮延隨營。公帶鄉勇兼程至亳，偕弟季甡連獲五勝，先剿白龍王廟黨援，尋搗雉河集巢穴，不數日克復亳州。餘孽竄陳州，復追至陳，三戰三捷，斬首千餘人，獲軍器數車。七年，土匪盤踞六安州。六月奉袁大帥、撫憲英大人劄諭，急援六安州。公晝夜環攻，三日城克復，奏偉功，蒙上憲會銜請獎，兵部奉旨給予六品頂翎，歸河北鎮標補用。十一月，土匪由開州、清豐，掠安陽、滑、浚等縣，彰德府羅公請調援彰。將至境，匪聞風東竄，是先聲足奪人也。八年，四方盜賊蜂起，張樂行犯汜水，公奉縣諭招募鄉勇，沿河防禦甚嚴。賊窺探數日，無計北渡，溫境獲安。九年，蒙城、阜陽失守，欽命團練大臣剿匪事宜。順天府尹毛大人諭公隨同大翼長賈伊邱、羅四大人犄角擊賊，連破數寨，尋復二城，蒙獎五品，賞戴花翎歸河北鎮，以儘先守備補用。十一年，長槍會匪李占標率眾十數萬由山東掠彰、衛、懷三府，欽命團練大臣剿匪事宜，聯大人諭令募勇防禦。公迎敵於武陟木欒店，賊返旗不敢西趨。

同治六年，土匪張總愚率數十萬眾由絳入懷，公率子鑫、侄淼、族徒鄉勇數千，於十二月十四日早晨戰殺至午，淼連斃數匪，身被重傷，猶奮勇死鬥，因馬蹶，中炮陣亡。公悲憤督眾怒戰，戮猛將二人、旗指揮二人、銳卒二百餘人。鏖戰至晚，賈其餘勇，又殺數百。賊終敗潰，逃出懷境。其生平戰功累累，嘖嘖人口者，皆根本於精太極拳也。及公卒，吊者數郡畢至，眾議易名英義，吾從眾曰可（劉毓楠）。

陳季甡[1]，字仿隨，武庠生，仲甡同乳弟也。嘗隨兄屢立戰功。

陳花梅，字鶴齋，從學於長興，功夫甚純。子五常、五典能濫其業，門人陳璽均從仲甡戰粵匪。

---

①依據現有的文史資料佐證，陳季甡於道光二十三年前任鉅鹿縣知縣，後隨兄戰功累累同期並進，咸豐七年晉六品，八年賜五品，九年御封武節將軍。

陳衡山，字鎮南，精太極拳。柳林之戰，衡山最前列，真勇士。後教授生徒。

陳仲立，三德侄孫，武生。弓箭極有揣摩，學拳於三德，槍刀齊眉棍熟練。

陳同、陳復元、陳豐聚、任長春[1]，均仲甡門人。咸豐三年從戰有功。

陳淼，仲甡兄子，字淮三，有義行。同治六年，張總愚寇覃懷，掠溫邑，淼率勇士禦賊，槍斃數匪，身被重創，創猶奮呼督眾，馬蹶中炮身亡。妻冉氏以節孝標。

陳垚，字坤三，仲甡子，年十九，入武庠。每年練一萬遍拳，二十年不懈。從父擊賊，未嘗少挫。

右節錄《陳氏家乘》

①原版本將「任長春」誤排為「劉長春」，依據民國四年《中州文獻輯志》和《中州先哲傳·陳仲甡傳》的記載及有關文史資料佐證，任長春青年時期在清「武節將軍」陳仲甡家當長工，兼學太極拳，直至陳仲甡去世。故將「劉長春」更正為任長春。

陳英義公傳

英義陳先生，名仲甡，字志壎，又宜箎，號石廠，祖居山西洪峒，由明洪武遷溫，世有隱德，以耕讀傳家。先生兄弟三人，與弟季甡同乳而生，面貌酷似，鄰里不能辨。幼而岐嶷，生三歲誤入於井，有白虎負之，水深丈餘，衣未曾濕。稍長，即厭章句之學，棄文習武學萬人敵，韜略技藝，無不精通。然循循儒雅，從未與人角，為鄉黨排難解紛，義聲著於世。性又好客，嘗慕北海之為人，與朋友交，不分爾我。與弟季甡同入武庠，並期上進，以光門閭，以報國家。孰知數奇，竟難一第。於是隱居林下，教授生徒，躬耕奉親，不復有仕進意。

咸豐三年五月，粵匪渡河，率眾數十萬，意欲踏平河朔。合郡惶惶，莫必其命，溫尤臨河，恐懼更甚。邑令張公，親詣其家，敦請禦敵。先生念切桑梓，義不容辭，遂披堅執銳，倡義勤王，率生徒數百人，直入敵營，左衝右突，如入無人之境。殺其驍將徽號「大頭王」，又殺其偽司馬、偽指揮數十人。賊為大卻，遂潛師圍懷城，然銳氣已挫，及諸大帥兵至，遂望風而逃。諸帥聞先生名，皆敬仰，遣使聘請，日不離門，多有親詣其家者。公念母老，堅辭不出。後不得已，往見諸帥，其中有河南省巡撫李諱系公座師，見時有悔不識英雄之語，堅留破敵，先生再三婉辭，方許歸養。事平蒙奏，賜五品花翎。先生心安奉母，絕不以功名動心，其淡泊又如。此後母病，親視湯藥，衣不解帶者年餘。母終，哀毀骨立，喪葬一依古禮，吊客數郡畢至。自是一意授徒，徒益眾，戶外屨嘗滿。生三子，垚入武庠，焱、鑫歲貢，皆英英露爽有父風，人謂公有子云。公生於嘉慶十四年正月二十七日寅時，卒於同治十年十月十四日戌時，享壽六十三歲。卒之日，鄰里哀痛，吊者填門，眾議易名稱英義。予辱先生二十年交，亦從眾曰可。

陳仲甡傳（中州先哲傳）

陳仲甡，字宜箎，溫縣人。清初有陳王廷者，精拳法，善登封李際遇。際遇舉兵，王廷往止之，矢如雨下不能傷，以故陳氏世其學習之者眾，仲甡技稱最。咸豐三年五月，粵寇林鳳翔、李開方率眾數十萬由鞏渡河，踞溫東河幹柳林中，勢張甚。仲甡倡鄉人逐寇，與弟季甡、耕耘、從子淼、長子垚並其徒數百，鄉勇萬餘人助之。二十一日迎戰，仲甡陷陣殺敵指揮數人，寇敗又追殺數百人。明日寇大肆焚殺，所過皆墟，縱驍騎來薄，仲甡督眾搏戰，皆一當百，寇披易，死者相屬，斬其一酋，寇又敗去。寇連戰不得志，悉自柳林出眾約十萬。仲甡命季甡率眾伏溝左，耕耘率眾伏溝右，自率眾擋敵。一悍賊身長六尺，腰數圍，殊死戰。仲甡奇其貌，誘入溝，伏發，仲甡以槍斫其項，賊匿馬腹，搏之下，復飛身據鞍，仲甡一槍中賊喉，取其元，乃寇中驍將、破武昌時曾挾銅炮躍登城，號「大頭王」楊輔清也。劃然四潰，比李堂階率鄉兵來助，寇已竄柳林中。寇自粵西造亂，轉略數省，所至披靡，以鄉勇禦寇，自仲甡始，於是仲甡名聞諸帥間。六年，團練大臣袁甲三檄仲甡攻亳州，五戰五克之；追寇陳州，三戰三捷，擊殺千餘人；七年，隨克六安州；八年，張落行犯汜水，仲甡率眾防河；九年，團練大臣毛昶熙檄隨攻蒙城、阜陽；同治六年十二月，捻寇張總愚率眾數十萬由山西犯懷慶，仲甡與子鑫、猶子淼及其徒數千禦之，自晨至晡，斬其將二人，執旗指揮者二人、寇黨數百人，始大敗。淼槍斃數寇，被槍猶死戰，馬忽蹶，中炮陣亡。仲甡時年六十餘，未幾卒，遠邇惜之，私謚曰「英毅」。仲甡事親孝，教子嚴，與朋友交有信，然循循儒雅，從未與人角。季甡字仿隨，武庠生。傳其學者曰陳同、曰陳復元、曰陳豐聚、曰李景延、曰任長春，然皆不及仲甡。

（民國四年歲次乙卯，敏修先生征中州文獻，得溫邑《陳氏家乘》，採先大人事蹟，列中州文獻輯《義行傳》中。愚因先生作敘，猶推論先大人事實，故將是傳錄之於前，以便閱者知太極拳有功於世云爾。男鑫謹志）。

溫縣陳君墓銘

南陽張嘉謀

溫縣陳溝陳氏，世傳太極拳，咸豐間，英義公仲甡，治之尤精，有功鄉邦。君英義季子也，諱鑫，字品三，廩貢生。承其先志，服膺拳經，綜會群譜，根極於易。凡河圖洛書、先天後天、卦象爻象，所見無非太極，約之以纏絲精法，成《太極拳圖說》四卷。又輯《陳氏家乘》五卷，可謂善繼善述，有光前烈者矣。

太極拳推行既久，雖皆祖陳氏，然各即所得，轉相教授。或口說無書，坊賈牟利，又多剽竊刪節，以迎合畏難速化不求甚解之心理，學者苦無從窺其全，君深憂之。年老無子，食貧且病，乃召兄子椿元[1]於湘南，歸而授之。書曰：「能傳傳焉，否則焚之，勿以與妄人！」會河南修通志，館長韓君，命嘉謀與王子圜白同杜編修友梅訪君書時，君卒已數年，將葬。椿元介鞏劉君瀛仙，以書請銘。嘉謀既美椿元能讀楹書，世其家學，且慨吾國積弱，有漸而病，讀先哲道要者之善失真也。因諏於王子圜白，而繫之辭曰：

惟太極圈，包羅地天，緊誰打破，陳家世拳。探原於易，研幾鉤玄，河圖龍馬，木火騰騫。洛書龜蛇，金水藏堅，雷風山澤，坎離坤乾。五十學易，尼山心傳，出震成艮，四時行焉。總括要述，纏絲微言，纏肱纏股，根腰呂間。上下左右，順逆倒顛，大圈小圈，矩方規圓。消息盈虛，往來雷鞭，紐鰾舒卷，反正風帆。扶搖羊角，逍遙遊衍，九萬里上，六月圖南。骨節齊鳴，聲諧鳳鸞，輕飄鴻羽，重墜鼇山。水流花放，峽斷雲連，有心無心，自然而然。龍虎戰罷，真人潛淵，浮游規中，妙得其環。乃武乃文，乃聖希天，拳乎仙乎，道在藝先。

---

①陳椿元為陳鑫堂兄陳森之三子。陳森有三子，長子梅元、次子槐元、三子椿元，陳氏家譜和碑文記載為椿元。南陽張嘉謀在「陳君墓銘」和鞏縣劉煥東在「溫縣陳品三太極拳譜後敘」中將「椿元」誤寫為「春元」。張嘉謀、劉煥東為該書的校閱者，校閱時又將「編輯者」椿元誤改為「春元」本次改版將「春元」統一更正為「椿元」，特此說明。

跋

右《太極拳圖譜》四卷，吾溫陳石廠先生所傳，哲嗣品三茂才，按其姿勢，詳為圖說，將以傳世行遠者也。吾觀世之負拳技者，往往逞血氣之勇，而不軌於正，其或豪俠自恣，陵鑠鄉里，此太史公所謂盜跖居民間者耳。至於以軀借交報仇，若專諸、聶政者流，名為高義，實感私恩，求其精拳技而發之於忠義者蓋鮮，至求其根極，於理道尤加鮮焉。今觀太極拳法，溯源河洛，援引內經，多本先儒成說，而其吃緊為人處，又在主之以敬，受之以謙，倘所謂根極道理者非耶？至其發之以忠義，尤昭昭在人耳目。然吾以為先生之忠義，非徒一手一足之烈，其關係大局，實非淺鮮也。初咸豐三年，粵匪洪楊之徒，既據江寧，遣其黨林鳳翔、李開方等北犯。其年五月，由鞏縣洛河擄民船渡河犯溫，盤踞河灘柳林中。楊奉清者，賊中號「大頭王」，最驍悍，能挾兩銅炮登城。賊恃其勇力，所至無堅不摧，無攻不破，獨至溫石廠先生，以太極拳法殲之溝中。當是時，陳家溝拳勇之名聞天下，賊由是奪氣去溫圍懷慶。惟既失其所恃，圍攻四十餘日不能破。當賊之渡河也，意在長驅而北，直犯京師，乃甫至溫而悍酋被殲，以至頓兵堅城之下，曠日持久，京師有備，援軍四集，賊之初計竟不得逞。吾故曰先生之忠義關係大局，非淺鮮也。脫令楊不被殲，懷慶未必能堅守，懷慶不能堅守，賊挾其無堅不摧無攻不破之銳氣，直抵京師，大局殆有不堪設想者。

昔張許二公死守睢陽，論者謂其以一隅障江淮，致賊不能以全力徑趨長安，推為有唐中興大功。若先生之殲楊以保懷慶而全京師，其功亦何可沒也？吾因以知太極拳法，其發於忠義，由其根，極於理，道以視，世之徒負拳技者，豈可同年語哉！吾與品三曩同補諸生，為文字交，故因太極拳譜推論之如此。至先生其他軍功，非大局所關，不具論。

大中華民國十一年壬戌孟冬晚生李春熙敬跋

跋

吾友孫子仲和，為余述陳君仲甡手擒大頭王事，英風義概，令人駭服。又言某封翁家，突來數十巨盜，封翁好言款之，急招仲甡至。則紅燭高燒，賓筵盛列矣。仲甡入，遽滅其燭，盜大訛抽刀相撲。盜人人喜得仲甡殲之，須臾無聲則盜皆自殺，而仲甡固無恙也。蓋盜互撲殺時，仲甡固皆在其手側，惟用盜代死，而自手執一碗，一足立筵席中間也，可謂妙絕，益令人駭服不止。今見太極拳譜，是陳君一生用力而得力者用以傳其家人。故至今溫縣陳溝陳氏，人無男女，皆習是術，以神勇稱方。懼其秘不示人也，而竟詳悉推闡，梓以傳世，是真大道為公者矣。讀是書者，若能潛玩而力學之，所裨益於健全者甚大，由是自強，強國不難矣。太極之理，其自序及諸賢各序論之詳矣，故不具論，論其軼事使後人有考焉。

後學荆文甫謹跋

溫縣陳品三《太極拳譜》後敘

余少交溫縣關子紹周，得聞陳溝太極拳宗師陳仲甡昆季殺敵衛鄉之偉烈，心竊慕之。及長，南北奔走廿餘年，所見太極拳書頗多，而陳溝獨無聞，竊疑其學或失傳歟？今春晤陳椿元於焦作，出示其叔父品三先生所著《太極拳譜》，本義易之奧旨，循生理之穴脈，解每勢之妙用，指入門之訣竅；舉六百年來陳氏歷代名哲苦心研究之結果，慨然筆之於書而無所隱，一洗拳術家守秘不傳之故習。余受而讀之，喜且驚，陳氏太極之學果未絕，且大有所發明。實孔門之孟軻、荀卿，佛家之馬鳴龍樹也！品三先生名鑫，為仲甡公次子，清歲貢生。課讀之餘，精研拳術，盡傳其父學。晚更竭十餘年之力，以成此書。欲及身刊發傳世，志未遂。先生無子，臨終出全編授其猶子椿元曰：「此吾畢生心血也。汝能印行甚善，否則焚之可也。」余聞椿元語而痛之，念強寇侵凌之今日，此譜亟宜刊行，藉練國人體魄。七月間，因事走徐海平津大同，所至訪有力之同好者。河南國術大家陳子峻峰及張子霽若、白子雨生，均慷慨資助。

八月返汴，而張中孚、關百益、王可亭、韓自步諸先生，亦均慕義若渴，熱心醵金，兩次會議，遂付剞劂。品三先生可瞑目於地下，國術界自今又開一引人入勝之大道矣！

顧余猶竊竊隱憂者：人情對於秘藏奇書，日夜思慕之，不憚跋涉山川，走數十百里，以求朝夕錄且讀，舌弊手胝不自足。及其公開流傳，隨處可得，則往往讀之不能終卷，何則習見生玩也！所望國人讀是譜者，一如異僧傳道，黃石授書，特別寶重而熟玩之，不僅得之於心，更進而實有諸身。十年鍛鍊，一可當千，孟賁遍地，四夷斂跡，恢復失土，發揚國權，則同人等努力刊行此書之微願也。

中華民國二十一年雙十節

劉煥東謹敘

新刊訂補《陳氏太極拳圖說》姓氏

原著者 溫縣陳鑫品三

編輯者 胞侄 雪 元 椿 元

參訂者 孫女 淑 貞
孫男 金 鼇 紹 楝

校閱者 西華陳泮嶺峻峰 鞏縣劉煥東瀛仙 開封關百益（以字行）
南陽張嘉謀中孚

助刊者 西平陳泮嶺 泌陽韓運章自步 鞏縣張鏡銘霽若 鞏縣白雨生
開封關百益 南陽張嘉謀 南陽王諦樞

註：「新刊訂補陳氏太極拳圖說姓氏」，「新刊」指首次發表，「訂補」指對原有作品的修訂、補充，故稱「新刊訂補」（依據國家版權局1992年對該書「新刊訂

補」的解釋）。

「原著者：溫縣陳鑫品三」，指原作品的作者稱「原著者」。

「編輯者：胞侄雪元、胞侄椿元」，包含著兩層意思，編輯者將不完整的書稿經過整理、修訂、補充編輯成完整的作品並得以發表。「胞侄」說明「編輯者」與「原著者」的關係。

「參訂者：孫女淑貞、孫男金鼇、孫男紹棟」，指參加該書整理、修訂、補充的工作者。孫女淑貞為陳森之孫女，孫男金鼇為陳垚之長孫，孫男紹棟為陳森之長孫。

該書的「原著者」、「編輯者」、「參訂者」均以輩分、年齡大小為序。

「校閱者」，其中西華陳泮嶺為原河南省國術館館長，開封關百益為原河南省博物館館長，南陽張嘉謀、鞏縣劉煥東均為當時德高望重的社會名流。

「助刊者」陳泮嶺、韓自步、張嘉謀、張鏡銘、關百益、白雨生、王諦樞均為當時的知名人士，對《陳氏太極拳圖說》的出版發行極為關切，為此捐資七百大洋，使該書才得以出版發行。

國家圖書館出版品預行編目資料

陳氏太極拳圖說／陳鑫 著　陳東山　點校
—初版—臺北市，大展，2012［民 101.04］
面；21 公分—（老拳譜新編；8）
ISBN 978-957-468-871-5（平裝）
1. 太極拳
528.972　　101002000

陳氏太極拳圖說

著　　者／陳　　鑫
點 校 者／陳　東　山
發 行 人／蔡　森　明
出 版 者／大展出版社有限公司
社　　址／台北市北投區（石牌）致遠一路 2 段 12 巷 1 號
電　　話／(02) 28236031 • 28236033 • 28233123
傳　　真／(02) 28272069
郵政劃撥／01669551
網　　址／www.dah-jaan.com.tw
E-mail／service@dah-jaan.com.tw
登 記 證／局版臺業字第 2171 號
承 印 者／傳興印刷有限公司
裝　　訂／眾友企業公司
排 版 者／弘益電腦排版有限公司
授 權 者／山西科學技術出版社
初版1刷／2012 年（民 101 年） 4 月
初版2刷／2016 年（民 105 年）11 月
定價 / 380 元

大展好書　好書大展
品嘗好書　冠群可期

大展好書 好書大展
品嘗好書 冠群可期